乡村聚落文化研究
——泰山山脉石头村落

胡英盛 著

图书在版编目（CIP）数据

乡村聚落文化研究：泰山山脉石头村落 / 胡英盛著. -- 济南：济南出版社，2023.10
ISBN 978-7-5488-5905-5

Ⅰ.①乡… Ⅱ.①胡… Ⅲ.①农村文化－研究－山东 Ⅳ.①G127.52

中国国家版本馆CIP数据核字（2023）第184327号

乡村聚落文化研究
XIANGCUNJULUO WENHUA YANJIU

胡英盛　著

责任编辑　于丽霞　刘风华
封面设计　刘　访

出版发行　济南出版社
地　　址　山东省济南市二环南路1号（250002）
总 编 室　0531-86131715
印　　刷　潍坊明佳印刷有限公司
版　　次　2023年10月第1版
印　　次　2023年10月第1次印刷
成品尺寸　185mm×260mm　16开
印　　张　16
字　　数　345千字
书　　号　ISBN 978-7-5488-5905-5
定　　价　126.00元

如有印装质量问题 请与出版社出版部联系调换
电话：0531-86131716

版权所有　盗版必究

序

如何在乡村振兴国家政策的引领下,打造产业兴旺、生态宜居、乡风文明、治理有效、生活富裕的具有中国特色的现代化乡村是当代学者共同努力研究的目标。乡村宜居建设离不开科学理论的系统化支撑,保持具有当地文化特色的民居建筑、生态环境、农耕文化、民俗文化,立足历史文化名村和各类非遗项目,打造与自然环境、历史文化匹配的美丽乡村,提振乡村文化自信力和吸引力,推动乡村文化焕发出新的生机和活力。

本书在前期自2015年的国家社科项目艺术学基金课题"山东明清庄园建筑群落测绘调研和保护"和山东省社会科学规划研究项目"城镇化进程中山东典型院落文化遗产保护策略研究"的调研基础上完成,得到山东省高等学校青创人才引育计划"传统村落保护管理与活化利用服务团队"等项目的资助。《乡村聚落文化研究》丛书将山东地区分为西部平原区、中部丘陵区与东部沿海区,系统梳理山东民居的建筑与文化。本册选取了山东制高点"五岳之首"泰山,以分布在泰山岩体地质带上的民居作为研究对象。山东工艺美术学院"乡土建筑研究中心"研究团队共同完成基础资料的准备与整理。通过详细地考察、测绘、访谈,研究团队借助建筑学、人类学、现象学等多学科方法,从多个角度探索了泰山山脉传统聚落的自然和文化背景、规划和保护、民居营建技术、建筑装饰文化、匠人与工艺、民间传说、口述历史及地方文献等内容。

附录部分通过文字和图表的方式展示调研成果,口述史实录是对相关人员采访的实录和总结,力求尊重历史、还原真实。文中营造术语和营造口诀从木工、石工、民俗等方面用表格的形式做类型梳理;展示部分典型民居建筑测绘图纸;现状勘测表对典型建筑做了评价;现场照片分类以记录考察实况,包括当地周边环境、村庄环境、典型院落建筑面貌装饰纹样等内容。

泰山是华北平原的制高点,地处平原中的山区。由于战略地位显要,加之泰山文化的加持,泰山山脉的民居在华北平原中独树一帜。村庄中的民居是城市民居乃至庙堂建筑技术与艺术发展之基础,笔者在大量乡村聚落文化研究的基础上,选取具有地域文化代表性的典型传统聚落,主要聚焦泰山山脉村落。特点有三:一是材料相对统一,主要是石材与木材;二是民风民俗具有相似性,临水地区受周边环境和移民影响;三是具有红色背景的村落居多,泰山山区作为战略要地,山区居民为中华人民共和国建立提供了重要支持。在泰安市考察的村落中选择了3处作为典型案例,分别为东平县常庄村、岱岳区二奇楼村、肥城市岈山村。本书梳理了泰山山区村落的石作技艺、匠作风俗、营造文化,对地方特色进行梳理分类和归纳总结,向读者展现山东最大的丘陵地区民居风貌及其文化特质。丛书试以泰山地区民居为开端,拾泰山文化于一隅,而后以此为纲推进研究,以求更加全面深入地剖析山东地区乡村聚落与民居文化,为乡村振兴与城镇建设提供参考。

——癸卯年戊午月于济南长清

基金资助

山东省高等学校青创人才引育计划 2019 年"传统村落保护管理与活化利用服务团队"

山东省研究生教育质量提升计划项目《人居环境学》教学案例库（SDYAL2022190）

山东工艺美术学院本科教学改革研究重点项目：中国式现代化建设进程中"历史环境实录"课程的一流专业建设研究与实践（项目编号 C08）

目 录

绪论 1

第一章 规划与保护 12

第二章 民居营建技术 37

第三章 建筑的空间秩序 56

第四章 匠人与工艺 86

第五章 民间传说与口述历史 104

第六章 二奇楼村和岈山村 120

第七章 泰安典型院落实录 128

结语 164

参考文献 165

附录1 口述史实录 169

附录2 口述史相关名词及图片 204

附录3 测绘图——常庄村罗荣桓故居 239

绪论

泰安常庄村依山而建，村外寨墙林立，河流环绕，村内七十二街巷密布，传统村落保护完好，具有一寨多村的建制。历史环境要素种类丰富，村落、院落、街巷、民居形制保存完整。传统街巷肌理与古村落形制契合，这样完整且有特色的古村落在山东实属罕见，是古建筑研究者弥足珍贵的活样本。常庄村古建筑基本保存了清代中晚期风格，是研究清代民居建筑的重要依据。丰富的自然资源、千年的历史更迭、深厚的红色文化，使得常庄村极具特色。

第一章介绍古聚落规划范围与背景和基本原则，并对内部的街道和场地以及空间节点做了分析；第二章衔接第一章对常庄民居的屋顶结构、营建流程、用材和工具进行了总结，剖析了当地民居营建中的结构和技术，用实例介绍了常庄民居的三种屋顶结构，详细介绍了当地民居的营建流程；第三章根据常庄村内的建筑平面图示，介绍了具有地方特色的常庄典型院落，对常庄民居传统庭院深受儒家文化的影响做了论述，总结了传统庭院中礼的体现；第四章在大量口述采访的基础上，佐以实例，解决研究中的"见物不见人"的问题，把常庄村内的相关工艺，用场景展现、匠人口述的方式还原；第五章叙述了当地特色的民俗文化，包括信仰、民俗、民间传说，并详细论证了聚落内颜赵两家的来源、特色民俗文化形成的原因、相关民俗文化在建筑营造过程中的体现。

泰安常庄村依山而立，"负阴抱阳，背山面水"，是传统村落中的典范布局形式。古村外寨墙拥围，河流环绕，村内七十二街巷密布，院落规整，建筑有序。如今的常庄村内有东西大街4条、南北大街5条，两条古河道贯通。现存寨墙2处，古寨河、石桥、排水涵洞12处，古井12处，汉代古墓、古石碑35座。其中，省级文物保护6处，第三次全国文物普查确立了6处不可移动文物。建筑年代最早、最有文化价值的当属复圣庙。常庄北部还分布有常庄寨、颜氏大街南院和北院老宅、大圈门、窟窿门、保险楼等明清时期具有泰安地区建筑风格的古民居，还有115师司令部办公室旧址（陈光故居）、罗荣桓故居（黄励故居）、鲁西军政委员会旧址（鲁西区委办公地旧址）等红色历史建筑遗产。

常庄村位于泰山脚下，民居基本以石料为主体，辅之以青砖、木材、土材，因此形成了生土结构、石材结构、砖石结构、砖土石结构的不同营造方法和建筑风格，在院落布局、营造步骤、习俗禁忌方面又不尽相同。

一、自然背景

东平县位于山东省西南部，泰山西麓，大清河自东向西横贯全境，东平湖居其内，黄河在县域西部奔流而过。隶属泰安市，东与肥城市为邻，南和汶上、梁山县接壤，西隔黄河与聊城市、河南省台前县相望，北与济南市平阴县毗邻。东平县东部的接山镇，存在着一座以"一寨多村"为存在形式的古聚落——常庄。常庄筑依山势，山以筑彰，这是一座靠山而立、依山而生的古聚落，暗含中国古代思想史中的天人合一的核心问题，与天地相合，与自然共生。常庄村隶属东平县接山镇，地处接山镇东南，北邻尚庄村，南接南屯、苍邱，东靠牛山庄，西近夏谢。由常庄一村、常庄二村、常庄三村三个行政村组成，分设村委会管理各村，三个行政村之间没有准确分界线。常庄一村和常庄三村面积较大，历史遗产也大多分布在此，村内建筑以石头房子为主，现残存一些明清建筑遗址。村内总耕地面积583公顷，居民1156户。

（一）自然环境

1. 地理位置

村内一直流传着马山的传说。相传很久之前，马山上居住着一匹金马驹，每次有牧马之人于山中放马，马群中总会多出一匹金马，于是人们认为这是一座宝山，纷纷迁移于此，居住于此地的人们安居乐业，风调雨顺。当地盛传一俚语：金苍邱，银夏谢，顶不上马山的后山坡。老人孩子，口口相传，足见当地村民对金马山的深厚感情。当地乡土建筑就地取材，因此马山就成了当地民居的建筑材料来源。用采石机开采石料，经过一道道当地的石材处理工序，金马山的石头被用来建造房屋，这也形成当地石质建筑的独特风景。当地石匠还会开采石料，贩卖于周边村落，维持生计。因此，金马山被当地称作宝山毫不为过，这是常庄的母亲山，但是大量石材开采已改变了马山原有的地形地貌。

除了本身材质用途，村民利用马山的地理优势，于聚落四周筑墙以御敌。常庄村周围原筑有4800多米长的寨墙，是一个"寨中村"，寨墙四面围合，北边的马山也被围合其中。站在马山山顶眺望四周，常庄村一览无余，东西南三个方向开寨门以供交通，以方位命名，分别称为东寨门、西寨门和南寨门，扼四野咽喉，是村民出入必经之地。村子四周河水环绕，构筑成又一道防护体系，同时河水给村落带来生活和灌溉用水，为常庄村民的生存发展提供基本条件。

天然的地理优势和人工铸造的寨墙护村河防御体系，使得此地易守难攻，是理想的屯兵和休养生息之地。这也成为抗日战争中东进司令部驻扎此地的重要因素之一，1939年3月八路军东进支队的进驻为这个村子注入了红色血脉。罗荣桓、陈光等革命英雄率军与敌人英勇斗争的故事在这片土地流传。

金马山山顶（图片来源：作者自摄）　　　　金马山山顶俯瞰采石场（图片来源：作者自摄）

这座"一寨多村"的古聚落陈列在苍凉雄浑而又璀璨绚烂的泰安大地之上，这片有着"一山一水一圣人"美誉的古老大地。后人诠释"泰安"之名取自《周易》"履而泰，然后安"，《汉书·严助传》"天下之安，犹泰山而四维之也"之语，寓意"泰山安则天下皆安"。[1] 泰安因泰山闻名天下，历代帝王于泰山封禅更是为泰安增加了一丝神秘色彩，"泰安神州"名传天下。据乾隆二十五年《泰安府志》记载，泰安府下辖东平州及泰安、新泰、莱芜、肥城、东阿、平阴六县，"共领州一县六"。

其中东平洲更有"东原"之称，《尚书·禹贡》记载：东平号称东原，属徐州。东平之名起于虞夏。南北四方中原大地唯有东平一带称为"东原"，足以显示出这一地域的重要性。早在四五千年前，我们的先祖就在这片土地上繁衍生息。文明的种子于古老的新石器时期就在这片富饶的土地上播种，从最开始的丁坞村落遗址，到商周时期的沟坝遗址、朱穆遗址，到元、明、清代的灵泉寺、永济桥、戴村坝、清真寺等古迹遗存、文物出土，都是东平这片土地璀璨文明的见证。这片土地也从唐虞夏商的"东原"之称，到周代的宿国、秦代的无盐、张县，后名称历经变更，多以寿张、须城、宿城等建置。民国时期称为东平县，后来沿用至今。[2]

东平因为湖、山、田三分天下的地理环境和四五千年积累的厚重文化，加上东平"东振齐鲁，北抵幽燕，西逾赵魏，南距大河"，持续 600 年的南北交通枢纽大运河穿越其中，历来属齐鲁要冲，一直是地域性政治、经济、文化中心。元时此地运河航运繁荣，形成了繁华的市井城镇，当时州坡、安山镇、戴庙集为境内最繁华的大城镇。运河上千帆竞发，舟楫如织；沿岸店铺林立、集市繁华，马可·波罗游娱至此，也大加赞叹。沿至明代，每年从东平过往接济京

---

[1] 马辉. 泰安史话 [M]. 北京：方志出版社，2012.

[2] 东平县志编纂委员会. 东平县志 [M]. 济南：山东人民出版社，1989.

师粮米等物资达数百万石。[1] 近旁有漕河，背后有天险，常庄村正是由于特殊的历史因素与优渥的地理条件，才成就了一寨多村、家族兴旺的聚落，以及红色文化在此驻足的历史佳话。

2. 气候条件

常庄村的气候可参照东平县，属暖温带季风型大陆性气候，四季分明，春、冬季以西北风为主，夏、秋季以东南风为主。年平均气温为13.5℃，平均降水量为630.8毫米，平均蒸发量为2046.0毫米，平均风速2.3米/秒，年平均日照时数为2589.4小时，日照率58%，年平均总辐射量为123.6千卡/平方厘米，年平均生理辐射量为51.24千卡/平方厘米。

表1　东平物候历（根据《东平县志》物候历重新绘制）

四季时令	平均开始月-日	平均终止月-日	物候现象
初春	2-20	3-10	土壤表面开始日消夜冻。柏树返青。野菊展叶，野草发青，丁香、垂柳、毛白杨发芽。
仲春	3-11	4-10	终霜。榆树盛花，毛白杨、毛桃、小叶杨始花，车前子变绿，丁香展叶开花，蒲公英始开；小麦拔节，油菜抽薹现蕾；大雁南来，青蛙初鸣，蛇出土。
季春	4-11	5-01	家燕南来，苹果、花椒、核桃开花，毛白杨落花，榆钱散落；棉花、谷子、春玉米播种，小麦拔节孕穗，枣树发芽。
初夏	5-02	5-25	刺槐、花椒盛花并终花，桑葚初熟；家燕出雏；小麦开花灌浆，棉花分叉；马铃薯始花，油菜成熟收获。
仲夏	5-26	7-01	杏收摘，山桃成熟，枣树盛花；小麦成熟、收获。春玉米、谷子抽穗，棉花现蕾，棉铃虫出现。蟋蟀、蝉初鸣，龟下蛋，布谷鸟终鸣。
季夏	7-02	8-05	花椒收摘，芦苇扬花，棉吐絮，春玉米、谷子完熟；伏蝉终鸣，黑卷尾（黑马勺）南去。
初秋	8-06	9-01	苹果、柿子、柏子成熟，芦苇盛花，木槿终花，早秋作物收获；梧桐种子成熟；家燕南去。
仲秋	9-02	10-01	晚秋作物黄熟、收获，秋耕种麦，石榴、枣、梨成熟，柿树、苹果叶初落，野菊始花，芡实、菱角成熟；大雁南飞，蟋蟀终鸣。
季秋	10-02	10-29	初霜。刺槐叶变黄，枣、柿树普遍落叶，其他树开始落叶；冬小麦分蘖，地瓜收获；蚯蚓封洞，蛇入土冬眠。
初冬	10-30	1-30	薄冰初见。绝大部树叶脱落；冬小麦分蘖盛期；芦苇收割，野草黄枯。
隆冬	1-12	2-19	初雪。土壤开始冻结，榆叶、柳叶尽落；冬小麦停止生长。

（二）水文地质

1. 地质土壤

东平自然资源较丰富。北部为山丘，脉属岱阴，支派分流，成三列平行状，共有山头218个，占总面积的18.34%。丘陵占总面积的12.11%，经过历代开垦和中华人民共和国成立后的整修，

---

[1] 马辉. 泰安史话[M]. 北京：方志出版社，2012.

部分改造成稳产高产田，成为重要的粮棉果品产区。

县内土壤主要受当地气候、地貌、成土母质、水文地质、植被以及时间等综合成土因素的作用而形成。成土母质及成因类型有坡积、坡洪积、洪积、洪冲积、冲积、湖积等。因所处地理条件不同，水文地质差异，其分布则各有不同。低山坡，形成薄层或中层砾质壤土；丘陵、缓坡发育成中厚层褐土；山前平地，形成潮褐土；决口扇形地及缓平坡地，多发育为河潮土或褐土化潮土；在洼地，形成湿潮土。褐土比潮土发育的时间早，年龄长，且完整。据1983年土壤普查，全县土壤可分两个土类，6个亚类，12个土属，36个土种。[1]

2. 水系

城镇的布局和发展与水系的分布和变迁是息息相关的。我国的先民十分注重水系，甚至某些地方有无水不居的习惯。传统村落在选址时，"背山靠水"为理想选择。东平地界水系发达，境内有山东第二淡水湖东平湖，18条河流主要有黄河、大汶河、汇河、金线河，大运河穿插其中，境内河流的兴衰变迁无疑会对城镇发展、村落布局、建筑风格等产生巨大影响。

其中，汇河斜穿接山镇，于常庄东部为常庄内部水系带来生机，绕常庄一周是为护村河体系。金马山位于村庄北部，雨水丰盈之后，沿着山体顺势而下，当地居民总结俚语：东北水，西北流。村内河水流淌的顺序为徐泰八里沟、桃花坑、赵家林坑、东豁子口坑、凤凰嘴坑、窑坑、长尾巴狼坑、三角子坑、胡家林坑、地道、奶奶庙坑、桃花坑，这也形成了村内水系内循环。

（三）自然资源

传统村落内建造民居时，往往就地取材，应用土材就就地取土，应用砖材多选取附近的砖厂窑厂，应用石材也大多是因为当地存在具有开采并适合应用到建筑上的石材资源。常庄村内的民居石材来源充足，木材多应用当地木种。乡土建筑对当地各种资源十分依赖，因此才能呈现出丰富多彩的传统风格和地域特色，富含地方建筑的文化"基因"。同时，这种就地择材表达出知材善用的材料观和因材施造的建筑观，符合乡土建筑建造中所呈秉的"低技术策略"。摸清当地各种资源有利于从根源上认识乡土建筑用材建造过程中的各种问题。

1. 植被

在植物地理分布上，东平县属落叶阔叶林区。按植被划分属暖温带、落叶阔叶林地带。清代，东平地界树木众多，尤其村庄聚落更甚，仅大清河以北共有成片山林629亩。抗日战争、解放战争期间，人民群众迫于生计伐林种田，砍木烧火，加上战后房屋重建，大量树木被消耗。[2]中华人民共和国成立后，东平县认真贯彻执行了"植树造林、绿化祖国"的方针。现今经由政

---

[1] 东平县志编纂委员会. 东平县志 [M]. 济南：山东人民出版社，1989.

[2] 东平县志编纂委员会. 东平县志 [M]. 济南：山东人民出版社，1989.

府努力和各种政策调控，森林覆盖率逐渐恢复并有所增加。经过长时间育林植树，境内用材树约 62 种，以杨柳榆槐为多，种植较多的有：

（1）侧柏：木材淡黄褐色，质坚重，有香味，可作桥梁、船舶之建材。主要分布于县境北山区，面积 3.8 万亩（2533.3 平方米）。

（2）毛白杨：皮青白、平滑，树干端直，挺拔高大。木材淡黄褐色，纹理直，结构细，为优良树种之一。主要分布于平原，山区沟底、堰坡亦有零星栽植。

（3）小叶杨树：皮灰褐色，老树皮粗糙，木材纹理细，易加工。零星分布在平原地区的村旁、宅旁和山区部分深沟中。

（4）加拿大杨：皮灰绿色或灰褐色，基部粗糙。分布于大清河、汶河、滩地和老湖区的入湖口。

（5）八里庄杨：系加拿大杨和小叶杨的杂交种，经泰安县八里庄苗圃选育而成。1974-1975 年从宁阳县引入苗条，全县普遍繁育。

（6）健杨：1973 年自宁阳县引入，先在第一苗圃繁殖，1976 年栽于毛庄至小河崖村公路两旁。

（7）北京杨（8000 号）：1975 年自宁阳苗圃引入，生长量与八里庄杨略同，在疏松、肥沃沙质土壤生长良好。夹河村在路侧栽植的北京杨，6 年生，株距 1 米，胸径达 16 厘米，年均生长粗度为 2.66 厘米。

（8）意大利杨：具有速生、抗病虫等优良特性，已成为本县丰产林主栽品种。

（9）旱柳：为本县湖洼主要栽培树种，老湖区及河滩均有成片林。

（10）垂柳：小枝细长，下垂，形优美，是"四旁"[1]绿化和庭院美化的珍贵树种之一。主要分布于河旁、湖旁及平原庭院。

（11）白榆（家榆）：材略硬重，结构粗，花纹美，易挠曲。多用于制作车辆、家具、农具和梁。平原居多，大清河及汶河两岸有成片林。初植宜密，过稀立杆易弯曲。

（12）国槐：境内有百年以上的大树。分黑槐、黄槐两种。黑槐木材白色，材质较粗；黄槐细致坚硬，制作门窗、家具最佳。零星分布于宅旁院内和城镇街道。

（13）刺槐（洋槐）：宜用作檩条。槐花为上等蜜源，槐树是群众喜爱的树种之一。集中栽种的有大清河滩、后亭虎头堤一带和东沟流山坡。

（14）根叶泡桐（小叶桐、胶东桐）：为"四旁"绿化的优良树种，木材可供出口，分布于全县各地。

---

[1] 村旁、路旁、水旁、宅旁。下同。

（15）兰考泡桐（大桐、河南桐）：具有生长快、接干易、树冠稀、发芽晚、胁地轻、根系深等特点。

（16）金楸：树干通直，树皮灰褐或黑色，浅裂，材质坚实不翅裂，耐腐力强，易加工，切面光滑，花纹美观，有光泽，为名贵用材。零星分布于大清河以北5个区。

（17）臭椿（椿树）：具有生长快、树荫浓、拂烟尘等特点，多在"四旁"栽植。还有菜椿、红叶椿（土安椿）等，多在山区栽种。椿树吸收烟尘与二氧化硫，能够很好地净化空气，其木材坚韧，有弹性，纹理直，软硬适中，是优良的建筑、家具用材。多用于加工门窗、床张、桌凳，分布全县。

（18）苦楝：木材淡红褐色，纹理通直，结构粗，坚软适中，不变形，抗虫蛀，宜做家具、农具，零星分布于全县。

（19）胡桃（核桃）：木材可用作雕刻，或做家具。核桃仁是营养价值很高的果品。原有胡桃皮厚。中华人民共和国成立后，从泰安县、苍山县（兰陵县）等地引进薄壳胡桃、新疆核桃等优良品种。主要分布在大清河以北山区。

（20）杜仲（丝棉树，丝棉木）：树皮为贵重药材。县第一苗圃、药材圃引进繁殖。后亭村林业队有18年生片林；药材圃有4年生的行道树。

表2　东平境内材用植物（表格数据来源于《东平县志》）

木本类柏：侧柏、圆柏、铅笔柏、扫帚柏、龙柏	松：黑松、赤松、雪松、金钱松
杨：毛白杨、小叶杨、加拿大杨、钻天杨、八里庄杨、北京杨、健杨、大关杨、意大利杨、细皮毛白杨等	柳：旱柳、垂柳、簸箕柳、怪柳
槐：国槐、刺槐、龙爪槐、紫穗槐	桐：毛泡洞、法桐、青桐、楸叶桐、兰考桐、白花桐
椿：香椿、臭椿、菜椿、千头椿、红叶椿	楸、榆、苦楝、合欢
桑：荆桑、鲁桑、湖桑	白蜡、枫杨、黑蝉树、杜仲
竹：毛竹、淡竹、刚竹	黄连木、栾树、五角枫、叶枫、皂角树、枸树、大叶朴、水杉、橡子树、银杏、柘树、流苏、桦树

2. 矿藏

(1) 铁矿：以彭集为中心北经州城至水河；向南延伸至汶上，呈北西方向带状分布，属大型鞍山式磁铁矿，以层状、似层状产出，平均品位24.9%，提交储量（C级远景储量）约6亿吨，尚未开采。

(2) 砂子：大清河居多。河砂径适中，质地坚硬，色泽清亮，是良好的建筑材料。沉砂河段长 10 千米，宽 0.1～0.2 千米，平均采砂厚度 3 米（最深处 10 米）。储量为 600 万立方米。每年淤增量约 46 万立方米。每年开采量 20 万立方米，占年淤增量的 43%。

(3) 石灰岩：分布在大清河北山区。盛产青、红石料，均为建筑用材。利用石灰石生产水泥及石灰的窑厂已达十余处。除供本县建筑外，还畅销菏泽、济宁、聊城等地市。石料储量丰富，全县现有 11 条开采线，长达 165 千米，年开采量 108 万立方米。

(4) 大理石：分布在接山镇的双象山、接山、黄柏岭等处，储量在 7000 万立方米以上。石质细腻，图案清晰，花色新颖，品种繁多。表面光洁，硬度较强，是理想的高级建筑装饰材料。石英、云母、矽页岩（磨石）在大清河北山丘区有零星分布，数量较少。

(5) 火硝：州城内大量出产，历史上曾有"所硝进上"之说，近年因销路不广，产量减少。

3. 农作物

农作物一年两季，主要农作物为小麦、玉米，少量种植花生、大豆、红薯等作物，玉米春种秋收，小麦秋种春收。根据东平境内食用植物（表 3）来看，常庄村属于以面食为主的北方菜系饮食文化。

表 3　东平境内食用植物（表格数据来源于《东平县志》）

谷类：小麦、大麦、荞麦、玉米、高粱、谷子、稷子、黍子、芝麻、稻。	豆类：黄豆、绿豆、黑豆、小豆、豇豆、豌豆、扁豆。
薯类：地瓜、马铃薯。 瓜果类：西红柿、西瓜、甜瓜、黄瓜、南瓜、菜瓜、丝瓜、脆瓜、冬瓜、西葫芦、甘蔗、菱角、花生、葵花、梨、桃、杏、苹果、山楂、葡萄、石榴、柿子、枣、核桃、板栗、沙果、樱桃、酸枣、软枣。	蔬菜类：萝卜、胡萝卜、芜菁、白菜、菠菜、芹菜、茄子、莴苣、辣椒、藕、葱、圆葱、蒜、姜、韭菜、茴香、甘蓝、菜花、黄花菜、芸豆、菜豆、眉豆。

二、文化背景

（一）历史文化遗产

从石器时代开始的历史积淀，一代代文人政客、璀璨人杰，在东平形成了独特的"东原文化"，在中原文化中占据一席之地。东原文化最主要的有儒家文化、金元府学文化、运河文化、墓葬文化、戏曲文化、武术文化、民俗文化等，可谓包罗万象。东原文化无论是过去还是现在，在东平乃至更广地域内都产生了深刻的影响。大量的文物古迹见证这片土地的历史变迁，作为集体记忆的见证，这些遗产是环境和文化的可识别性、多样性，以及认同感与归属感的重要源泉。

（二）红色遗产

日本帝国主义于 1931 年发动了蓄谋已久的九一八事变侵占东北，中国局部抗战开始。

1937年，卢沟桥事变爆发，抗日战争全面爆发。1938年，日本侵略者攻占东平，制造了大量惨绝人寰的事件，残暴行径骇人听闻。东平人民奋起抵抗，勇于斗争，诸多仁人志士在此时加入中国共产党并组织民兵与侵略者展开搏斗，为抗日战争的胜利做出了重大贡献。抗战时期，山东西区人民抗敌自卫团、八路军山东纵队第六支队、115师东进支队等部队先后进驻东平，建立抗日根据地，开展游击战争，取得了一场又一场的胜利。其中，常庄村由于特殊的地理位置和建筑布局成为115师东进支队的进驻地。在常庄村，罗荣桓指挥进行了陆房战役、香山战役等一系列抗日斗争，留下了可歌可泣的革命事迹。

从地理位置看，常庄背靠马山，坐北而望南，这符合中国传统聚落选址的原则。除此之外，马山的存在为勘测敌情提供天然优势。站在马山顶部，一览四周景象，只需在马山建立勘测点，可以预防大规模敌军对115师的围剿，当地说法称此地"能攻能守能撤能瞭望"。这是115师选择常庄村作为根据地的重要原因之一。从聚落规划布局来看，常庄村街巷纵横，有七十二胡同的说法，大量的街道小巷密集分布，这十分有利于"游击战""街巷战"的开展，从而灵活地打击敌人。从单体院落看，指挥部的选址主要为常庄村的庄园大院。这些院落面积大，内部房间众多，而且在建造之初，房主为了保护自身财产安全，在建筑方面做了大量防御措施。这些都有利于对于周边情况的勘测以及对突发情况的防卫。常庄村同时具备勘测敌情的地理条件、复杂的街巷和隐蔽安全的院落，根据地驻扎在此十分有利。

红色历史建筑遗产主要包括115师司令部办公室旧址（陈光故居）、罗荣桓故居（黄励故居）、鲁西军政委员会旧址（鲁西区委办公地旧址）、古民居建筑，这些都是抗日战争时期军民一体的红色历史的见证。115师司令部办公室旧址（陈光故居）是当时常庄村颜姓地主的院子，四合院布局，内有地道，现仅存沿街道的一处院落以及地道。罗荣桓故居（黄励故居）是颜姓家族一处"三进三出"[1]的院落，当地称之为"颜家南院"。"颜家南院"东西厢房旁立，三处院落组合，现仅有沿街部分房屋残存并经历改建。鲁西军政委员会旧址（鲁西区委办公地旧址）是明清时期的一处古院落，为"富家"赵家所有。如今仍有大面积古建筑残留，一些见证抗日战争的古建筑民居和公共设施仍有部分保留。这些蕴含丰富历史信息的红色古建筑时刻激励着当地人民不忘前人为民族存亡、国家复兴做出的努力，同时作为集体记忆的载体代代传承。

进入和平年代，人民安居乐业，国家繁荣富强，但红色建筑历史遗产作为集体记忆的见证者仍然在常庄村巍然屹立，成为抗日战争中国人民奋起抵抗侵略者、仁人志士为民族存续抛头颅、洒热血的伟大见证。

---

[1] 三出院有三道正房。中间的门为正阳门，进第一个客厅，去后边的客厅，两边有走道。正房两边有券门，走三个正房就是三进，再出去就是三出。

（三）人口和生产生活

元末，淮北农民大起义，中原淮北各地深陷战争泥潭，朱元璋曾派张兴祖下东平与元军作战，连绵的战争使得东平人口大量减少。朱元璋统一中原建立明朝后，为了恢复战争创伤，于山西迁"无田之家"到山东，填补了大量人口空缺，山东人口有所上升。建文元年（1399）开始的靖难之变，给北平、山东、江淮、南京等地的社会经济带来了巨大的破坏，形成"淮以北鞠为茂草"的情况。建文四年（1402），燕兵攻陷东平，战争带来大量伤亡，动荡不安的局势使得居民大量外逃，境内人口再次下降。直到明成祖朱棣平定战乱，多次从山西向山东移民，东平人口又趋上升，其中许多家族都是从山西洪洞县迁徙而来，至今在群众中流传着"若问老家是何处？山西洪洞大槐树"的歌谣。常庄村中的颜家就是来自山西洪洞县，有民谣相传："族居山西洪洞县，流历四方来山东，马山之前安下身，成家立业度春秋。"

1. 人口变化

除了明清时期因战争和政策移民所带来的变化，在近代，东平境内人口也有几次大的变化。1933年，黄河决口，民国政府组织灾民迁往阿城、张秋镇、利津等地。抗日战争期间，东平沦陷，日伪军残害民众，导致东平人口大幅度下降。常庄村由于地理优势，成为东进司令部的驻扎地，乡民为境内抗日战争做出贡献。

2. 生产生活

明清时期，以地主为代表的农耕社会固有阶层掌握着大量资源，包括土地以及各行各业。据颜廷树[1]叙述：聚落中颜家南北两院[2]是明朝的富家，从明朝延续至今，置办了百多顷地。田地南至西桥，北到林木庄，西到夏谢，东到岈山。老祖宗是大户人家，南院除了掌握大量田地之外，还经营教书、行医等行业；北院掌握杀猪、油坊、酒坊、果子店、压票子等营生。农民依靠经营自家田地和被"富家"雇佣维持生计，聚落中的工业基本是手工作坊，自产自销，亦工亦商。建筑技艺以及一些手工工艺的传承主要是父子师徒传艺，父亲（师父）言传身教，在实践中教学。

中华人民共和国成立后，经过一系列改革，农民分得了土地和房屋，生活状态以经营农业为主，同时从事体力劳动，或者从事家庭副业，部分经营手工业。常庄聚落曾成立专业队，有木匠专业队、石匠专业队，一些居民借此加入专业队，学习建筑工艺，维持家庭生计。专业队奔波于聚落以及周边村落，从事传统民居营造。城镇化建设同样吸引了常庄村的劳动力，一些

---

[1] 颜廷树是课题组采访的常庄村本地工匠，幼年曾于颜家南院居住，后兄弟分家，跟随父亲离开颜家南院。

[2] 颜家祖辈兄弟两个分家，分为了南北两院。北院是长支，南院是二支。颜家南院为常庄村颜姓富家三进三出大院，抗日战争中罗荣桓曾在此居住。

青壮劳力外出谋生，大量人口外流，传统民居营造技艺的传承也就此断层。

3. 传统匠作技艺传承

2021年暑期，课题组在泰安常庄村实地调查，收录采访稿三十余篇。在口述资料基础上进行分析，得知在常庄本土民居营建过程中，匠人之间的技艺传承分为师承、家传、业承三种形式，其中"师承"和"家传"这两种形式，通常由师父或者父亲通过"口传心授"的方式传授知识。随着社会和行业发展，匠人的观念也发生改变，传统的匠技传承方式逐渐弱化，转而加大了以"同行之间互相学习"方式传承工匠技艺的比重。新人学习匠作技巧时，通过熟人介绍，由徒弟请客吃饭，确定师徒关系。学徒先跟着老师做一些拉锯之类的杂活，之后才开始涉及家具门窗、合木梁檩等相关工艺学习。在工作过程中，匠人之间相互切磋学习。这种传承方式的转变，使得匠技传承没有了之前烦琐的仪式和规矩，师徒之间的亲密关系弱化，行业准入门槛降低。虽然匠人体系之间传承的系统性和规范性疏散了，但是匠人高超的技艺拥有了更宽广的传播途径，传统民居匠作技艺得以不断延续和传播。这种变化一定程度上有利于地域性传统民居保护和持续传承。

第一章 规划与保护

常庄村依山而立,坐落于金马山南麓,位于山东省泰安市接山镇东平县东北侧。南距象山路约 1 千米,西至向阳路 0.5 千米,距汇河 1.5 千米。全村宽敞大街较少,小街小巷较多,多为青石小路,有"七十二胡同"的街巷格局。东西南三边均有护城河,平均水深约 5 米,宽度 10 米,河水由东北入,向西北出,流经金线河,再入汇河。明朝时修建的大排水沟涵洞则贯通了整个常庄村,完善的排水系统形成了东北水西北流的特殊地理现象,使常庄人至今受益。

第一节 规划依据

一、背景与范围

(一)发展背景

城镇化使得传统村落受到了一些冲击,村内生产力流失加速,村落空心化严重。因此,出现了较多问题:传统历史建筑残破缺乏维护,内部构件逐渐老化以至于坍塌;村内自然生态环境无规律的保护导致环境恶化;现代化的公共设施和公共交流空间等尚未建成;该村传统建筑营造的匠风匠艺匠俗和传帮带的师徒传统逐渐消失,掌握传统技艺的匠人严重老龄化。基于此,需对常庄村匠人和现存传统石砌建筑民居进行档案式保护,同时,需挖掘该村传统文化,使传统建筑实现活态化可持续性发展。另外,保护该村极具价值的省级文保单位(表 4)与具有历史价值的传统建筑时,在保存其本体的同时还应注重其周边环境的风貌,包括人文景观与自然景观。

(二)保护范围

常庄村相关保护规划见下表。

表 4 常庄村省级文保基本信息

	建筑名称	建筑年代	文物保护单位及数量
基本信息	文物古迹	明	不可移动文物数量:6 处文保单位	常庄古民居建筑、复圣庙、东进支队司令部办公室旧址、罗荣桓(陈光)故居、赵镈故居、鲁西军政委员会旧址

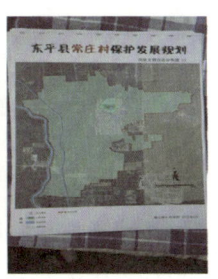

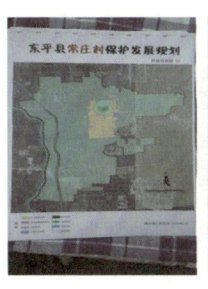

(a) 现状建筑分析图　(b) 现状历史环境要素分析图　(c) 格局风貌和历史街巷现状图　(d) 公共服务设施规划图　(e) 近期建设规划图

图1-1　相关规划图（图片来源：《东平县常庄村保护发展规划》2015年）

（三）相关规划

东平县城市总体规划、接山镇总体规划等规划相继开展和完成，规划中的文物遗址保护和村落整治改造规划对传统村落保护起到至关重要的作用，保护规划将整合借鉴上位及相关规划，落实保护规划的指导作用。

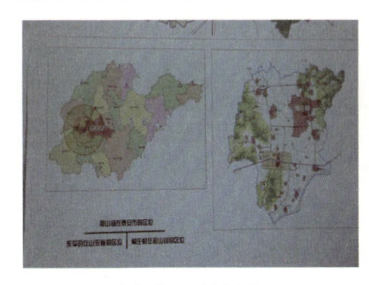

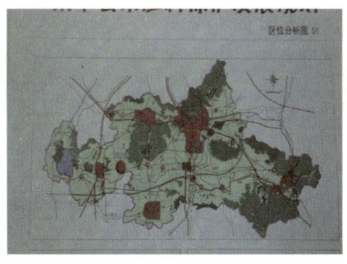

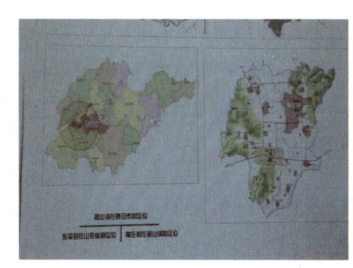

(a) 东平县区位　　　　　(b) 接山镇区位　　　　　(c) 常庄村区位

图1-2　区位分析图（图片来源：《东平县常庄村保护发展规划》2015年）

1.《东平县城市总体规划（2008—2020）》

东平县城市总体规划确定，在文物古迹保护方面划定各类文物古迹保护范围、建设控制地带和环境协调区，严格控制保护范围内的城市建设，严禁破坏文物古迹的行为。

2.《接山镇总体规划（2013—2030）》

自身区域旅游区位优势。山东省水浒旅游格局为"一轴、两核、四区、多点"，其中，接山镇位于郓城、梁山、东平、阳谷四县构成的水浒文化旅游中轴线上，镇域历史文化底蕴深厚，历史资源较为丰富。其中，名胜古迹有鄣国和遂国国都遗址、上庙（泰山行宫庙）、碧霞元君庙、香山战斗纪念馆、北方都江堰之称的戴村坝、接驾山古石雕刻收藏馆。作为革命老区的常庄村，分布较多红色文化遗产建筑：115师东进支队司令部办公室旧址、王秉璋故居、陈光故居、鲁西军政委员会旧址、赵镈故居、罗荣桓故居、黄励故居等。

二、基本保护原则

（一）原真性原则

在保护过程中，"原真性"原则使传统村落产生了不同于普通村落的价值，保护规划区内的文物遗址、历史建筑、街道网络与尺度、空间布局等均可体现历史存在的痕迹。常庄村文保建筑遗存时间较长，历史脉络在建筑物、构筑物与人文景观中均能体现，遵循还原历史性原则，反映其在社会历史发展过程中所起到的重要作用。常庄村明清时期的传统民居，特点鲜明，两大家族庄北颜氏、庄南赵氏的庄园以及墓群的历史原貌一直保存至今，形成村庄主体建筑群落的框架，其他姓氏民居在两大庄园附近分布着，建筑的格局彰显当时的社会秩序。所有建筑材料均来源于常庄村当地开采的石材、砖窑烧制的青砖、当地树木，这些材料的合理搭配结合，使建筑结构与自然环境浑然天成，独具匠心。村外原有寨墙和寨河环绕，现存部分遗迹。

表5 常庄村历史文化保护对象列表

保护	类型	保护对象
点 （传统村落价值的 基本构成单元）	文物	115师东进支队司令部办公室旧址、王秉璋故居、陈光故居、鲁西军政委员会旧址、赵镈故居、罗荣桓故居、黄励故居、复圣庙、保险楼等
	古迹	颜家南院、颜家北院、赵家大院等历史建筑
	历史环境要素	寨墙、寨河、古排水涵洞、窟窿门、大圈门、古井、古树、石碑、石桥、庙宇等
线 （与点和谐统一）	传统街巷	七十二胡同
	河道水系	沿村落周围的护城河水系（寨墙、寨河、古排水涵洞等）
面 （独特的自然条件 和传统人文景观的 和谐共生）	村落格局	背依金马山的村落布局
	传统建筑群	传统历史文化风貌建筑群
	碑林	具有历史信息的碑林应予以保护，其方位与面积均应按照原有样貌得到保护。
非物质文化遗产		"吃喝碗"、秧歌舞、谚语"金苍邱、银夏谢，赶不上常庄后山坡"以及钦差拜庙典故

（二）整体性原则

遵循"整体性"原则，需将常庄村的建筑与环境视为统一性整体进行保护，不可孤立考虑某一因素。保证常庄村建筑、环境以及公共设施、公共交流场所等风貌的完整性，使其无限传承与发展，同时，将非物质文化与建筑遗产文化相互融合，进行有效保护。

常庄村具有丰富的历史环境要素，其遗存、建筑、街巷形态等均保存较为完好，但现有保护重点、保护措施及管理仍有欠缺。在对其历史文脉全面认知与客观评估的基础上，当前亟待解决的问题为：忽视传统村落价值，缺乏整体保护。因此，常庄村既要有针对性地保护"点"——文物古迹建筑、历史环境要素，又要对"线、面"进行整体结合的保护，即"线"——传统街巷、河道水系，"面"——村落格局、传统历史文化风貌建筑群。以"点—线—面"协调为重点，保护背依金马山的传统村落格局以及具有历史文化风貌的古建筑群。村内文保单位、历史环境要素、传统街巷、河道水系均作为常庄村独具特色的组成部分，需得到正确且充分的认识，进行针对性保护，完善保护措施。

（三）互促性原则

遵循保护与传承"互促性"原则，充分考虑传统村落的历史风貌原真性，注重传统村落村庄活力的激发与营造技艺的传承。因此，对历史资源的保护要以活态化为目标，对当地社会经济起到积极的推动作用。为此，必须厘清保护与传承之间的互动机制，使历史文脉的传承与传统村落的发展融合在一起，达到互相促进的目的。

通过实地调研考察，明确常庄村存在三类建筑：保留类建筑、自建类建筑和修缮类建筑。

保留类建筑即对于建筑质量相对较好，具有代表性的纯石砌、砖混、石木传统民居建筑及历史文化建筑，进行保留改造。将常庄村具有历史文化特色的代表性建筑进行保护，日常修缮与防护其内部结构的构造，具有特色的外观式样，当地较为多见、外地较为少见的石雕木雕等雕刻工艺以及根据当地风水所建造的院落布局等。产生毁坏的部分建筑构件进行替换，例如，一些门窗上的雕刻、梁架的裂痕等，根据实际情况进行修缮与替换，且在修缮与替换过程中，需考虑整体统一性，在材料、颜色等方面与原有结构样式相互协调。如现居住的民居，可根据梁架结构的走向与排列适当改造其内外部空间使其成为适应现代居住的民居。总之，在保证结构安全的情况下进行功能改造，使其外观与周边环境的历史风貌相一致，部分使用现代建筑材料，提高建筑安全性。

自建类建筑即现居住人建设的现代化建筑，其风格特色与历史传统建筑极不协调，可通过外立面的色彩统一、外观改造和材料借鉴调整等方式使之与常庄村的历史风貌相匹配。自建类建筑的房屋多以二层、二层半或三层平顶小楼为主，将传统青砖挡水、石料挡水改造为小坡檐，将颇具特色的 M 型屋顶更换为平屋顶，外墙面多饰以水泥铺装，门窗洞口开设较大，多以铝合金材质为主，与传统民居的木格栅门、窗大相径庭。需将此类影响统一性的外立面按照传统村落风貌进行统一规划，进行立面处理。

修缮类建筑即将有损坏坍塌风险的建筑进行日常维修与防护,选取的各方面材料均要与周边环境相符合,建筑质量在一众建筑中较好,部分建筑立面中与传统风貌不相协调的部分应主动修缮为和谐整体的一类情况。其中,典型的庭院式民宅、非庭院式建筑按体现传统建筑风格的单层建筑改造可作为范本。加强对寨墙、寨河、古排水涵洞、窟窿门、大圈门、古井、古树、石碑、石桥、庙宇等的保护。以古树为例,对古树树体进行保护,必要时采取支撑、拉纤等方法,对古树周边土壤改良、地下综合复壮,对树洞进行填充修补,加强虫害防治工作。将保护栏设置在需要保护的古树附近,根据古树的具体大小高度确定保护栏的高度范围,且保护栏的样式应与周围环境相适合。

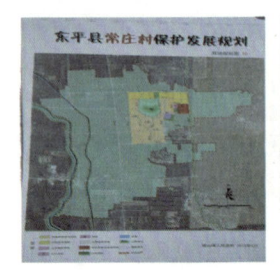

(a) 用地规划图　　(b) 建筑高度控制图　　(c) 保护区划总图　　(d) 道路交通规划图

图1-3　相关规划图（图片来源:《东平县常庄村保护发展规划》2015年）

第二节　街道

一、街道现状

常庄村的村落虽然随地势营建,但村落的街道所形成的肌理却相对规整,人为设计的痕迹较明显,所谓七十二胡同。村落肌理可理解为:在乡村特有的环境中,通过道路、建筑和空间节点的组合而产生的富有地方特色的视觉特征。山区村落,根据地形地貌形成自然的线型肌理;平原村落,其肌理特征为街巷形成的网状、建筑形成的组团或自由生长的二维平面肌理。从线性因素来讲,街道、水系相当于村落肌理的空间骨架,根据其特征可以分为鱼骨状肌理、网格状肌理、等高线肌理以及自由型肌理。[1] 从二维空间因素来讲,建筑排列的不同形成了不同的肌理特征,主要有街巷式肌理、组团式肌理、自由式肌理。常庄村属于街巷式肌理。满足交通联系、社会交往、商品交换等多方面空间需求的街巷承担着较多的社会功能,如同传统村落中的民居以各种组合方式营建在一起,从而衍生出具有不同使用目的的功能空间,与街巷贯穿联系以提供更灵活多变的形式。常庄村老街巷保留完好,其七十二胡同传统街巷肌理与建筑形

---

[1] 胡英盛,黄晓曼,刘军瑞. 山东典型院落文化遗传保护与传承[M]. 长春:吉林大学出版社,2020.

制结合，继承了传统村落的原有风貌。部分街道由手工打磨的石板块铺成，部分街道以土路、水泥路、沥青路为主，两侧石砌民居建筑林立，街巷及建筑的原有尺度适宜，其环形街巷互通，大小门楼紧紧相连，为村落整体风貌增添了古朴气息，是常庄居民千百年长期生产、生活的集中地。

常庄村的"街、巷"作为骨架肌理，与其他传统村落相比而言较有特色，其空间尺度与曾经的历史人文息息相关，影响深远，保留至今。其主要道路在常庄村文保建筑房屋前后，形成笔直的街道，例如颜家南院与颜家北院中间的道路，因空间尺度在所有的街道中最大而得名为大街；其余均名为胡同。早期常庄村人口由颜氏、赵氏、关氏、南氏、毛氏家族组成，后仅留颜氏、赵氏。部分胡同依据姓氏命名且划分地盘，如关胡同、南胡同。关胡同即周边为关氏家族居住，南胡同则南氏家族居住，虽关氏、南氏已不存在，但胡同名字沿用至今。如同常庄村的村名，这种方式记下了最早迁徙到此开拓定居的常家人。

(a)	(b)	(c)	(d)	(e)
(f)	(g)	(h)	(i)	(j)
(k)	(l)	(m)	(n)	(o)

(p)　　　　　(q)　　　　　(r)　　　　　(s)　　　　　(t)

图 1-4　常庄村各类胡同实录（图片来源：课题组自摄）

二、街道交通规划

根据常庄村传统路网和功能结构特点，结合常庄村街巷道路与排水涵洞的位置，规划出高利用率的道路系统格局，道路等级划分为主干路、次干路、支路。

（一）主干路

主干路是村内的主要交通联系和对外的街巷路，规划道路红线宽度为12米。其为"二纵三横"的主干路道路网体系。二纵为东西路，分别是接一路、接六路；三横为南北路，分别是常一路、常八路、常九路。

（二）次干路

次干路是村内的次要交通联系道路，不对外只对内，主要与主干路形成常庄村内干路网，在交通体系中的主要作用为集散交通，规划道路红线宽度为10米。规划次干路主要有常二路、常五路、常六路、常七路、沿河路、接二路、接三路。

（三）支路

支路作为街巷道路网格中负责疏散短距通行的部分，其作用的重要性与主干路、次干路不相上下，规划支路红线宽度为4～7米。

表6　村庄道路规划一览表

道路名称	级别	走向	起讫点	道路红线/米	断面形式/米
接一路	主干路	南北	北村界—南村界	12	2.5+7+2.5
接六路	主干路	南北	北村界—南村界	12	2.5+7+2.5
常一路	主干路	东西	接一路—接六路	12	2.5+7+2.5
常八路	主干路	东西	接一路—接六路	12	2.5+7+2.5
常九路	主干路	东西	沿河路—接六路	12	2.5+7+2.5
常二路	次干路	东西	接二路—接六路	10	1.5+7+1.5
常五路	次干路	东西	接三路—接六路	10	1.5+7+1.5
常六路	次干路	东西	接三路—接六路	10	1.5+7+1.5
常七路	次干路	南北	接三路—沿河路	10	1.5+7+1.5

续表

沿河路	次干路	南北	北村界—南村界	10	1.5+7+1.5
接二路	次干路	南北	常一路—常九路	10	1.5+7+1.5
接三路	次干路	南北	常二路—常八路	10	1.5+7+1.5
村一路	支路	南北	常二路—村四路	4	4
村二路	支路	南北	常二路—村四路	4	4
村三路	支路	南北	村五路—常七路	4	4
村四路	支路	南北	村二路—常七路	4	4
村七路	支路	南北	常七路—常九路	4	4
接七路	支路	南北	常一路—常二路	7	7
接四路	支路	南北	常一路—常五路	7	7
接五路	支路	南北	常二路—常五路	7	7
村五路	支路	东西	接二路—村四路	4	4
村六路	支路	东西	村三路—村四路	4	4
常三路	支路	东西	接四路—接六路	7	7
常四路	支路	东西	接四路—接六路	7	7

（数据来源：《东平县常庄村保护发展规划》2015 年编制）

第三节　空间节点

街巷中相交所产生的面积，以及村落空间中人员聚集的场地，都是人员聚集的标志性地址，也称空间节点。由于常庄村地形起伏，空间面积有限，所以在街道与街道、建筑与街道、建筑与建筑之间的部分形成的空间节点与常庄村村民的生活联系紧密，利用率较高。例如，村委会前方聚集的场地，自发性形成的玩耍娱乐的场地，有的则是放置碾子、磨盘的"场院"形成交流空间。常庄村村内的水源供给情况取决于金马山的降水与蓄水能力。村民饮水取自深水井，也是人员聚集地。村中道路与水源交汇处形成各排水的洼地，当地人称之为"坑"，排布较为密集。因此，常庄村内排水主要以水道与各"坑"互相配合为主。

一、入口空间节点

村庄的入口应具有明确的标识性和明显的指示性。常庄村内具有标示性的入口有寨墙、大圈门、别楞门、窟窿门、关大门、瓦大门、后店门、旗杆门，两山夹一井、仙人桥、关帝庙、崇福寺、东大寺、复圣庙、碑、李家井、古树、石墓等。将入口标识作为一个景观小品来进行设计，使入口成为一个景观节点，指示性强。门的大小代表了宅第的级别，所谓"某某门"正是当地人对深宅大院的称呼。当年八路军115师驻扎常庄村,罗荣桓、陈光分别住在"窟窿门"和"大圈门"。

(一)常庄寨墙

根据资料记载,常庄村寨墙是在清乾隆年间修建,共有东门、南门、西门和两个便门五个出入口供人出行,且五个门均有固定数量的人把守。寨墙高20米,周长约4800米,完全由石料建造而成。主要作用是抵抗战乱,防止入侵,保护村内人民的安全与财产。东、南、西三面墙宽度为80厘米,墙里屯土高度为10米,上方宽度为4米。原北寨门处遗存一段寨墙。在村庄的东方、南方、西方三个方位均有护城河环绕,水流方向为"东北水,西北流",即水从东北方向流至西北方向。站在常庄村的宝山——金马山山顶俯瞰,若是有敌人攻打,其军情战况尽收眼底,是理想的屯兵之地。进可攻、退可守的地形优势,是常庄村拥有红色基因的缘由。

(二)大圈门

大圈门,位于常庄村内的中心处。大圈门不是门,是所在宅院的代称。因宅院有个高大耸立的门,好似围成一个圈,故被称为大圈门。常庄村内的建筑明清为多,就地取材,使用当地石材、木材、黏土营造。规格较高的三进三出院落,不仅上下两层,还布置较为宽敞的厅房,梁柱的雕刻技艺极具特色。而在此院四面皆为较矮的普通民居。如遇侵袭,大宅院在制高点布防,易守难攻。

(三)窟窿门

窟窿门,也是标志性宅院的代称。宅院位于常庄东北角,高度大,进深深,因此当地百姓称为"窟窿门"。"窟窿门"宅院中的房间较为宽阔,且设置一个书房,古朴简约。由于北靠金马山,院落外墙较为高大,院内面积较为开阔,所以其临街处的建筑均为一层平顶建筑,大宅院可观测远方,视线无阻,便于防守。同"大圈门"一样,"窟窿门"也具备防御性能。

二、村落标识系统

(一)115师东进支队司令部办公室旧址

115师东进支队司令部办公室旧址属于常庄村内的山东省县级文物保护单位之一,位于常庄村"窟窿门"内,也是陈光故居、王秉璋故居所在地。1939年,115师政委罗荣桓和陈光曾在此召开会议,宣传抗日,训练干部。由于坍塌损坏和修复不及时,仅存有三间传统建筑,均由当地石材、木材、土营建而成,配以本地砖窑烧制的青砖。青砖位置在门、窗中上方及拦水处,多用于搭配石材装饰立面。屋内梁架结构均为木质,木梁木檩,当地手工编织的草席、芦苇席代替了普通梁架结构中的椽子,门窗也较为宽大。2007年,中共东平县委立大理石纪念碑,正面行书题刻"东进支队司令部办公室旧址"。后有段时间作为常庄村小学使用。现已被保护,不做任何其他功能使用。

（二）罗荣桓、黄励故居

罗荣桓、黄励故居属于常庄村内的山东省县级文物保护单位之一，位于颜家南院。院中不靠街的两间房为罗荣桓、陈光的卧室。其拐角房屋仅半间，为会议室。课题组采访当地居民颜廷树[1]得知，南院中一个角门[2]，角门外现存一处宅院，目前住了一户人家。祖上兄弟三个，当年共三处宅子，现仅存一处。从东南角门进来即是东厢房，西面为西厢房，中有大厅三座，用于招待客人。颜家大街分为颜家北院与颜家南院，建筑群总占地面积1.2万平方米，房屋布局是常庄村内的典型代表。北院大门朝向为北方，南院大门朝向为南方，现今两门位置隔街相对。在北院的东北角有一处防御的炮台，南边有一处沟壑可通向村外的赵家林，每当有紧急情况，可以走此处沟壑出村避难或寻求增援。

（三）赵镈故居

赵镈故居属于常庄村内的山东省县级文物保护单位之一，历史悠久，内部未被改造，保留着古建筑原始面貌。建筑风貌整体一般，与周围环境风格统一，主建筑高于周围建筑，建筑屋顶统一，构建、门窗风格统一。

（四）保险楼

保险楼属于常庄村内的山东省县级文物保护单位之一，位于常庄村的西南部，曾为颜景航的宅院，因在一楼设有坚固的地坑（地下储藏室）作为防盗措施，主要是保护财产安全，因而被称为保险楼。保险楼现状保存较为良好，经过后期的防护与修缮，现一层地坑也已填平，只保留了单体建筑于小学内。

（五）鲁西军政委员会旧址

鲁西军政委员会旧址属于常庄村内的山东省县级文物保护单位之一，一进院中的正房坍塌严重，只剩三面墙体，影响美观，总体院落环境还有待提升。建筑外立面基本保存了原始状态，内部立面均进行了后天改造，大部分门窗进行了置换，门口的小庙年久失修。院落内部地面铺设了水泥。

（六）复圣庙

复圣庙又称"颜氏祠"或"颜家庙"，供奉的是孔子座下的得意弟子颜回，是常庄颜氏祭祖议事之地。复圣庙属于常庄村内的山东省县级文物保护单位之一，位于常庄村西侧，根据资料记载，最初营建于明朝。建筑面积1250平方米，内有三间大殿、一座大门、十余座石碑，

---

[1] 颜廷树，常庄村村民，1968年生，居住于三村西部颜家庙附近。

[2] 角门，位于两个朝向相邻房屋山墙处。

石碑上刻有颜回生平、宗族发展迁徙以及历代大臣题词等。由于年久失修，现坍塌损坏仅剩一间大殿。复圣庙的营建材料均为当地取材，以金马山的青石为基、用青砖修葺，房顶以楠木和灰瓦打造而成，顶脊砖雕四条龙，前是双龙戏珠，后是凤凰戏牡丹，乌山两侧为荷花，代表了其建筑规格之高，房檐配以精美图案，墙体深厚，冬暖夏凉。门殿两柱镌刻楹联："视听音动杏坛间天心独见，虞夏商周随苍内五道维新。"原有较多记录史实的石碑，现几乎全部被损坏，碑文记载了东平颜氏祭典及皇恩频加的史实。现复圣庙仅存三间建筑，且年久失修摇摇欲坠，当年的宏伟壮观已无从知晓。

（七）汉石墓

汉石墓现仅存有几块石头在土地上方暴露出来，墓门等标识已消失，若无人带领则极其不易寻找到具体位置。汉石墓是当地村民在打井时发现。现暴露出的石头曾是为汉石墓墙体的一部分，因汉石墓的大门（正门）朝南向，故人们结合当地风水在此垒墙。汉石墓正南方位有一口井，当地称之为"出门跳井"，据说此井依据当地风水及汉石墓风水而建。汉石墓营建为东西向，曾经营建时将常庄村正东方向作为真正象征意义上的山头，常庄村正西方向作为山尾，但现如今金马山山顶处所指为山的西方，原因是常庄村富贵人家通常在营建房屋时将石土堆砌在山的西侧，久而久之将山头归之为西方位。汉石墓讲究几出几进[1]，且均带有石门、孝旗，内饰极其精致。但由于汉墓多次失窃，考古依据所剩无几。

（八）颜家墓地

颜家墓地位于玉皇庙以西，此处树林较为密集。距离常庄村金马山约500米，在正北方向，且有槲树这种古树种，此树仅存在于颜家林。颜氏家族较于赵氏家族来说迁徙至常庄村较早，人数较多。据资料可知，常庄村颜氏家族为颜回后人，老家在宁阳县泗皋。颜姓的人在村内较多，赵姓较少。

（九）赵家墓地

赵家墓地位于常庄村东，属市级文物保护单位，有五六百年的历史，是赵氏家族的墓地，村内赵姓人士亡故均可安葬于此，当地将其称之为赵家林。"文化大革命"时期，赵家林受损坏严重，墓地里的老石碑、祖碑均已消失不见。赵氏家族自河北省文安县迁移而来。据村中学者讲，赵家林选址处较为平坦，赵姓子弟因此心性平稳，为人厚道老实。

（十）金马山

金马山位于常庄村后方，一座小山的前边，这座小山被当地人称为后山马山，后面的大山形似骏马故称金马山。相传山中有金马驹，保佑村民平安富足，因此吸引了大批移民到此定居。

---

[1] 几出几进，模仿生者居住场景，用于墓室布局。

在常庄村西边八里地处有个村子名为夏谢村，村内六七千人，六里地处有个村子，名为苍丘村，村内有约四千人。常庄村划分为三个行政村，即一村、二村、三村。而在南方向有个小村庄叫南屯，东方向有个小庄村叫东屯，合起来叫常庄乡。古时候有个说法叫"金苍丘，银夏谢，赶不上常庄的后山坡"，意思是常庄村较周边村落比较富饶一些，要山有山，要水有水。在常庄村东边是山地，西边是洼地，当地说法为"旱了洼里能收，涝了山上能收"。可见，村民的勤劳和智慧、积极勇敢的探索精神，才是常庄村富足的保障。金马山的山形独一无二，它具有四个鲜明的特点，当地人称圈腿山、横山、独山、断头山。横山较为少见，尤其是以独山的形式存在，它与外面的山并不连接，是独山，且为断头山（崮）。北方有山，南方是一片平原，北方寒风被遮挡，南方暖湿空气容易停留，庄稼长势良好，百姓安居乐业。所以金马山的地理位置得天独厚，风水极佳，使村内人得到庇护。

（十一）寨墙

常庄村寨墙位于常庄村靠近金马山周边处，现因地形变化调整了常庄村整体地面高度，改建抬高上升至成年人的脚部或腰部的高度。寨墙原有炮楼，小炮楼约为 30 米一处，且上方放置大炮。现在的寨墙仅留有几处遗迹。

（十二）排水涵洞

常庄村的排水系统颇具优势，是极具特色的"东北水，西北流"。水流流向使村内出现多个排水涵洞，这些排水涵洞均在明朝建造，一直沿用至今。金马山的水是常庄的水源源头，具有"东北水，西北流"的特点。经实地调研考察共有 13 处洼地：八里沟、桃花坑、赵家林坑、东豁子口坑、凤凰嘴坑、寨河、西北坑、双马子窑、窑坑、长尾巴狼坑、三角坑、胡家林坑、藕坑。流向主要为从源头流向位于徐坦村路东的八里沟流至桃花坑。桃花坑位于庄村东，以形状像桃花的五片花瓣而得名，桃花坑水满后留至赵家林坑。赵家林坑位于赵家林的西侧，途经地道流往东豁子口坑，当地又称之为东便子门，水满流至凤凰嘴坑，其位于常庄村聚风楼西面，东北流向且通过一个沟流至地道。凤凰嘴坑从上方看像鸟嘴，以此得名。途经西北方向的斜路流至寨河，最后流至西北坑。藕坑也属于排水系统中的一部分，藕坑一支现已迁移至颜家胡同。地道北边路西之前叫东大寺[1]，也叫崇福寺，遗址位于村内收粮食的粮站，地上部分早已不存。

（十三）两山夹一井

"两山夹一井"位于常庄村南门，是颇有历史的古井，由当地石材砌筑而成。此井并非位于两座大山之间，两山曾被误传为两座大山。在古井东侧与西侧均有屋山墙，故称之为两山夹一井。两山所指的是屋山，过去此井位于大户人家的后花园，但花园早已不复存在。现在此古

---

[1] 东大寺，先有东大寺再有复圣庙。

井北侧营建了民居。此处原是大坑，作用是排水，被弃用后便在此处建设房屋。营建民居时需先将大坑处铺垫许多石头，与地平线持平后方可出地基，然后再垫石板，在石板上方营建民居。现此井仍存，两屋山尚有残迹，但周边环境已发生改变。

（十四）仙人桥及其他

仙人桥位于常庄村大街的西侧，为石桥，由三块原石砌筑而成，石材均取自于金马山上。村内传说三块石头中居于中间的石头较为平滑，而左右两块较为粗糙，且在有露水的季节，平滑的石头上非常干燥，形状与人卧相似，天亮时露水则消失不见，故将其叫作仙人桥，也称之露干桥。

李家井是现存的古井，由当地石材砌筑而成，常庄村又称之为苦水井。水塔村的桥全部用残存的碑垒砌，后有碑文和诗文。当地人称作水塔碑。村东赵家墓地里有一棵百年古榆树，至今仍枝繁叶茂。文庙在常庄村内指颜氏宗祠，即复圣庙。武庙在常庄村内指关帝庙，复圣庙东侧、颜家南院西侧及鲁西军政委员会旧址附近均有分布。

表7 标识系统

序号	村落标识	标识实图	序号	村落标识	标识实图
1	115师东进支队司令部办公室旧址		9	复圣庙石刻	
2	陈光故居		10	金马山石碑	
3	王秉璋故居		11	关帝庙	

4	黄励故居		12	两山夹一井	
5	罗荣桓故居		13	古井	
6	赵镈故居		14	别楞门	
7	保险楼		15	瓦大门	
8	鲁西军政委员会旧址		16	议事大厅	

(图片来源：课题组自摄)

第四节 农耕时代的营造智慧

传统村落选址和居住环境营建中必然涉及"风水"。传统营建理念中的"风水"对聚落基址的选择，是选择一种能在生理和心理上都得到满足的地形条件。传统村落多选址于山水之间。传统营造常借自然地形中的坡地条件，灵活地组织布局，不仅顺应水脉、保土理水，还保护自然生态与活力，以智慧的营建方式规划出一幅"村融山水中、人在画中居"的田园环境。"负阴抱阳，背山面水"，是传统村落和宅院选址的基本原则与基本格局。背山既可生气、纳气、藏气，又可更有效地接纳阳光，阻挡寒流；面水可使气"界水而止"，为村落环境孕育生机。这看似玄妙，实质上是中国古人通过知识和经验的累积，逐渐总结出的一套以人与自然协调为准则的认知观念和择地理论。从现代生态学角度来看，村落选址临近可耕田地，但不占用良田。这些选址不仅具备有利于村落生存的优越条件，而且是对山地小气候条件的适应性选择，如良好的通风日照，便利的水资源以及对局部小气候的调节。受丘陵地区地形所限，院落布局较为自由，从大多数院落的建筑与空地的图底关系看，其院落空间布局也并非严格意义的"合院式"。村民自给自足的生产方式和农业劳作的间歇性决定了院落实用性很强，往往将可供养殖的庭院和民居相结合。因此，在民居建造中，从自身要求出发，并不恪守传统标准的"平原"合院模式。

一、常庄村选址

常庄村由一村、二村、三村共三个自然村组成，且三个村庄均依山。其一为金马山，其西高东低，中间为马腰，马头朝东。常庄村的"靠山"为东西走向的"横山"，在北方形成屏障。因此常庄村先天的地理位置占据独特的优越性。作为常庄村水源的源头，金马山在村民心目中地位显赫。"金苍秋，银夏谢，赶不上常庄的后山坡。"俗语中的"后山坡"即指金马山的后山坡。其二在村正东有座山，此山有口井，水源清洌。其三为玉皇山，传说此山寓意颜家出科举名仕，赵家出达官贵人。常庄村的传统民居大多以合院为主，但院落形式并不是传统合院的形式，多为三合院、二合院、散居等不规则类型。

村落整体按照传统方格网布局，紧凑有序、古朴传统、特色鲜明。常庄村内传统民居建筑群以梯形依山势而建，向东西方向延伸。民居营建均就地取材，多就近利用附近山体的石块、青砖等作为建筑材料。传统古建筑占村庄建筑总面积的比例为50%，基本保存了明至清代中晚期的建筑风格，堪称"鲁西第一民居群"，是研究清代民俗建筑的重要史料。现存寨墙2处，古寨河、石桥、排水涵洞12处（个、座），古井12处，汉代古墓、古石碑35处（座）。其中，6处被确立为省级文物保护对象及第三次全国文物普查不可移动文物。建筑最早、最有文化价值的当属复圣庙，其次，常庄北部还分布有常庄寨、颜氏大街南院和北院老宅、大圈门、窟窿门、保险楼、七十二胡同等明清时期具有鲁西建筑风格的古民居。其中，保护村人的常庄寨、八路军 115 师罗荣桓和陈光居住过的大圈门和窟窿门、存放钱财的保险楼等特色鲜明，保存较好。

图 1-5 常庄村重要建筑分布图

（图片来源：杜秋绘制）

二、民居现状

常庄民居群包括复圣庙、颜家北院、颜家南院等具有代表性的文保建筑以及其他传统民居 500 余间，基本均为全石砌，其多有单独院落，院落组织较灵活自由。院落布局以面朝南向的正屋居中，其三间居多，中间为堂屋，左右两侧为配房，并有四间或五间。东屋与西屋在正屋两侧，其高度低于正屋，东屋多为厨房，西屋多为居住或堆放杂物。一般长辈居住在堂屋内，晚辈居住在左右屋或配房内，体现出当地正统、严谨的民风。常庄村传统民居建筑以三合院为主，分为全石砌、土石、砖石结构三种，屋顶形式多为平闷顶与硬山顶，结构多为木质梁架。屋顶的修缮频率比其他部位要高，目前只有少部分民居还保留木质椽子，大多民居采用苇子、麦秸代替椽子铺顶。门窗部分有砖雕或石雕工艺。屋门多为木材质门。门前踏步采用青石，踏步数量为单不为双。早期窗为方形洞口和发券半圆窗户。方形洞口较小，发券半圆窗户以砖石结构为主。门窗框多为木质条形。

常庄村历史风貌与格局保存基本完好。现在的村民对村落历史文化价值的认知源于对家乡深厚的感情寄托，村内因没发生大规模建筑改造与重建，所以保存了较为古朴的风貌。近几年，年轻人外出务工，导致村内民居大量闲置，因此造成较多有历史价值的民居年久失修，坍塌损毁。部分传统民居长期无日常维修与防护，以及早期村民对于古建筑保护意识的疏忽造成房屋不同程度的损坏。近几年，村民在各方宣传下了解到了古建筑的价值，却苦于工匠缺乏、手艺失传。

常庄村传统民居保存现状根据保存风貌可分为三等级，即较好、一般、较差。传统民居格局保存较为完整，整体风貌良好，屋架、墙体及门窗保存完整或基本完整，具有一定历史、文化、工艺价值，反映历史风貌和常庄地方特色。保存一般的建筑基本为二十世纪七八十年代建造，该类建筑或延续传统建筑的院落格局，或采用与传统建筑相近的建筑材料及装修风格，与古村落整体风貌较为协调。已经坍塌的建筑、分布零散的建筑、近年建造的与传统风貌不协调的建筑均属于保存较差。以省级文保单位中的保险楼、鲁西军政委员会旧址、赵铸故居、颜家南院、东进支队司令部旧址为例，分析常庄村的历史风貌代表建筑现状如下：

（一）保险楼

保险楼现为山东省文物保护单位，曾被当作教室使用过一段时间。因在一楼设有地坑作为防盗措施，因而被称为保险楼。保险楼保存较为良好，有修缮痕迹。一层地坑已填平，曾经的院落旧址已被覆盖，只保留了一个单体建筑于小学校内。校内建筑以教室为主，一层二层有很多凌乱桌椅，灰尘较多，但整体保存较好。建筑风格与常庄建筑风格统一，建筑屋顶硬山坡屋顶或囤顶，构件、门窗风格和谐。

地面结构安全度属于中等情况，风貌协调度较差，其中包括地面铺地及基础。地面铺地包含正屋地面、西屋地面、西屋二层阁楼地板及院落铺地。正屋面积为36平方米，其铺装是水泥地面，较为平整，个别之处有小破损，整体保存良好，但地面有很多杂物；西屋面积为12.5平方米，西屋地面与正屋地面相连，情况一致，未有明显破损，地面杂物较多；西屋二层阁楼面积为14平方米，红漆木地板铺地，表面较为平整，未有大面积损坏，地面杂物较多。院落内水泥铺地，整体较为平整，未有大面积破损。院落原有五层台阶，现有三层台阶，地面抬高后两层台阶埋在地下，地面有较多杂叶。一层地面基础可见，保存较为良好，但基础旁边的杂物较多。需清除地基基础周边杂物，对基础进行加固处理。单体建筑占地面积84.5平方米，地基大小无法估计。

围护结构的安全度、建筑风貌协调度属于中等情况。其中包括内墙面、外墙面、门、窗。正屋内墙面白灰抹面，内部为泥土与石头，墙面有小面积掉皮破损情况，不够平整，污渍严重；西屋内墙面白灰抹面，墙面有小部分掉皮现象，部分有污渍和破损。正屋外墙面整体由打磨平整的石块构成，水溜子均用青砖砌成。正屋门一扇，外为刷有红漆的木板门，保存较为良好，有少许坑洼、掉漆、污渍情况；门里侧未刷红漆，保存一般，有掉皮情况。窗户三扇，表面刷有红色油漆，窗外有菱形方块铁栏，已经生锈，窗户有掉漆、污渍情况。西屋外墙面整个墙体基本情况与正屋相似。门一扇，现门已经遗失，只存有门洞，门框刷有红漆，保存良好。窗户一扇，表面刷有红色油漆，窗外有铁栏，已经生锈，窗户有掉漆、污渍情况。阁楼窗户两扇，表面刷有红色油漆，窗外有铁栏，也存在生锈、掉漆、污渍等情况。

承重结构安全度较差，风貌协调度属于中等情况。其中包括柱子、梁、檩条、楼梯及扶手。西屋与正屋的柱子均在墙内。主梁与侧梁共两根，整体保存一般。正屋两根梁，主梁保存良好，没有断裂、弯垂现象，有轻微划痕，需增强日常维护。檩条一层十根、二层九根，表面有裂缝、黑化、污渍等情况。修缮时需清洗污渍、填补裂缝，防止进一步腐朽。西屋有刷有红漆的木楼梯，无扶手，保存一般，有轻微划痕，灰尘较多，需增加日常维护，清除灰尘。屋面结构安全度属于中等情况，风貌协调度较差，细部构造包括椽子、望板、瓦面、屋脊。屋面均已多次更换，基本都是后修。保持原貌的较少，多数已改用机制瓦面或新材料。

保险楼的室内陈设、室外环境风貌协调度较差。正屋室内陈设较为杂乱，摆放较多杂物，二层摆放很多不规整的桌椅。建筑现在小学内，只保留了单体建筑，门前院落环境比较干净，有少许落叶与一个功德碑，功德碑是后加的，保存较为良好。院落内无杂草，建筑前有一棵大树。

（二）鲁西军政委员会旧址

院落现有人居住，在作为民居住宅的同时开设了供人饮食的农家院对外经营。相应设施以及建筑本身已加建改建，总体院落环境还有待提升。一进院中的正房坍塌严重，只剩三面墙体，影响美观。建筑外立面基本保存了原始状态，室内墙面均已改造，大部分门窗已更新，门口的小庙年久失修。院落内部地面铺设了水泥。

地面结构安全度较强，风貌协调度较差，其中包括地面铺地及基础。地面铺地包含正屋、西屋、东屋、柜屋[1]及院落。正屋面积为32平方米，其青砖铺地相对完整，表面污渍严重；西屋面积为10平方米，水泥混凝土铺地，用作厨房，地面油污严重；东屋面积为31平方米，为瓷砖铺地；倒座面积为26平方米，水泥混凝土铺地，地面相对光滑，有少量凸凹不平；院落面积为104平方米，水泥铺地，地面相对光滑，有少量凸凹不平。一层地面面积为274平方米，基础可见，保存一般，但基础旁边的杂物较多。

围护结构安全度、风貌协调度均属于中等。其中包括内墙面、外墙面、门、窗。内墙面包括正屋、西屋、东屋及倒座。正屋内墙面白灰抹面，内部为砖石混合材料。西屋内墙面白灰抹

---

[1] 柜屋，当地用语，意思是"掌柜的屋"，仅赵家大院一间，现在鲁西军政委员会旧址内，在二进院主屋的旁边，比主屋尺度略小，曾作赵家钱库使用，保存贵重物品。

面，墙体凹凸不平，有少量掉皮现象，且墙面油污较为严重。东屋内墙面地面上涂饰约50厘米绿色踢脚线，上方白灰粉饰。柜屋内墙面粉饰白灰，有少量表皮脱落，露出土坯墙体，且表面有污渍。外墙面与门分别包括正屋、西屋、东屋及柜屋。窗包括正屋、东屋及柜屋。正屋外墙面窗洞以下为青石砌筑，以上为青砖包裹土坯或石材砌筑，且少量墙体换过砖。门为原门，涂有红色油漆，略有褪色。门外新增一扇铝合金防蚊虫纱门。窗为新加铝合金窗户，表面较为整洁，门洞上方保留有窗框。西屋外墙面为砖石混合砌造，青砖部分有修缮痕迹。门为新换铝合金纱门，门洞上方门框有保留。东屋外墙面为砖石混合砌造，青砖部分有修缮痕迹。门为原始门，重新涂抹红色油漆，略有褪色。门外新增一扇铝合金防蚊虫纱门。窗为新加铝合金窗户，表面较为整洁。柜屋外墙面整体表皮为石材砌筑，门洞上方有少量青砖。门窗为原始门窗，表面有黑色油污，局部油漆脱落和褪色。

承重结构安全度强，风貌协调度属于中等情况。正屋西屋梁被遮挡，现不可见。东屋主梁两根，均保存相对完整，无开裂，但表面略有发黑现象；檩条五根，现有裂缝、表面黑化、污渍等问题。柜屋主梁2根，现有裂缝、表面黑化、污渍等问题；檩条3根，现表面有黑化、污渍等问题。西屋檩条九根，现存在表面黑化、污渍等问题。

屋面结构安全属于中等情况、风貌协调较差。椽子保存状况较好，无明显腐烂，有少量开裂现象，且表面污渍较为严重。数量情况分别为东屋四十八根、柜屋三十四根。柜屋瓦面有破损，部分瓦当滴水脱落，屋顶有水泥砂浆遮盖痕迹，有少量瓦片脱落。柜屋无正脊，有两条垂脊，垂脊端头保存较差，有破损和瓦片脱落现象。

结构安全度、风貌协调度属于中等情况。正屋有卧室和客厅，室内陈设基本为后期置办，西屋为厨房，东屋为餐厅，柜屋没有陈设，为杂物间。院落环境一般，由于房主将建筑主体打造成了一处提供餐饮的农家院，因此院落环境相对较好。院落内有少量杂草，种有一些蔬菜，二进院内部还有一棵皂角树。

（三）赵镈故居

赵镈故居是山东省文物保护单位之一。宅院历史悠久，内部未被改造，保留着古建筑原始面貌。由于现在只有人看护修补房子开裂等小问题，没有专业技术保护修缮门楼，以至于大门门楼坍塌，二门门楼砖瓦滑落、承重柱子底部受腐蚀，部分构件开裂。主建筑保存较好。建筑风貌整体一般，与周围环境风格统一，主建筑高于周围建筑，建筑屋顶构件、门窗风格统一。

地面结构安全度、风貌协调度属于中等情况，其中包括地面铺地及基础。地面铺地包含正屋、东屋及院落。正屋面积为79平方米，地面较为平整，没有铺设地砖，整体较好；东屋面积为14平方米，地面铺装为土地面，大面积地面被柴草覆盖；院落面积为114.4平方米，院落内泥土铺地，无其他铺装，其三分之二的地面空间种植瓜果蔬菜。一层地面基础共114.4平方米，其基础可见，保存较好。

围护结构的安全度、风貌协调度属于中等情况，其中包括内墙面、外墙面、门、窗。内墙面包括正屋与东屋。正屋内墙面白灰抹面，很小面积是后期补修留下的泥面，墙内部泥外部是石头。东屋内墙面白灰抹面，墙面大部分被柴草掩盖，墙面有污渍并无破损。正屋外墙面整体为青石，窗户上下有较大的槛石，保存较好。窗户三扇，前窗表面无油漆，窗外纱网使用状态良好。后窗污渍较多，掉漆严重。东屋外墙面整体为青石，保存较好。窗户一扇，后窗只有一个方形洞。门包括正屋、东屋、伙门[1]、二门。正屋门两扇，为木板门，表面刷有红漆，保存良好，但部分存在掉漆、污渍情况。东屋门两扇，为木门，表面刷有棕色漆，保存情况一般，下部有开裂、掉漆现象。伙门两扇，且带有门楼，门楼顶部已经坍塌，木板门保存一般，有明显裂缝，脱漆严重。二门两扇，整体情况一般，门槛和门的下部被雨水腐蚀，有脱漆情况，门楼柱基、檩条等木构件需进一步修缮。

承重结构安全度较差、风貌协调度属于中等情况，其中包括梁、檩条、楼梯及扶手。正屋主梁与侧梁共两根，整体保存良好，无断裂、弯垂现象，有表面黑化问题。檩条六根，有裂缝、表面黑化等问题。楼梯及扶手保存良好，个别石缝没勾缝。

屋面结构安全度、风貌协调度均属于中等情况，包括椽子、望板、瓦面、屋脊，瓦面保存良好，无明显裂痕。

室内陈设、室外环境及与街、河的关系结构安全度、风貌协调度较差。正屋有八仙桌一套，东屋无陈设。院落环境较杂乱，多种植蔬菜且杂草丛生。

（四）颜家南院

颜家南院是罗荣桓故居、黄励故居所在地。因大面积重建，现仅存靠街的北部房屋，即"三进三出"中的第"一进一出"的部分残留。经历过更换梁架、屋面和内部改造，现存房屋无人居住，处于荒废状态，仅能从外立面和大门等保存较好的地方一窥原貌。

地面结构安全度属于中等情况，风貌协调度较差，其中包括地面铺地及基础。地面铺地包含正屋、西屋及院落。正屋面积为29平方米，现代水泥铺地，原始铺地已可见；西屋面积为33平方米，院落内泥土铺地，无其他铺装。一层地面基础可见，保存良好，基础旁边的杂物较多。

围护结构安全度、风貌协调度属于中等情况。其中包括内墙面、外墙面、门、窗。内墙面包括正屋与西屋。正屋内墙面现代手段的白灰抹面，整齐干净，原墙面被遮盖。西屋内墙面白

---

[1]伙门，当地用语，指多进院中多个院落共同使用的正门，因当地方言将"共同"使用称为"伙"着使用，故称为"伙门"。

灰抹面，墙面有小部分掉皮现象，墙面有污渍和破损。外墙面包括正屋与西屋。整体为青砖，最底部为两层石头构成地面基础，青砖小部分破损。大门一扇，墙体部分老化和破损，大门仅存门框，门框也有部分损坏。正屋为新加木板门，红漆饰面，保存良好。窗户三扇，正屋南面两扇窗户为新加窗户，表面刷有红油漆，窗外有铁栏，已经部分生锈。北面窗户增加了现代木格栅，原始窗户保存较好。西屋外墙面整体为青砖，最底部为两层石头构成地面基础，青砖大面积破损老化。西屋为老式木板门，外饰红漆，保存情况一般，小部分木头有腐烂、掉漆、污渍的现象。西屋窗户为木格栅，已经破损老化严重，只余原始木结构残存，窗台堆积大量泥土杂物。

承重结构安全度较差、风貌协调度属于中等情况。其中包括梁、檩条。主梁与次梁共七根，整体保存一般，正屋主梁保存良好，西屋内的主梁保存较差，有断裂现象。檩条共二十五根，正屋为重新更换的檩条，西屋原始檩条有表面黑化、污渍等问题。

屋面结构安全度属于中等情况、风貌协调度较差，包括椽子、瓦面，但在实地测绘中均无数据。正屋为重新更换的椽子，西屋原始椽子有表面黑化、污渍等问题，无裂痕，整体情况较好。正屋顶面为当地特殊做法，水泥抹面。西屋屋面老化有裂痕。因重新建造，风貌保存较好。

室内陈设、室外环境及与街、河的关系结构安全度、风貌协调度较差。正屋有一套桌椅，一张床，西屋有厨房灶台残存。院落环境较杂乱，杂草杂物遍布院落，建筑已闲置。

（五）东进支队司令部旧址

115师东进支队司令部办公室旧址现已属于山东省县级文保单位之一，位于常庄村"窟窿门"内。1939年，115师政委罗荣桓和陈光曾在此召开会议，宣传抗日，训练干部。

地面结构安全度属于中等情况，风貌协调度较差，其中包括地面铺地及基础。地面铺地包含正屋1、西屋1、正屋2、西屋2、厨房、倒座及院落。正屋1面积为32平方米，水泥混凝土铺地，部分泥土铺装裸露在外，表面污渍严重、坑洼处较多，且屋内不平整；西屋1面积为33平方米，水泥混凝土铺地，年久失修，表面尘土较多；正屋2面积为43平方米，水泥混凝土铺地，现为民居，保存较为完整，地面铺装平整且整洁，但部分地面存有坑洼现象；厨房面积为19平方米，水泥混凝土铺地，保存较差，用作厨房，地面油污严重；倒座面积为16平方米，水泥混凝土铺地，年久失修，表面尘土较多；院落内泥土铺地，无其他铺装，且地面坑洼不平，部分院落内长满杂草，无人修剪打理。民居院落水泥混凝土铺地，表面平整且整洁。基础可见，保存一般，周围杂物较多。

围护结构安全度、风貌协调度属于中等情况。其中包括内墙面、外墙面、门、窗。内墙面、外墙面、门、窗均包括正屋1、西屋1、正屋2、西屋2、厨房、倒座及院落。正屋1内墙面白灰抹面，内部为砖石混合材料。墙体凹凸不平，有大量掉皮现象，且墙面污渍较为严重；外墙面墙体由当地石材砌筑，拦水及窗洞下皮以下为青石砌筑，保存较为完整，部分墙体被抬高的地基或杂物掩盖；门一扇，正房门为修缮后的门，涂有黑色漆料，保存较为完整；窗户三扇，窗为砖石混合结构，涂有黑色漆料，保存较为完整，现有铁丝防护。西屋1内墙面白灰抹面；外墙面墙体表面为当地石材砌筑，保存较为完整；门一扇，西屋为原始门，现已破败，产生裂缝；窗户三扇，窗为砖石混合结构，涂有绿色漆料，保存一般，有破损处。正屋2内墙面白灰抹面，内部为砖石混合材料。现为民居，保存较为完整；外墙面墙体表面为全石材砌筑，无砖材料，与正屋1外墙面相比较而言，此墙体表面保存更为完整，但存在墙体发黑的情况且有轻微裂痕；正房门为建房时遗留，红色漆面，略有褪色。门外新增一扇铝合金防蚊虫纱门；窗户五扇，窗为全石材砌筑，红色漆面，保存一般，有破损处。厨房内墙面保存较差，有较多表皮脱落，露出土坯墙体，且表面有大量污渍；外墙面墙体表面为全石材砌筑，无砖材料，保存较为完整；厨房为原始门，表面有黑色油污，局部油漆脱落和褪色；窗户三扇，原始窗户，表面有黑色油污，仅有方形与纱窗。倒座内墙面白灰抹面，内部为砖石混合材料。外墙面墙体表面为全石材砌筑，无砖、土或其他材料，保存较为完整；倒座门一扇，年代久远，局部油漆脱落和褪色；窗户3扇，为传统做法，表面有黑色油污，仅有方形窗洞与纱窗。

承重结构安全度较差，风貌协调度属于中等情况。其中包括梁、檩条。正屋1主梁两根、檩条六根，厨房主梁两根、檩条五根，均有轻微裂缝、表面黑化、污渍严重等问题；正屋2主梁两根、檩条七根，保持相对完好，无开裂，表面略有发黑现象；西屋1与倒座现已吊顶，主梁数量与现状均不可见。

室内陈设、室外环境及与街、河的关系结构安全度、风貌协调度属于中等情况。正屋1按照原有陈设布置，但室内陈设基本为后期置办，西屋1无室内陈设。正屋2现为民居，用于招待客人及作为家中老人的卧室。厨房陈设较为陈旧，油渍黑化较为严重，倒座为杂物间，杂物堆放较多。院落环境一般，杂草较多，土路路面较为不平整，雨天较为泥泞。民居内院落石灰铺砌地面，较为干净整洁，院落环境相对较好。

115师东进支队司令部办公室旧址现已划分出一片独立的民居，分为两个正屋。115师东进支队司令部办公室旧址的总体环境质量有待提升，除去正屋1保存较为完整外，西屋1及院落环境均需修缮，院落内杂草与杂物较多，且进入西屋1处的门楼坍塌严重，存在危险，需将其重修。现已作为民居的总体环境质量较好，正屋2梁檩及门窗保存较为完整，且室内陈设较为合理，但外墙面稍有裂痕，需进行修补，以防坍塌；厨房与倒座外墙面保存较好，但厨房内油渍较为严重，需清理污渍，窗户也要做进一步修整；院落铺装较为平整，保存较好，且无杂草杂物。整体保存较好，建筑风格与常庄建筑风格统一，建筑屋顶风格统一，构件、门窗风格较为统一。

图 1-6 村落航拍图

图 1-7 典型院落

图 1-8 公共厕所

图 1-9 典型外立面（1）

图 1-10 典型外立面（2）

图 1-11 典型内立面（1）

图 1-12 典型内立面（2）

图 1-13 某院落门样式　　　图 1-14 某院落门样式　　　图 1-15 某院落门样式

图 1-16 某院落门样式　　　图 1-17 某院落窗样式　　　图 1-18 某院落窗样式

表8 常庄院落实录

典型院落				周边环境				其他
院落数量	院落质量	闲置率	墙体材料	地貌	对外交通	公共广场	绿化	院落数量多且有特色
超过50栋	良	不详	石	鲁西平原	一般	无	良	

1. 综合评价。该村典型院落超过50栋，整体布局完整，道路系统完善，院落规整且保存质量较高，石材加工工艺良好，石材装饰多。
2. 村落肌理。村落依山而建，主干路道路网体系为"二纵三横"。"二纵"为自西往东，分别是接一路、接六路；"三横"为自北往南，分别是常一路、常八路、常九路，小巷道穿插其中。
3. 典型院落类型。村落含有二合院、三合院及四合院，以三合院为主。
4. 建筑特征。
（1）墙体营建技艺及营建类型十分丰富，例如干苲墙、沙灰墙、茬子墙等。
（2）门窗洞口的营建方式大部分采用拱券的形式和立斗子营建方式。
（3）屋顶形式主要有三种，分别为平囤顶、单坡顶以及双坡顶。
（4）建筑功能性构件包括拦水墙、水溜子、燕尾、石刻及木纹。
5. 空间节点。
（1）村落入口。例如寨墙、大圈门、别楞门、窟窿门、关大门、瓦大门、后店门、旗杆门等。
（2）标识系统。例如115师东进支队司令部办公室旧址、陈光故居、王秉璋故居、罗荣桓故居、黄励故居、赵镈故居、保险楼、鲁西军政委员会旧址、复圣庙、汉石墓、颜家墓地、赵家墓地、金马山、原寨墙、排水涵洞、两山夹一井、仙人桥、李家井、水塔碑、古树、文庙、武庙等。
6. 建筑装饰和手工艺。
（1）石材加工较为完整，例如錾刻纹。
（2）木雕、砖雕与石雕相比略少。
7. 保护与传承。
（1）红色文化教育基地。
（2）民俗体验、旅游特色村。

第二章　民居营建技术

　　常庄村位于山东省泰安市东平县接山镇东北方向，村落依山而立，村落布局呈方形，四周有防御性寨墙穿山过河将村落包围其中，现今仍有遗存痕迹。东南西北各有入口分布，其中东部另有一个便捷生活的小门，本地称之为"便门子"或"豁子门"。寨墙以外，东、南、西三向均有护城河环绕，水系自金马山东北流下注入寨河，沿河道向东北流出，且聚落内部坑塘众多，十二古井零星散布，并与寨河相互勾连。综上所有条件，常庄形成"一寨多村"的特殊布局形式。民居营建过程中多就地取材，充分发挥金马山的作用，将"靠山吃山"发挥到了最大限度。

第一节　营建结构

　　常庄村由常庄一村、常庄二村、常庄三村三个自然村落组成，现今村落界限已经模糊。调研组经过走访发现，村落中的"大街"为一村和三村的分界线，两者和二村之间的分界线并无确切线索，且村民分布并不严格按照村落格局划分，而呈现出混合居住的形式，村落界限逐渐趋向模糊化。

一、屋顶结构

　　常庄的屋顶结构形式多种多样，且极具地方特色，在建筑营造过程中屋顶的构造主要有平囤顶结构、坡顶结构。单坡顶建筑也有少量应用，主房两侧用于储物的棚子采用这种结构的居多（棚子一般只有三面墙体，前面开敞，多用于储物或停车）。民居建筑基本采用平囤顶结构，少量用于宗教性质的建筑采用了坡屋顶的结构形式，通常为硬山结构。

（一）平囤顶结构

　　平囤顶广泛应用于我国北方的民居营建当中。在常庄民居的屋顶营建中所广泛应用的是平囤顶。从其外观来看，常庄村平囤顶的营建方式与普通平囤顶存在差异，常庄村民居屋顶向上隆起随即向两边下滑，至两边屋檐处再次隆起，且在屋檐四周垒砌类似于女儿墙的矮墙，本地人称其为拦水或拦水墙，从剖面来看屋顶的形状为"山"形（如图2-1）。在屋面没有门窗洞口位置的上方紧贴大梁上皮放置水溜子（如图2-2）（常庄本地说法，即用于排水的构件），且梁头下方放置稳梁石，梁头不外露，均用青石或青砖将梁头封砌在墙内，以保护梁架不会被雨水冲刷。据匠人描述，常庄村水溜子的分布位置全部在梁上方，每个梁头上面都会放置一个水溜子。

从用材来讲，常庄村的拦水墙有两种不同的选择。调研走访过程中发现，常庄村拦水墙的材料主要是石材（如图2-3）以及青砖（如图2-4）两种，且每种的高度都略有不同。石材拦水墙的材料来源主要是营建过程中余下的边角料，一般体量不大，大多数垒砌一到三层，且略显粗糙。青砖的拦水墙一般在檐口上方垒砌几层双排砖，双层砖以上直接单砖跑，且有些青砖拦水墙砌筑较高，是早年抗战时期起到防御作用的设施，于当下均未得到较为完整的保存，只有少数建筑有局部遗存。

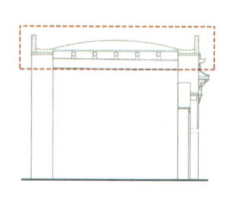

图 2-1 平囤顶
剖面形状为一个"W"形，屋顶中间高并向两面递减，至屋檐处高度再次升起，屋顶四面设拦水墙

图 2-2 水溜子
位于梁头正上方紧贴横梁上皮的排水构件

图 2-3 石材拦水
石材拦水的材料主要为房屋建造时的剩余材料，一般垒砌一到三层

图 2-4 青砖拦水
青砖拦水所见数量相对较少，且早期战争年代具备一定的防御性能

（二）坡顶结构

常庄村地处泰安市东平县，京杭大运河之枢纽戴村坝坐落于此，孕育大汶口文明的大汶河以及母亲河黄河穿境而过，众多水系相互调和，文化脉络相互串联沟通，共同构筑文脉传承体系之同构性。通过对常庄村的田野调查，辅之之前对京杭大运河沿线城市的走访与调研发现，运河沿线地区的乡土建筑在营建及构造中均存在或多或少的同构性原则。例如，在山东段运河沿岸的城市当中几乎都分布着以某种产业来命名的街道，其中尤以"竹竿巷"最能体现其街巷分布的同构性，且街巷的主要用途无外乎是竹器生意。另外，在山东段运河沿岸城市中我们也发现，某些建筑的营造以及装饰纹样也存在着很多的同构性。以常庄村为例，在发现的为数不多的坡屋顶建筑中，瓦当、滴水的形制与装饰纹样和临清市运河沿岸地区的建筑存在很大的相通性，同时，屋架基本构造也存在着很高的相似性，只有些许的差异。基于运河漕运文化的流动性可得出大致的结论，沿线地区的住宅建筑严格意义上来看可断定为同源所生，但不同地区之间所产生的异同则是基于地方风土环境以及自然气候和资源的大背景之下人们根据自身的经验以及人体工程学的角度之下进行的合理改造。

常庄村民居建筑以石砌平囤顶见长，原有坡屋顶建筑数量并不可观，时至今日保存相对完善的更是少之又少。肉眼可分辨的有颜家会客大厅、关帝庙、倒座以及复圣庙等。

其中颜家会客大厅的屋顶形式为硬山结构，垂脊及屋面上雕有精美的动植物纹样，正脊两端有龙形雕刻装饰，且在屋面门洞上方装有花牙子雀替（如图2-7），墀头有砖雕，雕有腾云驾雾且做回头状的鹿，本地人称这种纹样为"回头鹿"。整体建筑选用土木砖石混合的结构，建筑台基以及墙裙为石材垒砌，屋面墙裙之上采用土材夯筑，两山面以及后屋面为青砖砌筑。但从建筑内部的土墙可以得出结论，会客大厅的墙体营建采用了本地人称之为"里生外熟"的营建方式（"生"是指生土，"熟"是指青砖，"里生外熟"则是建筑墙体外围采用立砖单边跑，墙体内部采用土坯砖或夯土的生土营建技艺）。现今土坯墙体已经暴露，建筑屋面以及屋顶损毁严重。室内木构架为抬梁式，且梁架结构为七架梁（如图2-8），并采用两根距离内墙830毫米的柱子支撑最下面的七架梁，七架梁上立两根瓜柱，瓜柱上架设五架梁，五架梁上另有两根瓜柱，其上再加三架梁，三架梁上方立一根脊瓜柱，支撑脊檩。室内整体结构略同于临清地区"前后出抱厦"建筑的内部结构，但室外并不设"抱厦"的连廊，且室内暴露的柱子与墙体之间的抱头梁采用月梁的营建方式，月梁在建筑明面的一端梁头上雕有卷云纹，月梁下方架设随梁枋。会客大厅是常庄村等级最高的建筑，用作接待贵客。

关帝庙坐落于村落主干道"大街"以北的鲁西军政委员会旧址门口，整体建筑尺度较小，硬山顶，灰瓦覆面，窗洞为整圆，门洞向上发券，且门窗洞口均较小。目前损毁严重，屋顶坍塌严重，内部木作结构已然不可见，只两侧山墙处遗存有少量瓦面。

倒座坐落于鲁西军政委员会旧址内部，目前已和赵家院落群融为一体。且倒座保存相对完整，有后天修缮痕迹。倒座的瓦面及屋脊有小范围破损及脱落，建筑墙体采用青石砌筑，只在门洞发券上方有少量青砖的使用。内部大木作结构清晰可见，其总体大木作结构为五架梁形式，五架梁两端梁头直接连接墙体，上方立两根瓜柱，瓜柱支撑三架梁，建筑屋顶并无正脊，两山面各有一条垂脊连接建筑两明面的垂脊，垂脊到达屋顶制高点以弧形的角度过渡到另一坡面。

复圣庙，坐落于主干道大街以北，又名颜家祠。颜氏先祖于乱世中迁居至此，定居后修缮复圣庙，用于祭奠祖先颜回和商议族中要事。原建筑面积约1250平方米，通体为本地青石砌筑而成，房檐处雕有精美的纹样，墙体敦厚，保温效果佳，前廊檐柱上有楹联道"视听音动杏坛间天心独见，虞夏商周随苍内五道维新"。早年间庙内碑刻众多，现存清乾隆七年（1742）、乾隆二十年（1755）以及咸丰元年（1851）重修碑各一方，其中记载了东平颜氏祭典及皇恩频加的史料。时至今日只余下三间正殿，且损毁严重，屋顶全部坍塌，只余下少量的建筑维护结构，且质量极差。

图 2-5 会客大厅　　　　图 2-6 关帝庙　　　　图 2-7 花牙子雀替　　　图 2-8 七架梁结构

会客大厅为常庄村颜家在早年间用于接待贵宾的空间

关帝庙位于鲁西军政委员会旧址门口，现今塌毁严重

雀替在常庄村所见不多，只此一处发现这种装饰

会客大厅中七架梁的两端并不直接连接墙体，而由两根柱子支撑

二、墙体结构

传统民居营建时对于墙体做法的考量无非两种，即经济情况及使用情况。屋主根据自身经济状况合理选择墙体营建方式。常庄村民居对于墙体的构造往往根据不同的位置选择不同的材料以及营建方式。在常庄村墙体营建中，可将其分成建筑墙体和院落墙体两种主要类别，两者之间存在些许差异。建筑墙体是指用于围合室内空间的墙体，一般厚度要在50厘米以上，其材料的选取相较于院落墙体而言更加考究，在尺寸及砌筑方式方面均有所显现；而院落墙体则泛指单体建筑在围合成院落时用于完善闭环的略矮于单体建筑的墙体类型，材料的选取与应用就地取材，工具简易、技术成熟。墙身不赘装饰，多以材料的原生性直接呈现。

（一）生土墙体

常庄村的生土建筑丰富多样，保存较好。生土技术在我国民居营建中被广泛应用，遍布大江南北，其不仅大大降低了造价成本，同时具有良好的保温与防火性能，具有极高的性价比。生土材料及技术的使用可追溯至春秋战国时期皇室宫殿的修造中，夯土厚筑高台，并有"高台榭、美宫室"的说法；至后来在秦代阿房宫遗址处也发现了体量巨大的夯土台基；五代十国时期城墙的建造依然采用生土技艺，城墙外围采用青砖砌筑，内部填充生土；包括隋唐时期建筑的墙体营建中，生土仍然占据着极大的比重，也正因如此屋檐衍生出了巨大的翼展造型，其主要目的是保护建筑墙体内部的生土结构不受雨水侵蚀以延长建筑墙体的使用寿命。生土建筑多就地取材，根据不同的土材状况以及材料黏性混合相应的黏结剂，例如糯米或蛋清等。生土营建技艺是我国先民在经济条件不允许的情况下发挥聪明才智创造出来的，为我国传统民居营建技艺的发展提供了另外一种可能性。

生土营建技艺在常庄村的民居营建中也有着较大范围的使用。在建筑实践中，不同的空间位置也有着不同的用材技艺。

（二）砖墙结构

在常庄村遗存的夯土建筑群中，一般院墙会采用整墙生土夯筑的手法，而用于居住的建筑则建筑屋面采用青砖或青石砌筑，建筑内部采用生土营建的方式将砖石材料的缝隙填满（如图2-9），这样可以有效防止小动物进入室内。另外在主体建筑中还会采用墙体内外两面砌筑单层立砖，两层立砖中间砌筑土坯砖的方式，本地称之为"里生外熟"（如图2-10），其中"外熟"部分的砌筑也可分为"一平一立"（如图2-11）和"单砖跑"（如图2-12）两种做法。其用材方式主要有三种：第一种是生土夯筑的墙体（如图2-13），这种做法是用板材作出整面墙体的模具，控制好墙体的高度和厚度，灌注土材之后夯实，采用多次夯筑的方式呈现，且墙体营建时基本不会只采用单一的土材作为主要材料，而是在生土内部混合一些剁碎的麦秸秆以增强墙体的柔韧性，其做法类似屋顶笆箔之上刺猬泥的混合方式；第二种是土坯砖（如图2-14），即用模具将黄泥制成青砖大小的泥块，将其自然风干，再用于建筑墙体的营建当中；第三种是将土材与多种材料混合应用的方式，如在夯土内部增加木柱以期承重，生土表皮砌筑青砖以期延长使用寿命等。

图2-9 生土抹缝墙体

图2-10 "里生外熟"墙体

图2-11 "一平一立"青砖砌筑

图2-12 "单砖跑"青砖砌筑

早期在干茬墙体的内部一般采用生土进行墙体缝隙的填充，防止昆虫在墙缝内筑巢，同时也可以有效避免老鼠的侵害

"里生外熟"是一种墙体的营建方式，是整体墙体采用生土营建的方式，并在生土墙体的外皮砌筑青砖的墙体营建方式

"一平一立"是在生土墙体外围采用青砖一排平放。一排立放相互交叉的青砖排列方式，可以有效节省材料的使用数量

"单砖跑"是生土外皮采用单层砖砌筑的方式，此种方式与"一平一立"大部分都是用在生土墙体的外皮，起到保护墙体的作用

图2-13 生土墙体

图2-14 土坯墙体

图2-15 燕尾

生土墙体是以生土为原材料进行夯筑的墙体，在夯筑之前先用板材确定墙体的厚度及高度，分层逐次夯实

土坯墙是采用生土制成土坯砖，待土坯砖干燥之后逐层垒砌。早期有专门制作土坯的模具

燕尾是指建筑物屋檐下方用青砖砌筑的两层装饰性的构件，其外形类似燕子的尾巴，故本地人称之为"燕尾"，其本身并无结构性功能，属于两间房屋面衔接处的构造，具有提示接缝位置和围堵缺口、装饰作用，个别做成雨水口

(三)石材结构

石材是常庄民居围护结构砌筑中十分常见的材料,使用范围广泛且耐久性极佳。常庄村背靠金马山,山体通体均为青石构成,本地人就地取材,融合自然环境特征及富足天然资源营造适宜"天、地、人"协同发展的石砌民居。根据墙体抹灰情况可将其分为"干茬墙"和"沙灰墙";根据材料的尺寸以及不同排列方式可划分为"里子石"和"面子石"。梁思成先生在《中国建筑史》中曾写道,在中国传统建筑中对于石构建筑的理解存在偏差,纵观中国建筑发展历程,石材在建筑中的应用实例少之又少,唯有少量带有宗教性质的建筑中有石材的使用。中国的石建筑存在着统一的特质,即石构建筑的营建方式也是按照木构建筑的章法行进,在现存的早期石塔、石幢中也可以清晰地观察到这一特征。梁思成应当说的是官式建筑对石材应用的量比较少。实际上,在山区的民居当中,石材建筑的建造和存世数量较大。作为泰山脚下的村庄,石材必然是最易获取的建筑材料,像常庄这样的山村比较常见。在常庄村走访时发现了较为特别的石作装饰:几乎所有的石构民居在屋顶檐口下方都有一个或多个类似木结构的出檐,并在两条出檐之间用青砖做三角形的装饰,本地人称之为"燕尾"(如图2-15)。

1. 干茬墙

干茬墙(如图2-16)在早期的常庄村民居营建中是非常常见的一种方式,本地人又称其为"干缝子墙",广泛用在院墙以及一些次要建筑中。这是墙体在营建时在相邻的材料之间不施抹灰的一种墙体营造方式,完全用石材的凹凸来完成交接处的咬合。在常庄村调研走访时发现,干茬墙所采用的石材体量都不大,都是较小的石块。干茬墙的营建在经济方面占有绝对的优势,但墙体的保温性能以及防虫害性能均较差,因此为解决上述问题往往在干茬墙墙体内部采用黄泥混合剁碎的麦秸用叉子剁进墙体缝隙中。

2. 乱茬墙

乱茬墙(如图2-17)的石材做法也有干茬的,是指墙体营建时对于石头的排列并没有固定的章法,而是利用石材自身的外观流线进行码放。乱茬石材料的选择一般体量都不大,用相对细碎的小型石材进行砌筑。乱茬石一般应用于院墙的营建,基本没有用于主体建筑墙体的,总体而言其墙体的坚固性以及耐久性相对较差。

3. 里子石

里子石(如图2-18)是常庄村民居营建过程中广泛应用于墙体建造的地方术语。是指同一面墙体中的内立面采用较为细碎且尺寸不大的不规则石材,其与面子石是相对应的两种说法。在早期的常庄村民居营建中,里子石的应用占比非常之大,且为了建筑内部空间的美观性,通常会在其表面进行找平处理。早期运用黄泥混合剁碎的麦秸秆进行抹平,用叉子将混合物剁进墙体缝隙中，并在黄泥混合物表面涂饰白灰。白灰也是本地自产，采用金马山上的青石烧制而成。

4. 面子石

面子石（如图2-19）是相对于里子石的另一种营建术语。是指建筑外立面中所使用的平整、光滑且排列整齐的石构墙体。里子石和面子石是同时存在的，是一面墙体的内外两面，空间内部的叫作里子石，外部的叫作面子石，但两者并不是相互独立的，面子石也并非完整的正方体石材排列组合而成，而是将石材相对平整的一面放在外面，里子和面子相互咬合共同构成一整面墙体。面子石同样也有抹灰和不抹灰两种做法。一般根据经济条件选择不同的营建方式。

（四）砖石混合结构

调研组从发展的角度分别对"新"与"旧"两种不同时期的建筑进行了细致的测绘与口述史访谈，旨在通过对比的方式发觉常庄村民居建筑在用材上的历史演变。映射到墙体营建当中则体现在材料的选择上。砖石混合应用墙体的建筑一般要晚于某些单纯的石材墙体和生土墙体的建筑。这也是经济状况发展与营造技术进步的另一种显现。在砖石混合应用墙体的建筑中石材一般应用于墙裙或者门窗洞口的发券当中，墙裙之上采用青砖砌筑。且在此种墙体的营建当中，砖的应用基本为青砖，很少见到红砖。另外也有用青砖发券的做法，其数量也是非常可观的。

图 2-16 干茬墙　　图 2-17 乱茬墙　　图 2-18 里子石　　图 2-19 面子石

干茬墙是指在墙体营建时，在相邻的石料之间不施抹灰完全根据石材本身的凹凸进行咬合

乱茬墙的营建方式类似于干茬墙，是指石材排列时没有固定的章程，完全采用自由排列的方式

里子石是同一面墙体中室内的一面，采用体量相对较小且规格并不整齐的石料进行垒砌

面子石是相对于里子石而言的，是指同一面墙体中外立面的呈现，使用尺度相对完整规范的石材垒砌

（五）砖土石结构

民居营建的选材是整个营建过程中至关重要的一环，传统聚落中民居及功能性建筑的营建材料基本取自地方盛产之材料。例如我国南方地区和东三省地区盛产木材，于是南方地区根据

自身所处的地理位置，在迎合气候条件的基础上建造适宜生产生活的吊脚楼；东三省地区拥有大面积的原始森林，因此在民居营建过程中充分利用先天的自然资源结合自身所处地理区位的自然条件发展出了独具地方特色的井干式民居。综上，传统民居的发展与演变是因地制宜的，是祖先仰仗自然环境并在生存需求导向之下的智慧彰显。

常庄村背靠金马山，山上青石材料资源丰富，因此石材是常庄村民居营建的主要材料之一。生土建筑取材便利，造价低廉，自古以来无论民居建筑、宗教建筑抑或是皇室建筑土材都得到了十分广泛的应用。在常庄村凡是距今有一定年代的建筑基本或多或少地融合了土材的使用，且土材的使用也并非只应用生土这一种单一材料，而是混合了麦秸秆或其他蕴含丰富植物纤维的天然材料。关于墙体中砖土石的运用，石材主要应用于建筑基础中，划分出来主体建筑区位之后，向下挖地基，在地基槽中垒砌一层左右的石头，到地面之上后确定台明高度，在台明之上砌筑墙体。砖土石墙体营建中地基之上开始采用砖土墙体的营建结构，另有在基础之上垒砌石头墙裙并在墙裙之上垒砌砖土墙的做法。砖土墙体营造中所采用的土材一般取自本地，采用生土夯筑或土坯砖两种砌筑方式。砖土混合建造的墙体营建一般采用"里生外熟"的方式，利用砖比土强度、硬度、防水能力强的特点，同时利用土材保温性能，既节约造价、增加装饰性又提升墙体的使用寿命。

第二节 营造与布局

一、营造流程

常庄村民居营建包含石匠与木匠两大传统技艺体系，匠人师傅互相配合协作。当地俗语"谁先下把，按谁的尺码"，即为哪个工种首先动工则按照这个工种的尺寸开展营建工作。具体配合方式如下：以石匠为首的，石匠出地槽后，木匠根据房屋地槽的尺寸划分梁檩数量及位置；以木匠为首的（此情况多为盖房时间充裕），石匠根据已支好的梁架结构出地槽。建造民居的施工队（详见表9）至少由15人组成，具体人数根据工作量而定。早期工钱分发以人头算钱，一天一个工两块钱。

表9 民居营造工种及职责分类表

工种	分工	分工情况
石工	工头	负责出地槽、找水平，检查是否存在问题
	大工	负责垒墙凿石头
	小工	负责搬石头搭架子[1]，协助大工
木工	木工	负责梁架结构、门窗制作

[1]泛指搭起营造时使用的脚手架。

营建之首是确定院落的位置，即明确宅基地内部建筑的位置以及主次区分，堂屋（即主屋，本地人称之为堂屋）是整体建筑中等级最高的，因此要定在坐北朝南的方向，另外东西厢房有一侧用作厨房，另一侧根据用途随意定夺。第二步开始确定院落中主体建筑面宽和进深。第三步则正式进入房屋的营建过程，挖地基（本地人称之为"出地槽"）。确定好墙体位置后，向下挖宽一米左右的两到三行石头的深度，每行石头20厘米左右。挖好后垒砌石头到地面以上，地基部分完成，地基的高度根据房屋基地周边的地势决定。从院落地平线开始到地基上皮的距离本地人称之为硪脚地（如图2-20）。基于防水的需求，硪脚地的高度基本都会高于院落地平线。第四步为垒台阶，台阶垒砌过程中本地人有较为系统的说法及做法。本地人分别称之为"连丁三"和"连丁五"（详见表10）。连丁三是指入户台阶为两级，加上过门石刚好三级；连丁五是指入户台阶为四级，加上过门石刚好五级。在常庄村的民居营建中台基一般为单数，没有做双数的。第五步开始垒砌建筑墙体，在墙体开始砌筑之前需要使用老式水平尺对地基进行找平，墙体垒砌方式分为石材墙体和砖墙。采用青砖砌墙不常见，石材墙体砌筑时对石材的使用讲究"先厚后薄"，即先用厚度为25厘米左右的石材垒砌七到八层之后再用厚度15厘米左右的石头垒砌。与此同时，在墙体垒砌的过程中需要将门窗洞口的位置提前预留出来，需要发券的门窗洞口则先将墙体垒砌到圈口下皮，找平后放置一块木板，在木板上用石材或青砖以及沙土做出门窗发券的形状，之后用青砖或石头发券，干燥之后将下方的青砖或石头以及沙土模具拆除。另外也有不发券的门窗洞口，不发券的门窗洞口上方需横置一整块条石（本地人称之为"条子石"，如图2-21），这种做法本地人称之为"立斗子"（如图2-22），立斗子门窗洞口要小于发券门窗洞口。第六步为棚顶，是指用体量较大的石头进行最后的墙体垒砌（本地人称中大体量石头为"料石"），垒砌到顶，但需提前预留出房屋大梁穿插在墙体中的空隙。第七步为上梁卧檩，按照不同形式的屋顶结构完成这道工序。另外在上梁之前需要进行一系列的祭祀活动，首先需要请专业人员选择一个较为吉利的时辰，将写好"上梁大吉"的红纸张贴在大梁之上，之后上供，贡品为整鸡、整鱼以及方子肉，家庭成员需要在贡品面前磕头祈祷，以此来寻求平安圆满的美好愿景。第八步为垒笆，"垒笆"为本地人的说法，是指笆箔的搭建，另外根据垒笆材料的不同也有不同的叫法，采用苇子或高粱秆等自然植物纤维来做笆箔的做法称之为"软顶屋"（如图2-23）。软顶屋所采用的苇子或高粱秆以组为单位捆绑在椽条上，一般需要多人同时作业，屋顶上需要三人同时将一根苇子绑三道，地下需要有人为上面递送材料。另有采用青砖或薄石板代替笆箔的做法，本地人称之为"硬顶屋"（如图2-24）。材料的运用一般根据屋主的经济条件来决定，在常庄村中采用硬顶屋的建筑相对较少，调研组在走访过程中只有少量发现。第九步为上刺猬泥、置放水溜子、垒拦水墙。刺猬泥是我国早期民居营建过程中营建匠人智慧的体现，是指一种混合了剁碎的麦秸秆的黄泥，是人们为了营建出一种保温性以及耐久性更加优越的住宅而发明出来的屋顶制作方式。水溜子是建筑的排水设施，水溜子的使用相对于传统意义上的平囤顶而言是一种早期组织屋顶排水的做法，打破了普通平囤顶一到雨天四周流水的劣势，而固定了水流的区位。水溜子的数量根据建筑大梁的数量来定，每一根横梁上方都有一个水溜子，且水溜子所采用的材料等级较高，在房屋建造动工之前，石材采集运输到宅基地时，首先需要选取体积较大且材质较好的石材进行水溜子的凿刻。拦水墙是在屋顶上用剩余的石料垒砌一到两层石材起到控制水流方向的作用，其作用是辅助水溜子排水，到后期人们在对屋顶进行营建时一般直接采用剌猬泥控制屋顶的弧度走向。最后一步为灰顶，早期的民居营建中并无水泥材料的使用，屋顶材料的防水处理是采用白灰。在早期常庄地区曾有石灰窑，用金马山上盛产的青石烧制石灰。据本地老人所述，烧制石灰的窑并不等同于砖窑，两者所需温度存在一定的差异。石灰烧成之后用水混合涂抹在屋顶的表面以起到防水的作用。

图 2-20 硷脚地　地上建筑墙体之下裸漏出来的地基部分，高度为 10～20 厘米

图 2-21 条子石　门窗洞口上方不用发券的形式营建，而是直接采用一整根条石或木材横跨洞口两侧，也有少部分采用青砖砌筑，又名"条子石"

图 2-22 立斗子

图 2-23 软顶屋　软顶屋是指屋顶营建中采用高粱秆或其他苇子做笆箔的建筑

图 2-24 硬顶屋　硬顶屋是采用砖或石板做笆箔的屋顶，此种方式相较于软顶屋而言造价更高，使用寿命更长

二、院落结构

常庄村地处金马山脚下，营建所用石材多取自山上。院落布局形式多为三合院、四合院以及少量单体建筑，总体合院格局并不规范，并没有严格的营造法式。一般根据房屋基地的区位以及自然条件进行布局，堂屋（正房）全部坐北朝南，但并非正北正南，基本朝东或西偏三到十度，另设东西厢房者居多，且选取其中一间用作"饭屋"，即厨房。饭屋并不固定。院落主入口一般不朝院落中心开，如果大门在东南方向，厕所则布置在西南方向，大门在西南则把厕所布置在东南方向。院落主入口设置在东南方向的居多，取自八卦中巽位招财之说。除此之外，在常庄民居的院落格局中，一进院落占主导，两进和三进数量非常之少，另有几处单体建筑。且民居在空间布局中呈现主次与尊卑，其中充分展现了齐鲁文化影响之下的民居形态。

（一）单体建筑

单体建筑是从空间上的划分，是指没有与之相互围合的墙体或空间的建筑单体。常庄村中对单体建筑的定义是根据现状对其进行区分，是指在测绘与调研过程中筛选出来的具有古建筑研究价值的独栋建筑。常庄村中现存的具有传统建筑研究价值的单体建筑数量不多，其中包括瓦大门、保险楼、会客大厅以及关帝庙。（如图2-25至图2-28）

瓦大门早期是本地大户赵家宅邸的一处入口，但现今其主体建筑基本已经拆毁重建，唯有一处入口得以保存。调研组在走访测绘过程中发现，常庄村中此种类型的建筑入口并不单一，其中得以保存的就有两处，另有赵镈故居中存在两处此种类型的硬山顶门楼（如图2-29、图2-30）。首先第一进门内部迎面的是一座影壁墙，在影壁墙的旁边为另一处硬山顶门楼，但现状均较差，存在塌毁迹象。且两处现存门扇中所使用的墀头花纹（如图2-31、图2-32）以及瓦大门墀头（如图2-33）形式基本相似，同时其屋脊（如图2-34～图2-36）的结构及走向也存在很大的相似性。另外调研组在接山镇走访过程中也发现了结构以及纹样相似的建筑物（如图2-37），其中尹山庄村中现存的两处保存相对完整，且有十分丰富的装饰纹样（如图2-38至图2-40）。

保险楼位于常庄小学内。保险楼早期是地主家里为储存粮食以及金钱而专门营造的防御性建筑，其功能基本等同于鲁西军政委员会旧址中"倒座"的作用。保险楼墙体厚度普遍高于普通民用建筑以及公共建筑，基本厚度达到720毫米，少数达到1080毫米，而普通民用建筑的墙体厚度一般在500～540毫米之间。可见，保险楼的防御性能是提前设计好的。根据现存情况来看，保险楼有短时间内修缮的痕迹，室内梁架结构基本保持原状。

会客大厅是在常庄发现的为数不多的一处抬梁式坡屋顶木构架建筑，梁架为七架梁（如图2-41）。屋架结构"前后出抱厦"（如图2-42）与临清地区结构类似，均采用两根裸漏在外的柱子支撑室内梁架结构，且柱子和墙体之间的抱头梁采用了月梁（如图2-43）的形式，月梁上方并无复杂的装饰，但建筑外部并无连廊挑出，前后出檐也相对较短。且在颜家会客大厅的建筑外立面上存在部分装饰元素。早期的会客大厅为本地大户颜家接待贵客之处，现今已荒废，屋顶一部分破损，且建筑墙体也出现了坍塌的痕迹，室内梁架结构还留有一二。

关帝庙位于鲁西军政委员会旧址门口。顶部已经坍塌，内部大木结构已不可见，洞口砌筑不可进入内部空间，且从建筑外立面来看，其门窗洞口的营建方式与常庄本地的营建习俗存在较大的差异，其中以窗洞体现最为显著。关帝庙的窗洞（图2-44）并不采用常庄村常见的发券营建方式，同时也不采用立斗子的方式，而是采用青砖营建的圆形窗洞形式，在常庄村中此种做法并无他处。在本次测绘调研中将其和鲁西军政委员会旧址并在一起。

图2-25 瓦大门 | 图2-26 保险楼 | 图2-27 会客大厅 | 图2-28 关帝庙

瓦大门为常庄本地叫法，早前为赵氏家族宅邸的主入口，现今院落已拆毁重建，只保留了一处瓦大门 | 保险楼早期是地主家里为储存粮食以及金钱而专门营造的防御性建筑，其功能作用类似于鲁西军政委员会旧址的倒座 | 会客大厅为早期本地大户人家颜家用于接待贵宾的建筑 | 关帝庙位于鲁西军政委员会旧址门口，现今塌毁严重。村里祭祀活动在门前场地举行

图2-29 赵镈故居一进门 | 图2-30 赵镈故居二进门 | 图2-31 赵镈故居一进门墀头 | 图2-32 赵镈故居二进门墀头

赵镈故居一进门门楼瓦面破损情况较为严重，且其内部木作结构基本裸露 | 赵镈故居二进门保存相对完好，屋顶瓦面有修缮痕迹，少量瓦当滴水脱落 | 墀头采用青砖砌筑，并雕刻有"回头鹿"纹样，周围有少量云纹填充 | 墀头雕有少量植物纹样以及少量几何纹，相对一进门更简洁

图2-33 瓦大门墀头 | 图2-34 瓦大门屋脊 | 图2-35 赵镈故居一进门屋脊 | 图2-36 赵镈故居二进门屋脊

墀头采用青砖砌筑，并雕刻有"回头鹿"纹样，周围有少量云纹填充，鹿纹两侧有竹纹 | 瓦大门屋脊共计五条，一条正脊，四条垂脊 | 赵镈故居屋脊没有正脊的使用，屋顶为弧形，两侧各有两条垂脊 | 二进门屋顶保存较完整，屋脊起翘，四条垂脊

(a) (b) (c)

图 2-37 尹山庄村现存门楼　　　　　　　　　图 2-38 尹山庄村门楼墀头

| 此门楼保存相对完好，且在正脊和垂脊上方分别有龙头以及仙人的石雕。同时也有少量的滴水脱落 | 此门楼保存相对完好，正脊正立面有满铺的云纹雕刻，瓦当滴水也有少量的脱落 | 此门楼正脊已有损坏，正脊上方有龙头石刻，只保留有一侧，垂脊上方也有仙人石刻 | 尹山庄村门楼的墀头纹样与常庄村存在较大差异，其石雕纹样并不采用"回头鹿"的做法 |

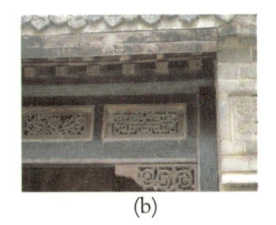

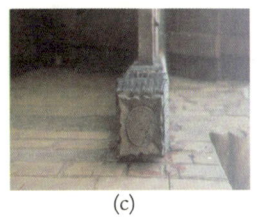

(a) (b) (c)

图 2-39 尹山庄村现存门楼木雕纹样　　　　　图 2-40 尹山庄村门楼屋脊兽

| 尹山庄村其中一处现存门楼的门楣上有大量的木雕纹样，以植物纹以及几何纹为主，且在雀替中有类似简易斗栱的小范围使用 | 尹山庄村门楼屋脊上基本都设有屋脊兽 |

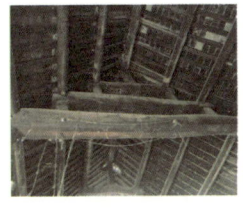

图 2-41 颜家会客大厅七架梁结构　　图 2-42 临清地区"前后出抱厦"结构　　图 2-43 颜家会客大厅月梁　　图 2-44 关帝庙窗洞营建方式

| 七架梁是抬梁式结构中等级相对较高的做法，是指建筑屋顶最下端的承重梁上方共计承接七根檩条 | "前后出抱厦"的做法是山东临清地区独有的一种建筑营造方式，是指建筑两明面上各有一条长廊，且长廊有檐柱支撑 | 月梁是指结构形状类似于月亮的建筑梁架，其根据"月亮"音译而来 | 关帝庙窗洞的营建方式不同于常庄村常见的半圆发券以及立斗子的形式，而是采用整圆的方式 |

（二）合院形式

　　山东传统民居的空间布局以四合院和三合院为主导，常庄村的民居基本采用三合院的空间布局形式，但并未形成具体法式，一般根据地理位置以及周边环境确定建筑组群中等级较高的堂屋，其余稍次之的建筑根据堂屋的走向确定其朝向和高度。在院落内部的空间布置上有些讲究。例如，堂屋要坐北朝南，建筑群体主入口的位置要依据堂屋的朝向确定，一般大门"走东南不走西南"。另外关于院落内部植物的配置也有一定的要求，本地有俗语"前不栽杨，后不栽柳，家里不能拍打手"，是指院前不种杨树院后不种柳树，"拍打手"也是泛指杨树，因风吹时杨树的叶片会发出类似拍手的声音。另外院落内也不能种植桑树，桑树取其谐音意为"丧"，不吉利。可以种梧桐树，但梧桐树的树冠较大会导致室内采光条件差，同时梧桐可以用来制作烧火用的风箱且比较耐磨损。归根结底，对于植物的选择与对风水的敬畏有关。常庄民居由堂屋（正房）、厢房、饭屋（厨房）和主入口以及墙体五部分相互围合成一个院子的空间结构。一般院落中不设倒座房，且并无较为明确清晰的轴线布置。

（三）多进合院形式

多进合院是指建筑群围合起来的院落并不仅仅有一个，而是由多套建筑共同围合成具有多个院落的建筑群体。在合院建筑中，多进院落的应用一般只存在于经济条件较好的人家或者达官贵人。

在常庄村的现存建筑群中也有少数多进合院。例如鲁西军政委员会旧址原本是两进三合院（如图2-45），从保存现状来看，第一进只有一座堂屋，并无厢房和倒座，堂屋装饰相对豪华。屋顶采用囤顶的形式。建筑前方设连廊，连廊上方采用坡屋顶的形式。据现居老人讲述，建筑外立面有很多石刻和砖雕纹样（如图2-46、2-47）。堂屋主要是会客之用，现今已被烧毁，但在院落内部依然可见遗留的带有纹样的石材构件，且主人家也有收藏少量其他构件。另有一处三进三合院，当地人称之为"三进三出"（如图2-48），位于颜家南院，因后期变成大杂院，多户人家居住，门窗位置已经过多次修改，原有的空间秩序已无法辨识。

图2-45 鲁西军政委员会旧址

图2-46 鲁西军政委员会旧址现存纹样

图2-47 鲁西军政委员会旧址现存纹样

图2-48 颜家南院"三进三出"

鲁西军政委员会旧址为长庄村中少见的两进三合院，第一进只有一个主屋，现今只保留了残骸

此种纹样常庄本地称之为"回头鹿"，主要应用于踏虎石、条子石上，有吉祥的寓意

常庄村墀头的纹样基本相似，常庄村坡顶建筑基本都采用这种纹样来装饰墀头

颜家南院被本地人称为"三进三出"，是一个典型的三进三合院，充分体现了颜家的社会地位

第三节　材料与工具

常庄村民居的营建用材基本处在一种自产自销的大环境下，整体村落北依金马山，金马山上有着极为丰厚的自然石料资源，常庄村民居的营建选材充分吸收与利用了自身优越的地理区位，将石材工艺应用到了极致。常庄村民居的用材基本以石料为主体，辅之以青砖、木材、土材，共同构成了地域风格的民居营建体系。

一、建筑用材

我国传统建筑可根据不同的使用群体以及不同的功能划分成三大类别，分别为官式建筑、公共建筑以及民居建筑。官式建筑主要是指皇室建筑以及官员的府邸；公共建筑则是用于祭祀或礼拜的宗教建筑；民居建筑则是平民百姓日常维系生存的建筑及空间组成，其材料选择及应用的考究程度最差，等级也为上述三类中最低，但同时也是大量的。

传统民居建筑材料的择取多为本地或周边地区盛产，依照自身所处的环境，选取量大且便于加工的材料，根据基本需求以及经济状况营建。例如我国长江流域气候湿润，自然条件的优越性有益于各种优质建材树种的生长繁衍，另外根据其温暖湿润的自然气候条件衍生出了独具地方特色与民族韵味的穿斗式木构架民居建筑；另如东北地区，虽然天气条件极端恶劣，但也在某种程度上对大面积的原始森林进行了保护，进而催生了井干式建筑。

常庄村是山东省内保存相对完好的一处明清时期古建筑群，有"鲁西第一民居"的美誉。清末，居民为抵御匪患的入侵修寨凿河，以期安居；同时，这里在抗战时期也曾作为我军的后方基地。因此，这里建筑的用材以及营建技艺不仅有明清时期建筑的时代特征，同时也融合了一些防御性的功能。材料的选择与运用主要包括石材、土材、砖以及木材，其中占到主导地位的是石材。常庄村北依金马山，山体通体为石材，建筑用石料资源极为丰富，因此石材在常庄村民居营建中得到了广泛的应用。

（一）基础材料

常庄村民居营建的基础用材全部采用来自金马山的石材。基础营建是整个建筑流程中最为关键的一步，在基础营建之前的首要任务是确定好院落中主体建筑的主次关系、占地空间以及方位朝向等问题，将空间划分规范之后开始挖地基。常庄村民居墙体的厚度一般在50～60厘米之间，而地基的宽度在80～100厘米之间。以院落地面为标高起点，向下挖半米到一米左右深度，到达地面高度，再向上垒砌两到三块石头的厚度之后找平。建筑基础地面之上部分为碾脚，本地人称之为"碾脚地"（如图2-49）。碾脚之上垒砌墙体。在常庄村的走访调研中发现，所有建筑的基础营建全部采用石材，并无其他材料。

（二）墙体材料

泰山脚下有着较为丰富的石材资源，人们就地取材结合自身需求建造满足各方面需求的石头房子（如图2-50）。在后来的建筑发展过程中，当青砖开始登上历史的主舞台时也对泰安地区的建筑用材产生了较大的影响。例如在常庄村的走访调研中也不难发现砖石混合（如图2-51）以及砖土石混合（如图2-52）的墙体营建方式。但究于经济条件，这种建筑所占的比例并不大，整个村落中的建筑用材占到主导地位的还是石材。

图2-49 硪脚地	图2-50 常庄村石材墙体	图2-51 常庄村砖石混合墙体	图2-52 常庄村砖土石混合墙体
硪脚地是本地俗语，是房屋地基营造时高出地面水平线的这一高度的说法，其主要作用是抬高室内地面的标高，起防潮等作用	整面墙体采用石材砌筑的在常庄村中非常常见，同时本地在修建石头墙体时也会根据自身经济条件或主次地位选择抹灰与否	砖石混合应用的数量相对较少，且此种结构石材一般用在硪脚处或门窗洞口，青砖主要应用于墙身以及屋檐等处	砖土石的使用方式一般同于砖石结构，不同之处在于用青砖包裹土坯墙的营建方式，本地人称之为"里生外熟"

（三）屋顶材料

对于常庄村而言，其民居的平囤顶较普遍。重要建筑使用硬山屋顶，如主屋、祠堂等。平囤顶的室内屋架结构基本类似，其中关于大木作材料的选择以及结构的穿插并无大异，基本保持一致。常庄村中老建筑梁架之上的材料选择与应用也存在着固定的流程与说法，其传统的营造技艺以及习俗还有留存，近些年间随着技术的进步、生活条件的不断改善，在用材和营造方面也开始出现了现代化趋势。

1. 屋架材料

常庄村民居建筑屋顶的营建基本承袭了泰山地区的固有形式，即平囤顶多、硬山顶少。关于民居大木作材料的选择，本地人有"枣吉榆梁，桃门杏窗"的说法，是指在建筑内部的大木作材料选择上采用枣木和榆木，门框以及门扇材料采用桃木，窗框以及窗扇采用杏木；室内檩条的用量一般为一间六根，取其六六大顺的吉祥寓意；早期两根檩条相交处做公母榫，即一根檩条檩头中间留豁口，另一根檩头只留中间豁口的位置，两根相互交叉、咬合。且在上梁之前需要择吉时，在梁上张贴红纸，上写"上梁大吉"。在开始正式上梁之前要放炮仗、上供，贡品为三碗贡（如图2-53）（三碗贡为鸡、鱼、肉，鸡和鱼需以整只摆放，肉则切成方形，本地人也称上供所用的肉为"方子肉")。房屋主人在贡品前磕头,完成这道工序之后开始上梁(如图2-54)。常庄村民居平囤顶的梁架结构还有另外一种做法,本地人称之为"趴梁子"(如图2-55),是指在大梁上方倾斜放置两根倾斜的梁,并且两根斜梁的各一头在大梁中心的上方约20厘米以上的位置相交,交点处做榫卯,下方有短柱(如图2-56)支撑交点。此种做法基本上是早期山东地区民居营建过程中"大叉手"屋架结构的简略版本。屋架乃整体建筑中"顶天立地"确保建筑久盛不衰的关键一环。

2. 屋面材料

屋面材料是指在建筑顶部大木作之上的部分,依照其施工顺序可划分成笆箔、刺猬泥、防水处理三个部分。笆箔的材料选择,有苇子、青石板以及青砖。苇子是用高粱秆或麦秸秆编织成席子,铺设在椽条或檩条上面,造价低,也有直接采用未经编织的苇子材料在房顶上编织的;青石板和青砖做笆箔的实例相对苇子而言数量较少,其造价相对较高,两者所采用的材料不同,造价不同,其名称也有所差异。其中采用麦秸秆或苇子做笆箔的本地人称之为"软顶屋"(如图2-57),而采用青石板或青砖来制作笆箔的屋顶形式本地人称之为"硬顶屋"(如图2-58)。笆箔之上铺设泥土,泥土中混合剁碎的麦秸秆,称之为刺猬泥。刺猬泥之上用白灰找平,早期白灰是用金马山上的青石由专业石灰窑烧制的,中华人民共和国成立后,水泥逐渐代替了白灰。

图2-53 "三碗贡" | 图2-54 普通梁架结构 | 图2-55 "趴梁子"梁架结构 | 图2-56 "趴梁子"短柱

三碗贡是指上供所使用的食品有三种,即整鸡、整鱼和方子肉,且鸡鱼的头部需要正对前方(关公庙前拍摄)

此种屋架结构的大梁上方不设置两根倾斜放置的、粗度相对较细的梁

是指在大梁正上方放置倾斜的两根斜梁,一头插入墙体中,另一头在大梁正上方20厘米左右的高度做榫卯

趴梁子下方短柱的作用主要是支撑趴梁子中间榫卯处的重量,以保证室内梁架结构的稳定性

图2-57 软顶屋

图2-58 硬顶屋

"软顶屋"是指民居建筑采用麦秸秆或高粱秆等植物纤维来做笆箔的顶棚作法,此种做法可以有效减轻房屋的造价问题,同时也能进一步起到保暖作用

"硬顶屋"是指民居建筑采用青石板或青砖等质地较硬的材料做笆箔的顶棚作法,硬顶屋民居造价相对较高,但也具有更强的耐久性以及舒适性

二、工具

对于人类建筑文明的飞速发展而言，工具的运用是必不可少的关键一环，从完全依靠人力到借助外力的营建过程标志着文明的进步。早在埃及修建金字塔时就已经开始运用工具，后期经过对相关资料的整理发现，这种运输大型石材的原始工具称为"泥轮"，是在泥地上进行材料运输，以减轻阻力。对于民居的营建而言，工具的创造以及使用完全是依托于广大人民的智慧。常庄村中的民居营建用材大部分采用本地盛产的青石，关于青石的运输，人们根据自身实践创造出了更好提升工作效率的运材工具。材料运输到宅基地之后，人们又根据自身的营建需求以及地方营建习惯总结归纳出了一系列的量材工具。

（一）运材工具

在整个建筑领域的发展过程中，每个阶段运输工具的使用均促使人们解放了大量的劳动力，同时增加了劳动效率。简言之，运材工具即用于运输建筑材料的交通工具。工业化工具的诞生与运用标志着人类社会从完全倚靠人力的处境转向了另外一种更加便利轻松的生活方式，也标志着人类文明得到了进一步的发展。

在常庄村的民居营建中，对于运材工具的运用也充分展现出了常庄村先民的智慧。常庄村紧靠金马山，石材资源丰富。石头房子营建的过程当中最为主要的一步流程就是材料的运输。开始时，土牛大规模出现在了这一活动当中，减轻了运输过程中所产生的资源消耗；后来人们根据使用的舒适程度又研发出了另外一种更加便利的运输工具，即地排车，从而进一步减轻了劳动负担。

1. 土牛

土牛（图 2-59），是在常庄村早期营建时出现的交通运输工具，类似于今天施工工地上推着走的独轮车。调研组在常庄村走访调研过程中也亲眼见到了已经破损的土牛。土牛是常庄村的本地叫法，是一种用木材制作的单轮平板车，主要用于建筑石材的短距离运输。土牛的使用大大降低了人力成本，进一步简化了民居的总体营建。

2. 地排车

地排车（图 2-60）的应用晚于土牛，两者同样都是木材拼接加工而成，不同点在于地排车有两个轮子，在运输过程中进一步加强了稳定性，比土牛运送距离稍长，有可以搭肩的绳子，比土牛省力，同时也提升了营建效率。

图 2-59 土牛　　图 2-60 地排车

第三章 建筑的空间秩序

中国传统民居院落的历史源远流长，它大量存在于民间，与广大人民的生产生活息息相关，民居院落形式多样、地域特色显著，充分体现了各族人民的建造思想与文化信仰。住宅的庭院空间反映了中国传统文化和日常生活中的礼仪，这些礼仪影响了传统庭院空间的表达，体现了中国独有的空间构成概念。受传统封建宗法礼制、地方文化、生活方式等因素的影响，山东民居形成了具有严格等级秩序的院落形式，院落类型主要以合院为主，形制方正，房屋的位置方位、布局安排及功能划分都有着严格的规定和意义，"礼制"作为影响山东传统民居院落空间布局的文化元素在山东地区展现得淋漓尽致。

"民居"最早出自《周礼》："相视民居，使之得所。"[1]作为建筑名词的"民居"首次出现在《宋史》中，如"民居皆茅茨，大止两椽，撞以瓦者才十二""十一月，海阳潮阳二县风、潮，害民居田稼"[2]。由此看出，"民居"是从宋代开始正式作为名词呈现出来的。《元史》中记载："还攻牛头城，以火箭焚其官舍民居。"[3]此时"民居"的概念已略加明确，指相对于"官舍"而言的老百姓居住的房屋。潘莹在《中国民居的研究起点》一文中提到：1930～1945年间印行的《中国营造学社汇刊》，是营造学社当时全面研究我国古代建筑的主要成果。另有林徽因与梁思成所著《晋汾古建筑预查纪略》一文的最后章节提到山西民居内容（"民居"作为专有名词首次出现），其中，20世纪30年代成文的《穴居杂考》作为营造学社最早出现的民居论著，更具重要的起点与借鉴意义[4]。在《宅形与文化》一书中，阿摩斯·拉普卜特（Amos Rapoport）提出了自己的假说：社会文化才是影响宅形的首要因素，它体现在文化、风气、世界观、民族性，以及家庭结构、血缘关系、社会等级等方面。[5]

第一节 常庄典型院落

课题组通过对山东泰安常庄村数所民居的调研、测绘与采访，发现常庄村民居院落主要是

---

[1] 许嘉璐. 周礼[M]. 南京：江苏人民出版社，2019.

[2] 蔡东藩. 宋史[M]. 北京：九州出版社，2008.

[3] 周良霄. 元史[M]. 上海：上海人民出版社，2019.

[4] 林徽因，梁思成. 晋汾古建筑预查纪略（节选）[J]. 中华民居，2018(02).

[5] 阿摩斯·拉普卜特. 宅形与文化[M]. 北京：中国建筑工业出版社，2007.

山东典型内向性布局的合院类型。通过分析已测绘的30处民居院落以及踩点走访的民居发现：常庄几乎没有只含有正房，三面围墙的一合院；有正房加东厢房或西厢房的二合院，但数量较少；正房加东、西厢房，南面为围墙的三合院数量较多；未发现四合院存留。

三合院的基本布局是一户一个院子，布局可大可小，没有具体要求。三合院的特点是没有像四合院那样的倒座房屋或围绕大门的房屋。由于院子面积小，街门也是沿墙而建。这使得它与大多数宫廷式大门不同。三合院不能说是四合院的前身，但应该说是四合院式建筑发展历史过程中的产物。两者都可以解释为庭院式的发展模式，即有四栋房子或三栋房子和一道院墙的发展模式。这可以说是中国北方住宅区的主要建筑形式。

一、常庄典型院落平面布局

常庄村的三合院民居以院落为核心，中间的庭院比较开阔，院子大多只有一进，结构较为简单，庭院周围多为邻家民居建筑，相互之间用墙体连接。三合院建筑布局一般采用中轴对称布局，坐北朝南。比较常见的三合院是正房加东、西厢房，南面是围墙；也有少数是正房加倒座房加东厢房或西厢房的平面布局。

研究范围所包含的典型院落，是由传统工匠采用传统材料、传统技艺营造的山东常庄民居院落。据采访，之前的每家每户的院门在位置、朝向上都是有统一规定的，常庄大门的朝向主要是根据地形来确定，当地的百姓认为大门朝向东南方向最好。随着时间流逝，受到地势、环境等自然因素的影响，百姓将其改建，现存民居院门的位置、朝向不再完全统一。课题组将测绘的多例民居院落以表格形式对其进行平面布局描述。

本章图片说明部分按照以下顺序叙述：（1）院落类型，主入口位置；（2）平面概述，房间的数量与位置，各个房间的开间与进深；（3）墙体厚度；（4）开门开窗位置；（5）有无绿植。

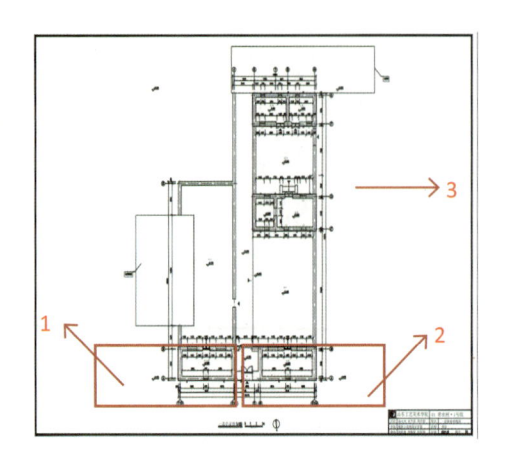

图 3-1

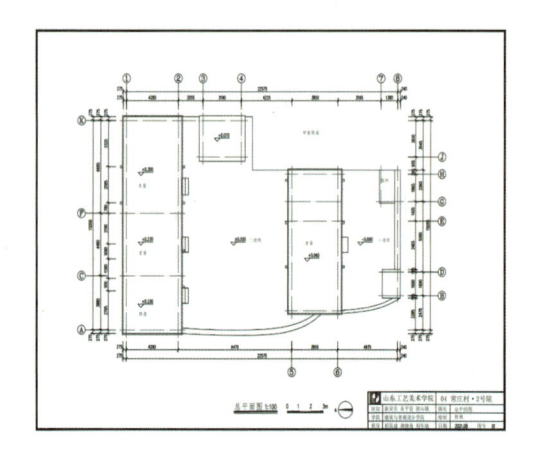

图 3-2

说明：该院落不是严格意义上的民居院落，是由三个小院落组成的大院落，以下院落描述由图中编号代替。

1号院落：（1）一合院，主入口位于东面。（2）建筑坐北朝南，只有正房1间，进深3.6米。东部有草棚，东面为后修建的围墙，其余两面为邻家房屋组成的围墙。（3）墙体厚度为0.53米。（4）正房大门在南面，开窗3扇，其中2扇分别位于大门左右两侧，北侧与大门正对处有一扇开窗。（5）院落内无绿植，有一口水井。

2号院落：（1）三合院，有东西厢房，主入口位于西面。（2）建筑坐北朝南，只有正房1间，进深3.6米。西部有一间已经倒塌的书房，东面为厢房，南面为围墙。（3）墙体厚度为0.53米。（4）正房开门开窗方位与位置和1号院落相同。（5）由于院落无人居住，因而有很多后期长的绿植。

3号院落：（1）一合院，主入口位于西面。（2）建筑坐北朝南，正房1间，旁边一间耳房，南面为后建造的厨房与仓库，正房进深3.9米，西面、东面为围墙。（3）墙体厚度为0.53米。（4）正房大门在南面，开窗3扇，其中1扇位于大门西侧，另两扇位于北侧，耳房大门在南面，只有一扇正对大门的开窗。

说明：（1）此平面院落为二进院，主入口位于南侧。（2）建筑坐北朝南，一进院为一合院，正屋坐北朝南，正房2间，进深3.2米；二进院为二合院，正屋3间，东部偏房1间，正房坐北朝南，正屋进深3.7米，偏房进深2.3米。（3）墙体厚度为0.59米。（4）一进院正房开门3扇，入口大门在南面，出口大门在北侧，和入口大门正对，里屋有内门朝西；开窗4扇，其中2扇位于一进院进出大门的西侧，两扇窗户一南一北正对，另2扇位于一进院进出大门的里屋东侧，两扇窗户一南一北正对；二进院正房开门3扇，开窗6扇，门均在南面，开窗北侧2扇，南侧4扇；偏房开门1扇位于西侧，无开窗。（5）院落内无绿植

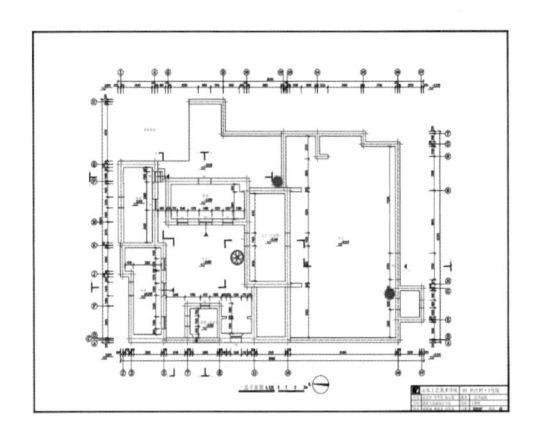

图 3-3

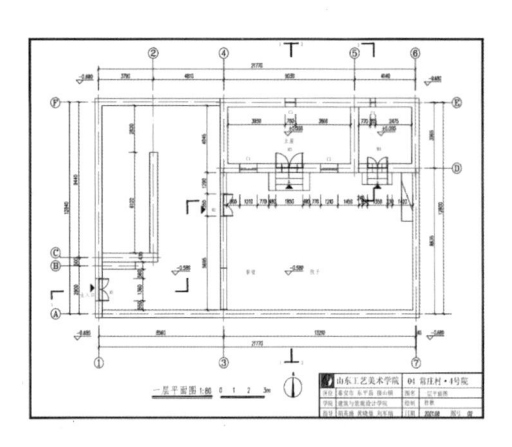

图 3-4

说明：此院落为二进院。一进院为一合院，二进院为典型的三合院。（1）建筑坐北朝南，建筑主入口位于南围墙中部，院落基本呈矩形，东北方的角落有局部凸出。（2）一进院正厅一间，进深约 3.8 米，现耳房改为厨房；二进院正屋一间，旁设一间耳房，有东西厢房，西厢房现为饭屋。正屋为不规则矩形，最大进深约 4.3 米。（3）一进院正屋墙体厚度为 0.53 米；二进院正屋墙体厚度为 0.58 米。（4）正房明间，门左右两侧开双扇窗，正对门开有一扇窗。东厢房门左右两侧开双扇窗，正对门开有一扇窗，西厢房单扇门与单扇窗。（5）庭院内分别在入口处与东南角处种植树木

说明：此院落为二进院。一进院现已损毁，二进院为典型的一合院。（1）建筑坐北朝南，建筑主入口位于西南角，院落呈矩形。（2）二进院正屋一间，旁设一间耳房，正屋进深约 3.5 米。（3）二进院正屋墙体厚度为 0.53 米。（4）正房明间，门左右两侧开双扇窗，正对门开有一扇窗，耳房单扇门，正对门开有一扇窗。（5）庭院内无绿植。

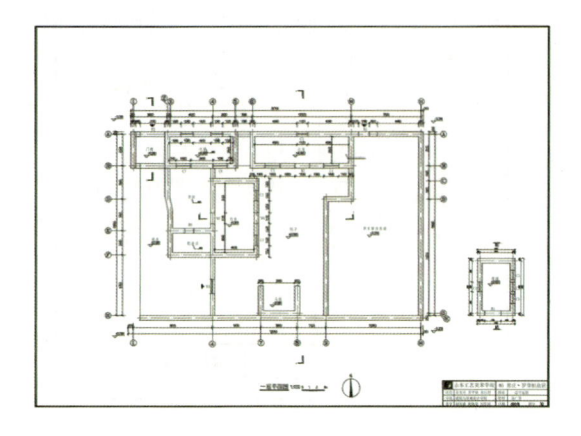

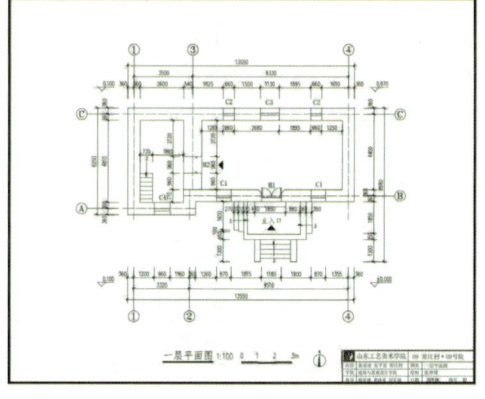

图 3-5

图 3-6

说明：此院落为三合院。（1）建筑坐北朝南，院落主入口位于西北角门楼处，院落地基为矩形。（2）该院落正屋两间，正房进深约 3.5 米，原有东厢房，现东厢房已倒塌，有西厢房一间，院落南边有一间马厩。西厢房与正房轴线间距约为 1.58 米。正房入口处未设台阶，西厢房入口处未设台阶。（3）正屋墙体厚度为 0.5 米。（4）正屋开有一扇门，开有七扇窗，两扇窗位于正屋中间大门两侧；西厢房开有两扇门，一扇位于西厢房入口处，一扇门连接西侧西院与配套房。西厢房开有两扇窗，位于西厢房主入口两侧。（5）庭院内无绿植

说明：此院落现为二层单体建筑。（1）建筑坐北朝南，该建筑主入口位于正屋中间，建筑地基为矩形。（2）正屋 1 间，进深约 4.6 米，旁边小屋有上升楼梯可以上二层。正房入口处设五层台阶。（3）正屋墙体厚度为 0.72 米。（4）正屋开有两扇门，一扇为入口大门，另一扇连接里屋；一层开有六扇窗，二层开有两扇窗。（5）庭院内有绿植

图 3-7

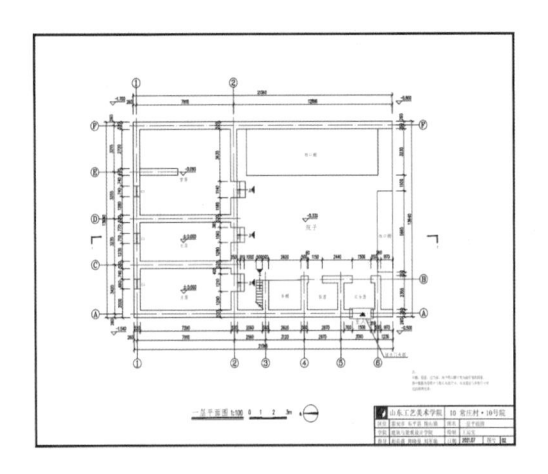

说明：此院落为二合院。（1）建筑坐北朝南，院落主入口位于西南角，穿过过当屋进入，大门对着牲口棚，院落地基为矩形。（2）该院落正屋三间，正屋进深约7.4米。西厢房一间，西厢房现为饭屋。西厢房旁为车棚，南部东部为牲口棚。（3）正屋墙体厚度为0.52米。（4）正房三间，每间开有一扇门和一扇窗，窗与门正对。过当屋有两扇门，其中一处是大门。饭屋仅有一扇门，无窗户。（5）庭院内无绿植

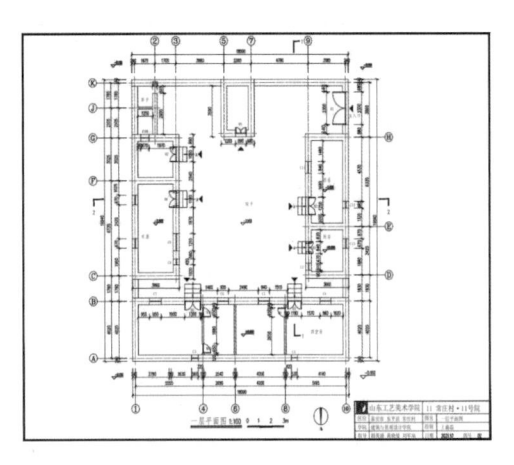

图 3-8

说明：此院落为三合院。（1）建筑坐北朝南，院落主入口位于西南角，大门对着牲口棚，院落地基为矩形。（2）该院落正屋两间，正屋进深约3.5米。东西厢房与正房轴线间距约为1.3米。正房入口处有三步台阶，东西厢房入口处皆为两步台阶。东厢房两间，西厢房两间，西厢房次间现为饭屋。院落南边为车棚，东南角落为茅子。（3）正屋墙体厚度为0.48米。（4）东堂屋开有三扇门，其中有两扇门连接里屋，开有三扇窗，其中有一扇窗为里屋的；西堂屋开有两扇门，其中有一扇门连接里屋，开有三扇窗，其中有一扇窗为里屋的。东厢房开有两扇门，五扇窗，西厢房开有两扇门，四扇窗。（5）庭院内无绿植

图 3-9　　　　　　　　　　　　　　　　图 3-10

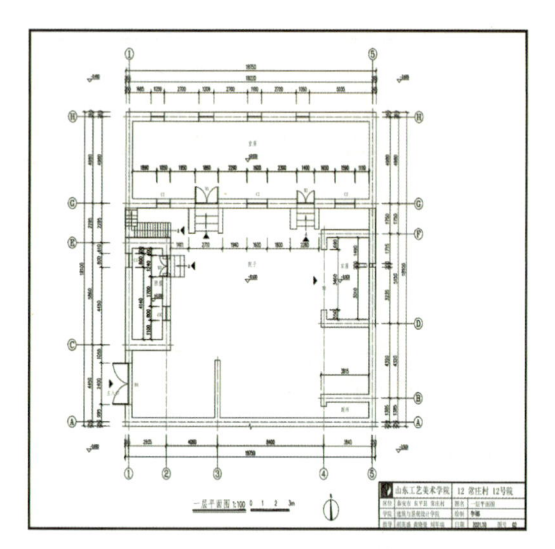

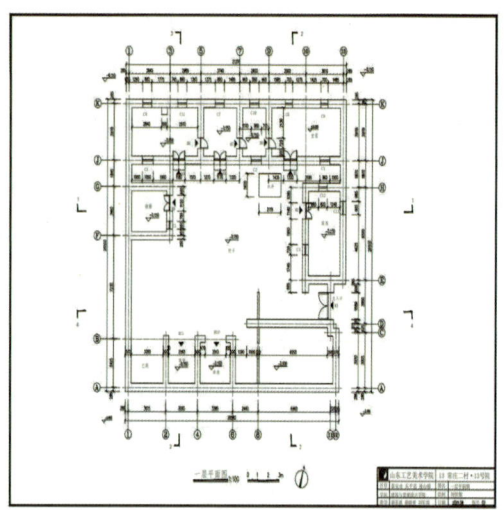

说明：此院落为三合院。（1）建筑坐北朝南，院落主入口位于西南角，大门正对着影壁墙，院落地基基本为正方形。（2）该院落正屋一间，旁边设有耳房一间，正屋进深约4.5米。东厢房一间，西厢房一间，东厢房现为车棚。东西厢房与正房轴线间距约为1.2米。正房入口处有三步台阶，西厢房入口处也为三步台阶。院落东南角落为茅子。（3）正屋墙体厚度为0.53米。（4）堂屋开有一扇门，五扇窗；耳房开有一扇门，两扇窗；东厢房开有一扇门，一扇窗；西厢房开有一扇门，两扇窗。（5）庭院内无绿植

说明：此院落为二合院。（1）建筑坐北朝南，院落主入口位于东南角，院落地基为矩形。（2）该院落正屋三间，正屋进深约3.9米，旁设有一间耳房。东厢房一间，东厢房现为杂物间，院落西边为地窖。东厢房与正房轴线间距约为0.92米。正房入口处有一步台阶，耳房设有两步台阶，东厢房入口处没有台阶。（3）正屋墙体厚度为0.61米。（4）堂屋开有四扇门，其中有两扇单扇门连接堂屋的里屋，开有两扇窗，两扇窗位于堂屋中间大门两侧；耳房开有一扇双扇门；东厢房开有一扇门，一扇位于东厢房大门南侧的开窗；地窖开有一处门。（5）庭院内有绿植

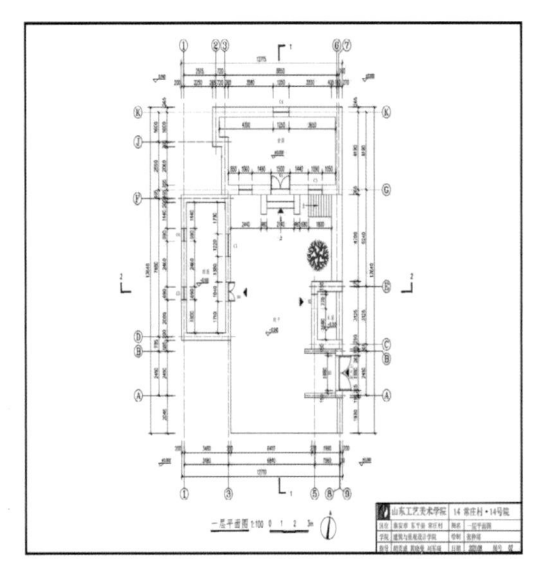

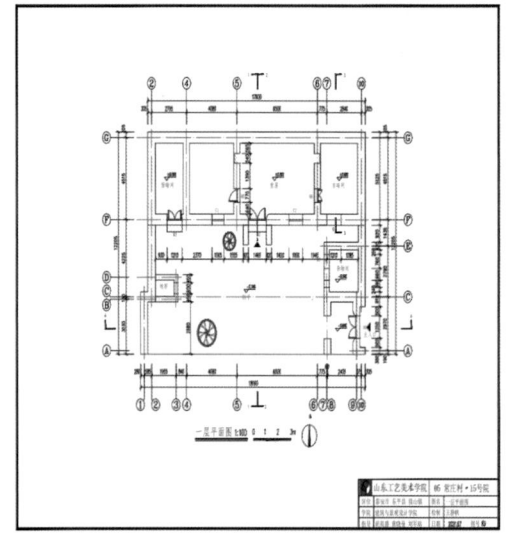

图 3-11

图 3-12

说明：此院落为三合院。（1）建筑坐北朝南，院落主入口位于东南角，院落基地为矩形。（2）该院落中间的堂屋有一间，正屋进深约 3.7 米。东厢房一间，西厢房一间，西厢房与正房墙体相连，东厢房与正房轴线间距约为 4.7 米。东厢房现为厨房，接近大门入口。正房入口处有两步台阶，东西厢房入口处没有台阶。（3）正屋墙体厚度为 0.53 米。（4）堂屋开有一扇双扇门，三扇窗，其中两扇窗位于大门两侧，还有一扇窗正对大门；西厢房开有一扇双扇门，三扇窗，其中一扇窗位于大门北侧，还有两扇位于西侧墙上；西厢房开有一扇门，没有窗。（5）庭院内有绿植，位于东厢房北侧，大树北侧有九阶楼梯

说明：此院落为二合院。（1）建筑坐北朝南，院落主入口位于东南角，院落基地为矩形。（2）该院落中间的堂屋有三间，正屋进深约 4.5 米。正屋西侧设有耳房一间，院落内有东厢房一间，无西厢房。东厢房与正房轴线间距约为 0.92 米。东厢房现为杂物间，接近大门入口。院落西侧设有一个地窖。正房入口处有两步台阶，耳房入口处设有两步台阶，东厢房入口处没有台阶。（3）正屋墙体厚度为 0.61 米。（4）堂屋开有三扇门，一扇门位于主入口处，另两扇分别连接东堂屋与西堂屋；堂屋开有三扇窗，每间均开一扇窗；东厢房开有一扇门，一扇窗，窗位于大门南侧。（5）庭院内有绿植

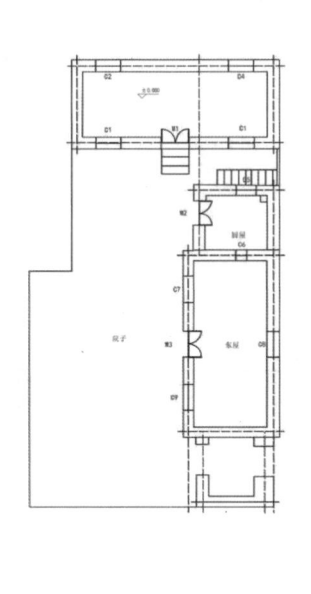

图 3-13

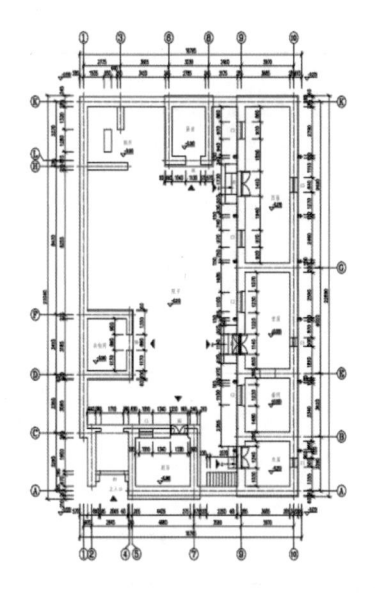

图 3-14

说明：此院落为二合院。（1）建筑坐北朝南，院落主入口位于东南角处，院落基地为矩形。（2）该院落正屋一间，正屋进深约 3.5 米，有东厢房一间，东侧还有厨屋一间。东厢房与正房轴线间距约为 2.1 米。正房入口处设有三节台阶，东厢房入口处未设台阶。（3）正屋墙体厚度为 0.5 米。（4）正屋开有一门，开有四扇窗，两扇窗位于正屋中间大门两侧，另外两扇正对南侧窗户位于北侧；东厢房开有一扇门，位于东厢房入口处；东厢房开有三扇窗，两扇位于西厢房主入口两侧，另一扇位于东侧，与大门正对。（5）庭院内无绿植

说明：此院落为三合院。（1）建筑坐北朝南，院落主入口位于东南角，院落基地为矩形。（2）该院落中间的堂屋有两间，还有一间西堂屋，在东面设有耳房一间，正屋进深约 3.1 米。东厢房一间，西厢房一间，东厢房与正房轴线间距约为 1.7 米，西厢房与正房轴线间距约为 2.8 米。东西厢房现为厨房，南边为杂物间，接近大门入口。正房入口处有三步台阶，耳房入口处有两步台阶，东西厢房入口处没有台阶。（3）正屋墙体厚度为 0.57 米。（4）堂屋开有一扇双扇门，三扇窗，其中两扇窗位于大门两侧，还有一扇窗正对大门；西堂屋开有一扇双扇门，三扇窗，其中两扇窗位于大门两侧，还有一扇窗正对大门；耳房开有一扇双扇门，一扇窗，窗正对大门；西厢房开有一扇门，没有窗；东厢房开有一扇门，一扇窗，窗位于东厢房南侧；杂物间开有一扇门。（5）庭院内无绿植

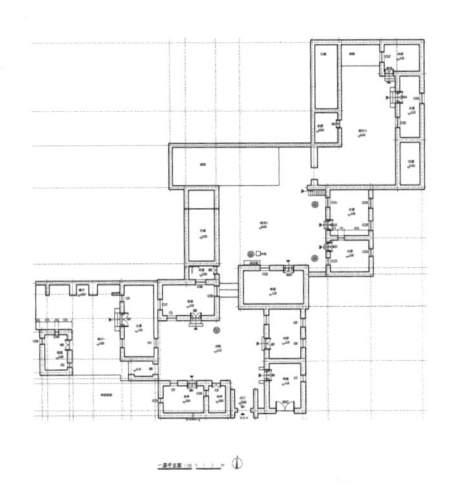

图 3-15

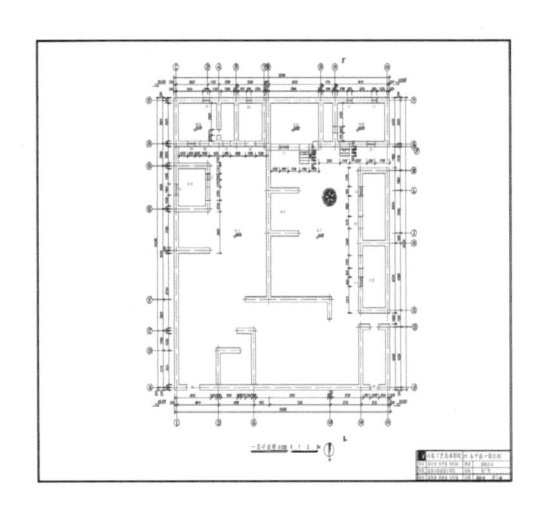

图 3-16

说明：此院落为三进院。
1.（1）一进院为三合院，建筑坐北朝南。三进院建筑朝向坐西朝东；院落主入口位于东南角，院落基地为不规则形状。（2）一进院堂屋两间，一间坐北朝南，一间坐西朝东。正屋进深约 3.7 米。东厢房一间，东厢房南侧房间为车棚，院落西边两间屋子均为仓库，院落最西侧为饭屋。坐北朝南的正房入口处有两步台阶，坐西朝东的正房入口处有三步台阶，东厢房入口处有两步台阶。（3）正屋墙体厚度为 0.53 米。（4）坐北朝南的正房开有一扇门，四扇窗；坐西朝东的正房开有一扇门，三扇窗；东厢房开有一扇门，三扇窗；饭屋开有一扇门，三扇窗。（5）一进院院落内有绿植。
2.（1）二进院为三合院，二进院建筑坐西朝东。（2）二进院堂屋两间。正屋进深约 4.6 米。东厢房已塌，西厢房一间。正房入口处有两步台阶，次屋入口处有两步台阶，南厢房入口处有一步台阶。（3）正屋墙体厚度为 0.53 米。（4）正屋开有一扇门，三扇窗；次屋开有一扇门，两扇窗；南厢房开有一扇门，一扇窗。（5）二进院院落内有绿植与水井，西北角为菜园。
3.（1）三进院为二合院，二进院建筑坐西朝东。（2）二进院堂屋一间。正屋进深约 2.9 米。南次屋房已塌，北次屋一间，西厢房一间。正房入口处有三步台阶，北次屋入口处有三步台阶，南厢房入口处没有台阶。（3）正屋墙体厚度为 0.53 米。（4）正屋开有一扇门，两扇窗；北次屋开有一扇门，一扇窗；西厢房开有一扇门，没有窗户。（5）三进院院落内没有绿植，院落北边为菜园

说明：此院落为三合院。（1）建筑坐北朝南，院落主入口位于东南角，院落基地为矩形。（2）该院落正屋三间，正屋进深约 3.9 米，旁设有一间耳房。东厢房一间，东厢房现为杂物间，院落西边为地窖。东厢房与正房轴线间距约为 0.92 米。正屋入口处有一步台阶，耳房设有两步台阶，东厢房入口处没有台阶。（3）正屋墙体厚度为 0.61 米。（4）堂屋开有四扇门，其中有两扇单扇门连接堂屋的里屋，开有两扇窗，两扇窗位于堂屋中间大门两侧；耳房开有一扇双扇门；东厢房开有一扇门，一扇位于东厢房大门南侧的开窗；地窖开有一处门。（5）庭院内有绿植

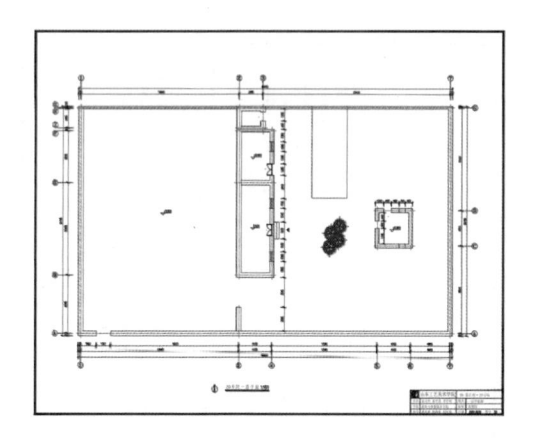

图 3-17

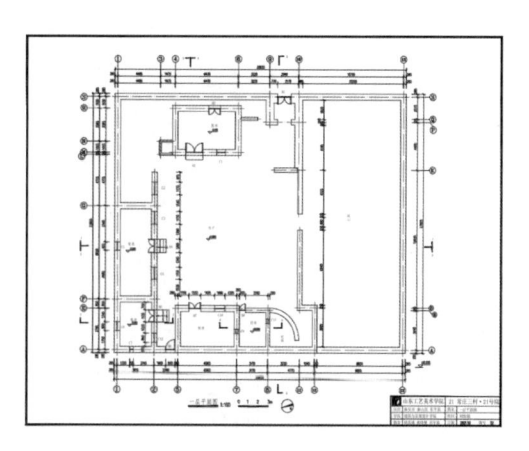

图 3-18

说明：此院落为日字形合院。（1）建筑坐北朝南，院落主入口位于西北角，院落基地为矩形。（2）该院落堂屋两间，在东面设有耳房一间，正屋进深约 3.7 米。无东西厢房，只有一间正对着堂屋的车棚。正房入口处有两步台阶，耳房入口处有两步台阶。（3）正屋墙体厚度为 0.54 米。（4）堂屋开有一扇双扇门，两扇窗，两扇窗位于大门两侧；东堂屋开有一扇双扇门，一扇窗；耳房开有一扇门，无窗；院落南部有一个车棚，开有一扇门，三扇窗。（5）庭院内有很多绿植

说明：此院落为三合院。（1）建筑坐北朝南，院落主入口位于东南角，院落基地为矩形。（2）该院落正屋一间，正屋进深约 3.9 米，旁设有一间耳房。东厢房一间，西厢房一间。东厢房与正房轴线间距约为 1.4 米，西厢房与正房轴线间距约为 1.9 米。正房入口处有四步台阶，耳房设有三步台阶，东厢房入口处设有两步台阶，西厢房入口处没有台阶。（3）正屋墙体厚度为 0.56 米。（4）堂屋开有一扇双扇门，三扇窗，两扇窗位于堂屋中间大门两侧，还有一扇窗正对大门；耳房开有一扇双扇门，三扇窗；东厢房开有两扇门，一扇窗；西厢房开有一扇门与两扇窗；西厢房旁为厨房。（5）庭院内无绿植

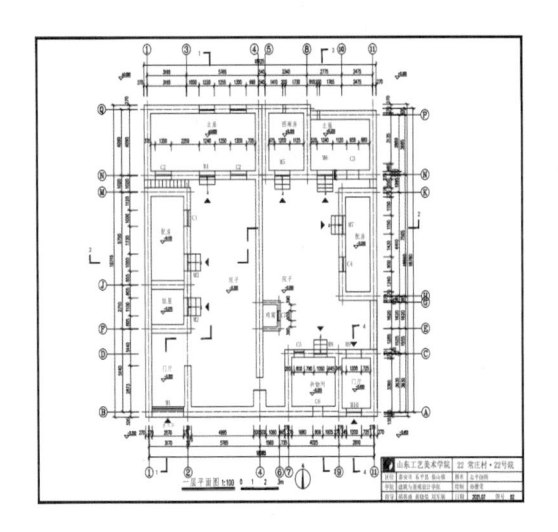

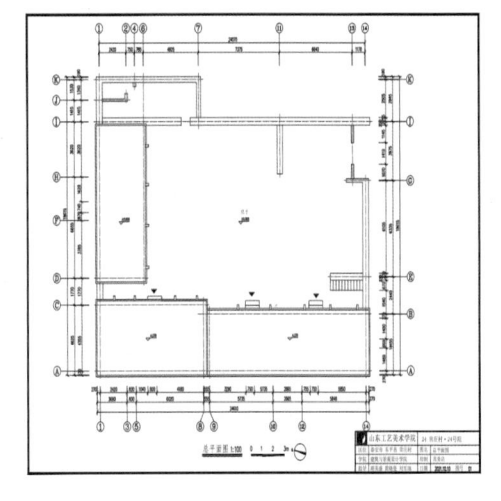

图 3-19

图 3-20

说明：此院落为三合院。（1）建筑坐北朝南，院落主入口位于西南角，院落基地为矩形。（2）该院落正屋两间，正屋进深约 3.5 米，旁设有一间耳房。东厢房一间，西厢房一间。东厢房与正房轴线间距约为 0.55 米，西厢房与正房轴线间距约为 0.5 米。西堂屋入口处有两步台阶，东堂屋处有三步台阶，耳房设有三步台阶，东厢房入口处设有三步台阶，西厢房入口处设有三步台阶。（3）正屋墙体厚度为 0.54 米。（4）西堂屋开有一扇双扇门，四扇窗，两扇窗位于堂屋中间大门两侧，另两扇位于北面墙上；东堂屋开有一扇门，两扇窗；耳房开有一扇双扇门，一扇窗；东厢房开有一扇门，一扇窗；西厢房开有一扇门与一扇窗；西厢房旁为厨房。（5）庭院内无绿植

说明：此院落为三合院。（1）建筑坐北朝南，院落主入口位于西南角，院落基地为矩形。（2）该院落正屋三间，正屋进深约 3.8 米。东厢房两间，无西厢房。东厢房与正房轴线间距约为 1.2 米。西堂屋入口处有三步台阶，东堂屋处有两步台阶，东厢房入口处设有一步台阶。（3）正屋墙体厚度为 0.54 米。（4）西堂屋两间开有两扇双扇门，五扇窗；东堂屋开有两扇门，三扇窗，其中两扇窗位于大门两侧，还有一扇窗正对大门；东厢房开有两扇门，三扇窗；（5）庭院内无绿植，院落东南角为厕所

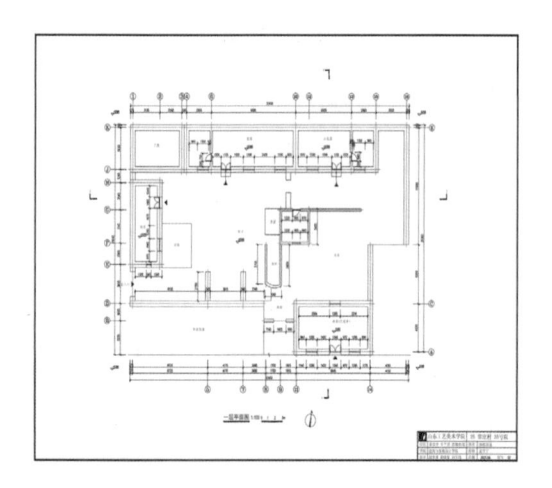

图 3-21

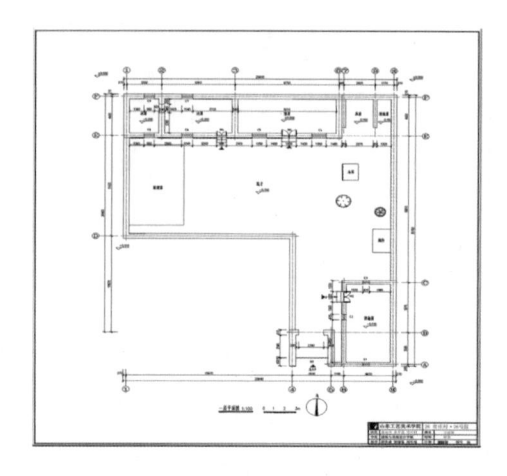

图 3-22

说明：此院落为三合院。（1）建筑坐北朝南，院落主入口位于西南角，院落基地为不规则矩形。（2）该院落正屋两间，正屋进深约 5.4 米，旁设有小北屋两间，堂屋西侧房间已毁。西厢房一间，南屋已废弃。西厢房与正房轴线间距约为 0.7 米。堂屋入口处有两步台阶，小北屋入口处有两步台阶，西厢房入口处设有一步台阶。（3）正屋墙体厚度为 0.54 米。（4）堂屋开有两扇门，入口处一扇门，里屋一处；开有三扇窗，两扇窗位于堂屋大门东侧，另一扇位于堂屋里屋；西厢房开有一扇门与一扇窗；西厢房现为厨房，旁边为菜园；院落东南处均为菜园。（5）庭院内无绿植

说明：此院落为二合院。（1）建筑坐北朝南，院落主入口位于东南角，院落基地为 L 形。（2）该院落正屋一间，正屋进深约 3.8 米，旁设有西次屋两间，西厢房为后建新屋，院落东南角有东南屋一间。西厢房与正房轴线间距约为 0.7 米，东南屋与正房轴线间距约为 16 米。堂屋入口处有两步台阶，西次屋入口处有三步台阶。（3）正屋墙体厚度为 0.54 米。（4）堂屋开有一双扇门；开有两扇窗，两扇窗位于堂屋大门两侧；西次屋开有两扇门，入口处一扇门，里屋一处；开有四扇窗，每间各两扇；西南屋开有一扇门，三扇窗。（5）庭院内无绿植，厕所位于东南处，院落西边有一处水井

图 3-23　　　　　　　　　　　　　　图 3-24

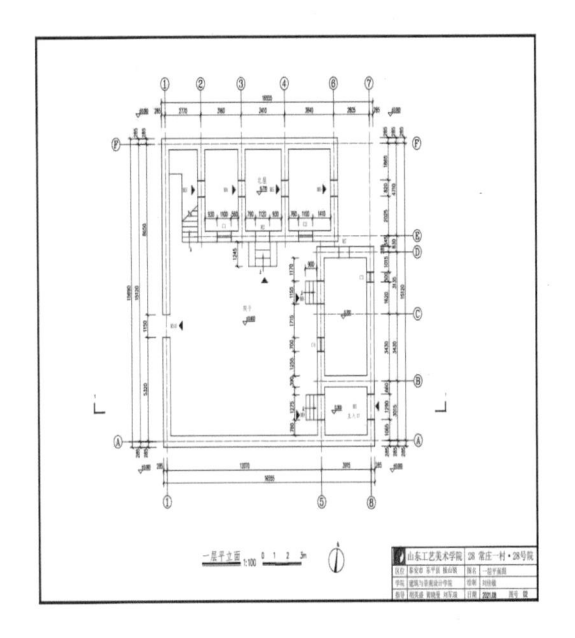

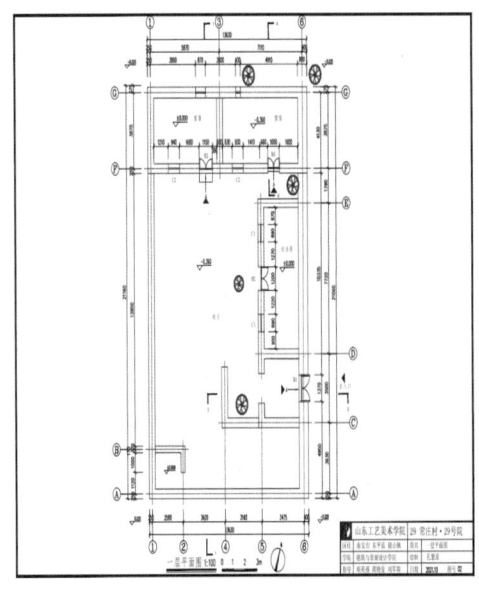

说明：此院落为二合院。（1）建筑坐北朝南，院落主入口位于东南角，院落基地为L形。（2）该院落正屋三间，正屋进深约4.1米。东厢房一间。东厢房与正房轴线间距约为0.3米。堂屋入口处有三步台阶，东厢房入口处没有三步台阶。（3）正屋墙体厚度为0.54米。（4）堂屋开有五扇门，堂屋正入口有一扇双扇门，三间里屋有四扇门。堂屋开有四扇窗，两扇窗位于堂屋中间大门两侧；东厢房开有两扇门，两扇窗。（5）庭院内无绿植，院落西北角有楼梯

说明：此院落为二合院。（1）建筑坐北朝南，院落主入口位于东南角，院落基地为矩形。（2）该院落正屋一间，次屋一间，正屋进深约3.5米。东厢房一间。东厢房与正房轴线间距约为1.79米。堂屋入口处有两步台阶，次屋入口处一步台阶，东厢房入口处没有台阶。（3）正屋墙体厚度为0.7米。（4）堂屋开有一扇门，两扇窗；次屋开有一扇门，两扇窗。东厢房开有两扇门，两扇窗，窗户位于大门两侧。（5）庭院内有绿植，厕所位于院落西南角

二、院落文化

对于中国人而言，院落不仅仅是物理的空间，更是家的核心部分。自古以来，就流传着"院和宁，家和兴"的说法。人的秩序是一个对称平衡的家庭结构，严格分为内部和外部两个层次，体现了家庭的伦理模式。山东人具有强烈的家族意识，"修齐治平"的儒家思想也影响着齐鲁文化。家庭稳定是山东人的基本愿望。

院落中心为空，四面房屋为实。堂屋位于整个建筑的中轴线上，高度最高；东翼和西翼位于中轴线两侧，高度仅次于堂屋；南屋位于中庭对面，体积最小，高度最低；房屋整体高度不一，韵律感强。空间层次感和秩序感逐渐融入房屋的建筑中，强化了生活空间的秩序。

常庄民居区别于寺庙的正方形平面，其平面多为规矩的矩形或方形，有少量L形与不规

则形状，多沿中轴线南北方向较长。课题组据测绘走访的数所院落得出规律：常庄民居整体建筑均坐北朝南，主入口位置多设在东南角，按照八卦的概念，东南属于巽位，主生，最为吉利，少数由于地形或后期改建的原因位于西南角。常庄民居大多简朴，院落多为简单的一进院，也有极少数大地主的二进院与三进院。下表为课题组走访测绘后找出的最具有代表性的民居类型院落，将对其类型进行说明与解释。

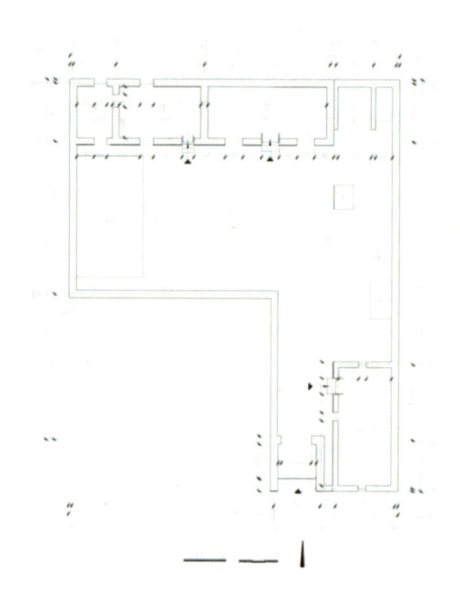

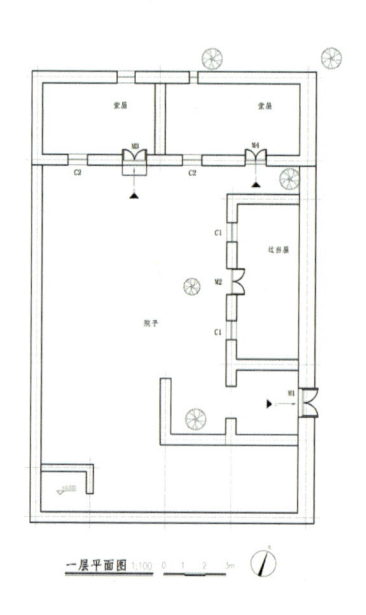

图 3-25 L 形合院

图 3-26 二合院

说明：L 形合院四周由墙体围合，南北纵向布局。主房多坐北朝南，东西向布局；厢房多坐东朝西南北向布局。因整体平面外形似"L"，故得名

说明：二合院是院落内两个房屋呈 L 形排列于庭院周围的内院式住宅，可以认为是主房与厢房的连接，对庭院空间的束缚较小。二合院多由坐北朝南的堂屋与东厢房或西厢房组成，同时也会设置饭屋、茅厕等空间来满足人们日常的生活需求

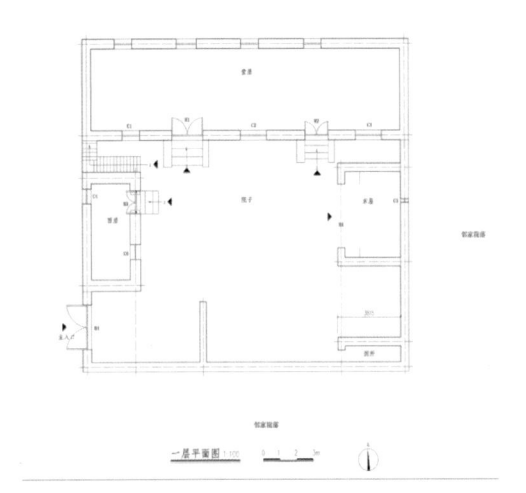

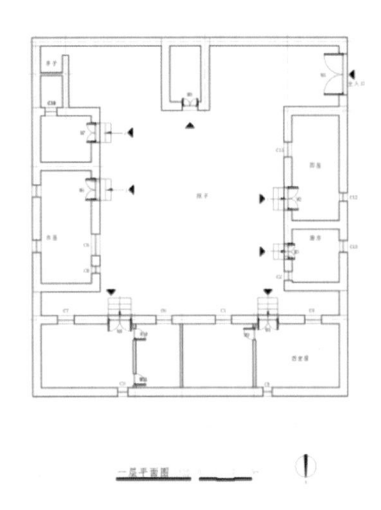

图 3-27 三合院

说明：三合院是庭院的三面建有房屋，是一种中国乡村的传统住宅，由三面房屋和一面墙围成庭院的建筑格局，具体布局为正房加东厢房或西厢房，南面为围墙的形式。三合院在房屋数量上比二合院多，在功能布置上比二合院更合理、完善

图 3-28 一进院

说明：一进院落又称基本型院落，这是一种由四面或三面房子围合组成的四合院或三合院。这种院落的特点是有正房（北房），一般为两到三间；正房两侧各有一间耳房，成为三正两耳，共五间。如果院落窄小，仅有四间房的宽度时，三间正房的两侧可以各置半间耳房，呈"四破五"的格局。正房南面两侧为东西厢房，各三间，与正房成"品"字形排列。正房对面是南房，又称倒座房，间数与正房相同。这样由四面房子围合起来形成的院落叫四合院，如果没有南房，则称三合院

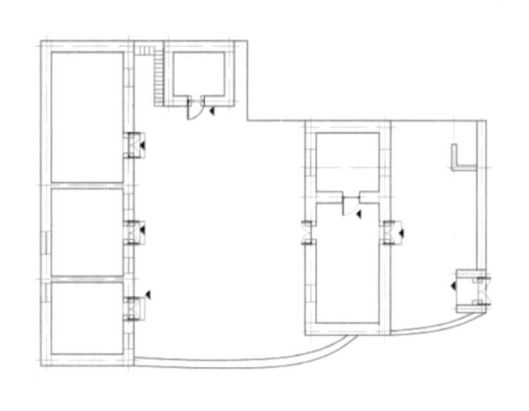

图 3-29 二进院

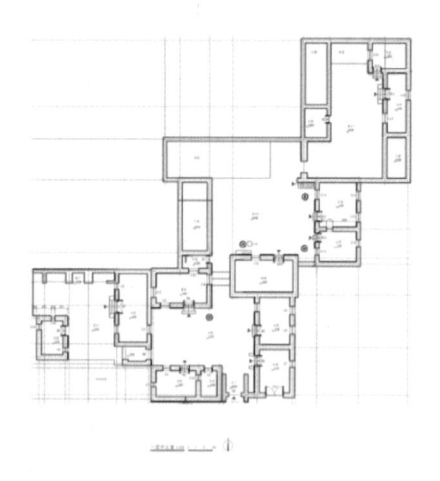

图 3-30 三进院

说明：二进院落是在一进院落的基础上，沿纵向扩展而形成的。四合院由一进院扩展为二进院时，通常是在东西厢房的南山墙之间加障墙（又称隔墙），将院落划分为内外两重。障墙合拢处设二门，以供出入。二进院落属小型四合院，占地面积一般较小，东西宽度不过十五六米，南北深不过二三十米。这样的小院没有抄手游廊，二门多采用屏门的形式，既很美观，也很经济。在二进院落的四合院中，也有规模较大、格局比较讲究的。它与上述小型的二进院落相比，主要差别在占地宽窄的不同。占地较宽的二进院落（宽22米左右，进深30米左右），北房可以排出七间，即正房三间，两侧耳房各两间，成为三正四耳

说明：三进院落是在二进院落的基础上再向纵深发展而形成的。一般是在正房的后面加一排后罩房，后罩房与正房之间形成狭长的后院。后院与中院之间通过正房东耳房尽端的通道来沟通，宅人可以经过这个通道进入后院。这种在正房后面加一排后罩房的布局，被认为是比较理想的三进院布局，被人们称为"典型"的或"标准"的四合院。三进院落还有另一种格局，也是比较常见的。它是按照第二进院落的模式，在正房后面再加一重院落。第三进院也同中院一样有正房、耳房、东西厢房、抄手游廊等。这种布局中，二、三院之间的沟通有两种方法，一种是将二进院正房明间做成过厅，宅人从中路进入后院，也可以在耳房一侧开设通道以供通行。两组并列式院落，是由两个大小相等或相近的院子并列在一起形成的。这是豪门大户的宅院采取的一种形式。

封建社会的大户人家，有兄弟二人同居一处的。这样，在建宅时就往往建两座，兄弟二人各一座。两座宅院大小、格局相同或相近，既各自独立又相互沟通，这是两组并列式住宅出现的一个原因，当然还有许多其他原因

在常庄的传统庭院式院落中，通过围墙与建筑围合的庭院空间便可以初步看出齐鲁文化、宗法礼教对常庄，甚至是山东庭院的影响。课题组通过对山东常庄村民居院落进行实地考察测绘和文献资料的初步归纳，总结得出山东地区传统庭院中礼的体现大致有内敛聚合、尊卑有序、

男女有别、邻里和睦等特点。

（一）内敛聚合

墙是分隔庭院内部和外部空间的元素之一。墙体具有封闭庭院空间的界面和保护庭院空间的功能。在泰山乡土建筑中，墙体连接房屋，人们常常修建围墙，加强围墙和建筑群的防御功能。为了抵御冬季的寒风，人们将房屋建成院子的形式，用墙围起来，前窗大，后窗小，这样可以有效减少院子里的热量损失，以抵御冬季的寒冷，起到保暖作用。

常庄村民在大门入口处就设有影壁墙，在当地也叫迎门墙。影壁是一种低矮的、独立的特殊墙体，它直接位于正门前。在部分庭院中，影壁也会设置在宅门外侧正对处。其中一些影壁墙会受建筑布局和大门方位的影响，将其设置在厢房的山墙上。影壁也被称为照壁，因为它会与来往的人们打照面，所以它也成为庭院内的第一道亮丽景观。影壁墙一方面可以阻挡街上行人的视线，增强隐私性，另一方面象征着这个家庭的生活水平，因而影壁是传统住宅建筑装饰的一个重要组成部分。

在民居布局方面也多采取以庭院为核心的内向性布局，开敞的院落作为半开放交流的空间，安静的房屋作为休息居住空间，用围墙"圈"起来的院落又具有一定的私密性。但围墙高度不可过高，基本与配房齐平，较为低矮的围墙不仅可以减少外界的干扰，同时又不会让人觉得心情压抑。周边的围合建筑并没有完全地密闭整个空间，有些建筑与建筑相互之间留有空隙，再通过最外侧的围墙将整座庭院围合，大多数的庭院空间有着明确的主次轴线划分。正是由于这样的文化特性，山东民居院落才呈现出了内敛聚合但又不封闭压抑的院落样貌，虽经几千年沿袭发展，却恒久未变。

庭院空间的建筑形状是简单的几何形状，如正方形、三角形等，因而会给人以清晰明确的秩序感和统一性。传统的住宅院落在空间布局中具有高度的统一性。

（二）尊卑有序

庭院建筑严格遵守"上下有序，内外有别"的准则。它尊重血脉相承、长幼有序和尊老爱幼的道德价值。这种以家庭为单位的生活习惯和建筑特点与传统山东社会的儒家礼教和伦理密切相关。在齐鲁文化的影响下，人们主观上接受了儒家文化的"君、臣、父、子"的伦理关系，每个家庭成员在家庭中可以找到自己的角色，各司其职，长幼有序，子女和谐。

纵向深度延伸的空间从侧面体现了礼制对人们的影响。主次、尊卑历来是中国传统观念中所重视的，横向联系不适合体现主要院落的重要性；普通院落也位于南北方向，横向连接不能体现北屋的地位。在一定意义上讲，传统民居建筑中"北屋为上，两厢为下，倒座为宾"的布局，实际上并不是以房屋的用途为依据出发的，而是以宗族中长辈和晚辈的等级关系为依据。

宗族院落的变化也遵循同样的关系，由此产生的院落规模和建筑体系的变化也按同样的顺序发生，形成了中国传统民居院落中独特的"深院"情景。

常庄在建造房屋时，盖房的顺序是有规定的：在锄完地基放线后，就开始正式垒房屋。首先要先建造正房，其次是东西厢房，东西厢房中要先盖东厢房，然后是西厢房，最后盖的是饭房。院墙和房屋是分开垒的，但也是需要先盖正房再垒院墙。出现这种现象的原因与礼制文化是分不开的，正房是一家之主所居之处，所以在建造时为首，以此围绕着主屋来展开。古人又存在"东为大，西为小"的礼制观念，同时由于常庄房屋普遍是坐北朝南的朝向，在采光和通风各方面都以东厢房为佳，因而在建造顺序上也以东厢房为先，西厢房为后。在住宿分配上，常庄人民严格遵循左上右下的原则，每个房间都有对应的名称，家里的男性子女按长幼顺序分配房间。

房屋的高度也是有讲究的。主屋是最高的，其次是东厢房，西屋是最矮的。大概的尺寸是从院子到堂屋的高差是半米，一般是从地面开始做三个或者五个台阶（做两个加上过门石叫"连丁三"，四级台阶加过门石的叫"连丁五"，现在的宅子里面没有了，一般在老宅子里才用这种形式的），配房要在此基础上下降30厘米，饭屋要再下降20厘米，最后需要注意的是院墙不可高出堂屋大门。

堂屋建造最高是有其文化内涵的。所谓人往高处走，水往低处流。从风水上讲主宅代表家中之人的气运，所谓福人有福居，这也是种卦象，因而堂屋最高。从礼制角度来看，房屋的高低可以体现屋中主人在家庭中的地位，堂屋是一家之主的住处，因而堂屋需建造得最高，它象征着权利和地位。

古代以左为尊位之称。在地进方位上以东为左，以东为上。人们常说"文左武右""男左女右"就是这个意思。因而这种习俗与尊卑观念体现在常庄民俗上就是东厢房的屋脊高于西厢房，东厢房的尺度略大于西厢房，东厢房的入口也略大于西厢房。如果不是当地居民或建造的匠人了解其中的奥秘，外地人根本看不出细小的差别，从感观上来说，微小的尺度变化并没有破坏建筑的对称，但从内涵上来说，它满足了人们心理上对文化、礼制的某种追求。在常庄村，测绘调查的30处民居院落在朝向布局上皆为坐北朝南，主房皆向阳。

（三）邻里和睦

农业社会，和为贵，合作共生是生存法则中的主旋律。从邻里关系的角度也就是从院落和院落之间的情况来看，常庄村村民建造房屋时需要注意建房高度需要一致，房顶需要一样高，不能"压"着其他人的房子，这体现的是邻里之间和睦相处的文化内涵。如果有自己的房屋建造得很高的情况，在当地就会被称为"万人指"，意思是房子盖得高，别人都会指着看指着说，邻里就会认为你想要高人一等，难以相处，可能会影响邻里之间的和睦关系，严重的还会发生械斗。

建造大门时需要注意其高度基本是与配房齐平，不可过高过低，一般为成年人举起手的高度。具体高度还是会受到地势与朝向等因素的影响。例如，古人讲究抬棺材，因而过去建造大门的宽度以能通过棺材为标准，同时也要能进牲口和推车，这是普通人家的大门宽度。有身份有地位的人家在建造大门时有所不同，会更加气派。大门的朝向由街道的走向决定，大道以北的房子基本都是坐北朝南的院落，留东南门最佳；大道以南的房子门一般都不往北开，都是朝西或东的方向，朝北在风水上是犯大忌的。西面要是有个南北街，留西南门也行。大门的位置必须要对上偏房，不然用当地的说法是"压"不住。在泰安地区，院门是出入口，也是排泄雨水的地方，一般人和水都要走同一条路。因此，院落门的位置也要根据地形而定，不能设在地势较高的一侧，否则雨水无法排出，会有积水滋生细菌，很容易使主人得病。

厕所的位置是根据大门的位置去安排的。如果大门在东南方向，厕所就需要在西南方向；如果大门在西南，厕所就在东南方向。总之是不能正对着的，这是老祖宗传下来的说法。

在居住舒适度方面，院子里的庭院是封闭的，在室内创造了良好的气候。它在夏季提供遮阳和凉爽，在冬季提供光照、保暖和防止风沙。它既是一个入风口，也是一个排风口，通过自然风压进行通风，来确保健康和新鲜的空气质量。庭院还有利于排水和雨水收集，并可种植各种植物，创造一个湿润的绿色环境，非常适合居住。常庄民居就是这样，集结着普通百姓的生活智慧，将传统传承至今。

第二节　雕刻艺术

常庄中的雕刻主要由木刻和石刻组成，雕刻纹样以神话和自然为主要创作题材。龙凤等神兽寓意吉祥，梅兰竹菊等自然之物体现了人们高雅的情操，雕刻纹样背后的寓意体现了当地居民对美好生活的向往与愿望。张道一先生在《工艺美术研究》中有一个小节题为《本元文化》，写道："我们知道，任何艺术都是借助于一定的物质而反映出特定的思想意识，成为观念形态。国画要靠纸墨，油画要靠画布和油质材料，雕塑要靠石、铜或黏土、石膏，音乐要靠声音。声音也是一种物质。"[1]那么作为民间艺术的一种载体，木雕与石雕是本土民间文化思想、集体记忆的承载物，淳朴的工艺寄托着民间乡村对自然的尊重和向往，生于斯长于斯爱于斯，这是匠人最真挚的情感。

---

[1] 张道一. 工艺美术研究 [M]. 南京：江苏美术出版社，1988.

一、木雕

与砖雕和石雕不同的是，木雕通常附着在建筑的各个构件上，很少独立存在。特别是在民居中，大型的木雕是比较少见的，民居中的木雕大多是细节装饰，只作为整个建筑的点缀，山东的情况也是如此。常庄民居木雕造型简单，纹饰质朴，样式较少。木雕的形状和轮廓大多比较规整，主要部分为圆形、方形或菱形，或在此基础上进行小规模加工和装饰，不改变基础形状，很少有奇怪的形状或复杂的轮廓。虽然木雕的范围很广，模型种类繁多，但雕刻本身并不复杂，设计也很简单，只用必要的线条来表现。使用的颜色主要是黑色、黄色、绿色、蓝色和其他冷色，而红色和其他鲜艳的颜色则不太常见。色调也以重叠色为主，很少使用对比色，同一件木雕作品上只出现两到三种不同的颜色，形成了整体的优雅和简洁的风格。木雕简单但不单一，相同的图案和花纹往往表现在不同的装饰部位，形状各异，装饰的组合也不同，具体风格也会有所不同。这对于动植物装饰来说尤其如此，其风格差异很大。虽然有些装饰物具有常规的风格，但细节和其他相关部分却不尽相同，而且对民居建筑中各种装饰物的规格和风格没有严格的要求和规定。

（一）门楼木雕

门楼在很多部位都进行了雕刻装饰，常见的有门簪、挂落、走马板、抱头梁、垫板、橡头等，这些部位的装饰雕刻有的简单，有的复杂，装饰题材和图案样式也各不相同。大门是整个房子的"脸面"，能最直观地表达家庭的地位，所以有条件的人会尽力把前门装饰得异常华丽。门楼集中了整个住宅的装饰，特别是在经济拮据的平民住宅中，整个住宅的大部分装饰都集中在门楼上。

1. 牌匾

传统匾额从材质上分，主要是木质、石质和金属，但木质占主导地位，石质和金属较少见。匾额上的铭文主要是由当时的知名人士和书法家题写的。匾额多为黑色，也有紫色、红色、蓝色、绿色和棕色（如图3-31）。

图3-31 尹山庄村状元牌匾

2. 走马板

走马板（如图3-32）位于门的上部和中部门槛之间，也被称为门头板。走马板是大门除去门板外最大的部分，其雕刻方式多样，包括线雕、浮雕、透雕和贴雕，以及直接用格子结构的图案进行装饰。走马板的面积很大，通常被分成三份，有些只在中间有雕刻，有些则在左、中、右三面都有雕刻。大多数雕刻是带有吉祥含义的铭文或图案，通常是象征长寿和好运的象形文字，但也有描绘动植物的雕刻，主要是梅花、兰花、竹子和菊花，大多是线形和浮雕，也有镂空的。还有一种更简单的装饰走马板的方法——直接在走马板的整个表面刻上文字，这样就把走马板变成了一种起到一定宣传作用的样式。

图 3-32 尹山庄走马板

（二）居室木雕装饰

1. 雀替

雀替（如图 3-33、图 3-34），也称角替，又称"插角"或"托木"。位于额枋与柱相交之处，自柱内伸出，承托于额枋之下。作用是缩短梁枋的净跨度从而增强梁枋的荷载力，减少梁与柱相接处的向下压力，防止横竖构材间的角度之倾斜。雀替既是承重构件也能做装饰之用。常庄民居房檐下常使用雀替，雀替多透雕卷草纹或草龙纹，也有较为简易的雀替只做简单的线刻纹饰。

图 3-33 回纹雀替

图 3-34 卷草纹雀替

说明：回纹在众多雕刻纹样中是较为常见的。回纹是一个接近方形的折线纹样，图上回纹纹样是由一个回纹重复并不规则排列而成。回纹雀替是一整个雀替都雕刻成回纹，连续不断的回纹象征着美好、幸福连绵不断

说明：卷草纹为中国传统图案之一，多用忍冬、牡丹、兰花、荷花等花草纹样，经变形后作"S"形曲线状，造型圆润卷曲

2. 月梁

在北方的木制建筑中,横梁大多是平直的,而在南方,横梁略微弯曲,呈月牙形,所以称为月梁(图3-35)。月梁通常用于大型建筑,如大房子、大宅院、大殿堂、大佛堂和大祠堂。

月梁在北方的大型建筑中也时有出现,但北方的月梁做的弧度极小,很不规则。

图3-35 月梁

3. 家具

精美的木雕艺术体现在木制家具中,蕴含着无穷的美学意蕴,超凡脱俗,焕彩生辉。它的美学价值远远超出了传统家具本身的价值,为中国古典艺术之奇珍。家具属于小木作,需要更加具有手艺训练和艺术灵感的木工完成。明清时期,商业逐渐发达,社会等级制度因巨贾的出现也变得松动。一些仅用于皇家的符号,被有钱人拿来装点门面,龙凤纹饰也走向民间,成为吉祥富贵的象征。

图 3-36 龙纹　　图 3-37 龙头（龙头凤尾）　　图 3-38 梅花纹样(1)　图 3-39 梅花纹样(2)

说明：在中国传统文化中，龙是权力、高贵和荣誉的象征，也是好运和成功的标志。据传说，大禹治水时，龙以其尾巴拉动大地，形成河流，使水流入大海。除了龙的头部，它的身体、爪子和尾巴都变成了卷曲的草，可以随意扭动和拉动，形成各种合适的图案。

说明："龙凤配"图案在唐代以后，广为流传。它不但象征帝王和帝后的权威，也可象征人类所有夫妻间的美满结合，而且还可象征一切世间的精神与物质的阴阳两极调和。可以说，龙凤图案是中华民族最有代表性的形象符号，是美妙的艺术形象

说明：自古以来，梅花纹是人们最喜闻乐见的传统寓意纹样之一。梅是花中寿星，梅能于老干发新枝，又能御寒开花，故古人常用其象征不老不衰。梅瓣为五，民间又借其表示五福：福、禄、寿、喜、财。松、竹、梅花被称为"岁寒三友"

二、石雕

当地著名的石匠和普通人都充分认识到石头的硬度和延展性，并在生活中扩大了石头的用途，将其用于雕刻、装饰和制造各种器具。

受到经济条件的限制，常庄民居的石材基本上都是用于结构功能，而其他部分只是进行雕刻，如门枕石、上槛石等，都雕刻着动物和花卉图案。除了如枕石、柱础等用作建筑构件和建筑装饰以外的石雕，在日常用品中也能多处看到石雕，如磨碾、拴马石（没有花纹装饰，但有石雕的纹理）、牛槽、石水缸等较大体积的构件，极具山区特色。

（一）上槛石装饰

上槛石（图 3-40）是由一整块体积较大的石头打磨而成，盖在门框上起固定作用。上槛石分为横向的和竖向的两类条纹。竖向的又称立斗石。上槛石装饰花纹比较简单，甚至很多只是简单打磨后直接使用，没有纹样。

图 3-40 上槛石

说明：该图片所示纹样在当地称作"来回水"，纹样类似于"N"字形。整个上槛石由多个"N"重复排列组成，形式简单，没有复杂的变化，富有简易的秩序美感

（二）石窗

石窗（图 3-41）又称石花窗、石漏窗，由坚固的石头制作而成。窗子多数是木头做的，便于开关，石窗或砖窗就不够灵活，但是更为坚固。民间石窗的表现内容丰富多彩，概括起来主要有四大类，即祥禽瑞兽、植物花卉、吉祥图符、人物故事。

图 3-41 石窗

说明：图片上的石窗外形为钱币纹，是器物纹样中的一种。数千年前，铜币就开始在中国交易市场中流通，有圆形圆孔和圆形方孔之分。石窗中常见到的铜币是圆形方孔纹样，外圆，内呈菱形。有单独使用装饰一扇窗的，也有重复交互出现的，还有与唐草、花卉、元宝、器物组成复杂纹样的。这些石窗都很简单，将透空部分用钱币、如意等图案加以装饰，不仅体现了吉祥寓意，还实现了设计美观和实用的高度统一

（三）柱础装饰

柱础（如图 3-42）在最初是起承重和防腐作用的，由材质坚硬的花岗岩或青石等坚硬石料制成。在中国，柱础很早就被应用到房屋建筑之中。随着时代的变迁和文明的推进，柱础在实用基础上增添了装饰功能，并且造型和纹样十分丰富。

图 3-42 柱础

说明：该柱础较为简单，没有过多的装饰，圆鼓式造型，雕饰纹样为一圈围绕着木桩的圆鼓点，简单又不失装饰之美

（四）门枕石装饰

门枕石（图 3-43、图 3-44）俗称门礅、门座、门台、镇门石等，是用于中国传统民居，特别是四合院的大门底部，起到支撑门框、门轴作用的一个石质的构件。因此，门枕石是用质地坚硬的石头制作的，因被雕成枕头形或箱子形，所以叫门枕石。门枕石通常雕刻一些传统的吉祥图案，因此是了解中国传统文化的石刻艺术品。

门枕石分为两部分，一部分在门外，一部分在门内。门内的部分支撑着主轴，而门外的部分原本只是作为一个配重，使承受着一端重量以及转动和摇晃的枕石保持稳定，不至于移位。垫子通常是最珍贵和最丰富的建筑元素，特别是用于房屋的大门。无论是宫殿、寺庙还是住宅，门是建筑中最重要的部分，显示了建筑主人或最高管理者的地位和权力。石座形式的门槛石相对简单，通常集中在显眼的地方进行雕刻装饰。雕刻的内容各不相同，最常见的是规则的斜线和垂直线的组合。精致的有人物、花、树、鸟、吉祥动物、文字、古物的组合和抽象的花卉图案等装饰。这些图案首先象征着幸运、长寿和财富。由于只有一小块石头要刻上吉祥的符号，所以图像通常是象征着财富、长寿和和平的物品组合，或者是有意义的事件的场景。通常用牡丹、荷花、兰花和一品红；也用代表吉祥和长寿的枣树和柏树等树木；还有荷花和仙鹤的组合，以及鹿、鸡等动物，这些事物都是吉祥和美丽的象征。

图 3-43 门枕石

说明：该门枕石上的雕刻花纹名为"回头鹿"。鹿乃仙兽，自能乐性，自古以来就是吉祥、长寿的象征。鹿寓意"禄"，有鹿（禄）路畅通、财鹿（路）恒通、加官进鹿（禄）等寓意。回头鹿，引人、财两气。古语"十鹿九回头"，回头本是梅花鹿的自然习性，加之梅花鹿原本就有"恋家"习性，安居一地，不会轻易迁徙他处。鹿又与"禄"同音，这块鹿回头石雕寓意受赐俸禄带回家。古代外出做官或经商的人，最后十之有九要叶落归根，回返家乡，能受赐返乡其实就是衣锦还乡之意

图 3-44 柱础门枕石

说明：该门枕石上的雕刻花纹名为"角子云"，样式较为简单，外形为云朵状曲线，里面是雕刻的一条条直线，形式简单大方

（五）拴马石石雕

拴马石（图 3-45、图 3-46）属于民间石雕品，它更"接地气"，简单地与生活中最普通、最复杂，但也最微妙、最动态的现实联系在一起。

图 3-45 拴马石

说明：常庄村的拴马石形式较为简单。一类是上图所显示的长条外形，中间有两个往里凿的圆洞，两个洞中间有一小部分石头，人们可以把绳子系在上面，坚固又结实，装饰作用不明显

图 3-46 拴马石

说明：常庄村另一类拴马石为外凸出的形式，将石头打磨成光滑圆润的半圆形，中间凿出一个放绳子的洞，以实用为主，装饰作用不明显

（六）泰山石敢当

在泰山民居集中的地方，经常可以看到刻有"泰山石敢当""石敢当""泰山石镇宅"字样的石碑，大小不一，形状各异，有的在房基上，有的放在胡同巷口。在鲁中山区发现的石头建筑构件中，最常见和多样化的是"石敢当"（图3-47、图3-48、图3-49、图3-50），它是最有影响力的人民传统住房和建筑习俗的一部分。图中所示的这种石敢当文化，实际上不仅在山东省大量存在，而且在我国各地、海外地区都很普遍。泰山石不仅装饰了人们的家园，也给人们带来了心灵上的安宁，保证了人们幸福安宁的生活。泰山石通常约1米高，15～17厘米宽。上端刻有镇宅字样，下面刻有"泰山石敢当"或"太山石敢当"字样，镶砌在墙面或专门为其建造的影壁上；也有不经细加工，在方正石或随形石上面直接刻字的。

图3-47 石敢当（1）

图3-48 石敢当（2）

图3-49 石敢当（3）

图3-50 石敢当（4）

三、砖雕

大多数砖雕都是作为建筑元素或作为大门、墙面和照壁的装饰品。对青砖的严格质量要求意味着材料的选择、成型和烧制都是为了生产出适合雕刻的坚实而精细的砖块。从艺术的角度来看，砖雕可以近距离或远距离观看，形成完整的效果。砖雕的主题有龙凤呈祥、二仙合璧、刘海戏金蟾、三阳开泰、麒麟送子、狮子滚绣球、松柏、兰花等。具有实用性和装饰性的砖雕，形象简洁，风格浑厚，不盲目追求精致和纤巧，使建筑构件保持坚固，耐晒耐雨。

廊心墙是指在一幢有檐廊的建筑（如图3-51）两头，檐柱与金柱之间的墙面。在清式的规定中，廊心墙分为两部分——穿插当和下碱。穿插当多在砖刻上彩画式样；下碱部分用条砖砌筑，中间是廊心墙的主要部分，四周边框，中心由方砖铺砌，方砖四周还有一圈突起的线脚。这些表面的砖都用质量好的青砖，由于各部分砖形状不同，表面高低有变化，所以这一部分的墙面具有装饰效果。

图 3-51 廊心墙

说明：常庄村廊心墙大多朴素，墙上中间部分铺满铜币样式的砖块，磨砖对缝，整齐排列，造型简单朴素，但又不失美感

正脊是指在悬山和硬山等双坡屋顶上，前后坡交汇处形成的脊，与房屋正面平行。此外，与正脊垂直的屋脊称"垂脊"，在正脊两端与垂脊相交的节点称"正吻"。民居建筑的屋顶多为普通瓦片，屋脊上的雕刻大多是花草，主要是菊花和牡丹，象征着长寿和幸福。（图3-52）

图 3-52 屋脊

墀头（图 3-53）是指山墙伸出至檐柱之外的部分，突出在两边山墙边檐，用来支撑前后出檐。其分为上、中、下三部分，最上面的部分称为盘头，中间部分为上身，下面部分为下碱。上身是山墙的主要部分，主要由砖垒成。下碱部分一般是用好砖精砌，比较讲究的则用角柱石。盘头是雕刻最为精彩的部分。

图 3-53 墀头

说明：图上是砖雕马。砖雕马就是用砖材制作的马，砖雕马最常见的形象是一匹奔腾或飞翔的马。马在中国文化中具有很高的地位，具有各种象征性和标志性的意义，这也是砖雕马被应用的原因。众所周知，马是能力、圣贤、人才、有作为的象征。图上是马踏祥云图案，马踏寓意升官发财，祥寓意吉祥如意，承载着人民美好的愿望

利用谐音的方式将吉祥图案转化为相应的图案和装饰物，不仅大大拓展了雕刻题材选择的可能性，增加了雕刻的装饰效果，而且使吉祥图案的象征意义的表达更加生动、有趣。常庄民居建筑木石砖雕刻，整体呈现出简单、雅致、大气的风格特点，虽没有过多复杂的装饰，但依旧能体现出常庄匠人的深厚水平以及人们对生活的美好愿景。

第四章　匠人与工艺

营造工艺是院落建造的技术基础之一,也是建筑美学的重要组成部分。尽管这些工艺都藏在建筑细节中,但是体现了当地工匠的智慧和经验,这些留存下来的建筑类民居以及传统生活用品就是我们现在研究工艺的活的化石。本章是根据采访到的工匠资料和当地实际考察资料汇编而成。按照当地工匠的叙述,可以把常庄村全部工艺分为建筑类、生产用品类、生活用品类。其建筑类体系复杂,所以从材料入手分为砖瓦工艺、土坯工艺、木作工艺。访谈的工匠、主人等的口述资料,主要涵盖典型院落的营造技艺和建筑工艺流程,同时对相关的乡土建筑词语进行了收集。

在常庄为期半个月的调研中,共计采访25位当地工匠,其年龄大多集中在60～70岁,从事的工种也略有不同,有石匠、木匠、瓦匠,其中木匠人数居多。令人惋惜的是,许多经验丰富的老石匠已经不在,这使我们意识到口述史采访任务的紧急性和关键性。除此之外还对典型院落民居的屋主进行采访,了解民居院落的其他细节,例如房屋年代、屋主转让、房屋用途等。在采访过程中发现当地工匠采用师承的传承方式,也就是老工匠带新工匠。对于工匠、主人的口述史访谈有两个显著特点:1.解决建筑史研究中"见物不见人"的问题。把传统村落的保护和当下的现实生活结合起来,用一个个鲜活的场景来诠释当前的历史;2.尊重口述人的劳动。建筑史的研究不是创新历史,建筑史学者的工作不是编造历史,而是把历史上发生的事情按照一定的学术规范记录下来。口述史研究的最终成果是属于口述人和记录整理人共有的。

第一节　地方工艺美术

建筑类的民居工艺种类繁多,体系庞大,这一节根据材料划分为砖石工艺、木作工艺、土坯工艺。其中砖石工艺涉及的内容较为广泛,这里我们根据民居建筑的不同构件和附属构建进行划分,分为发券类、上门石、石窗、石碑、石台、影壁墙、水溜子等。

一、建筑类

(一)砖石工艺

1. 券类

龙口石:也叫作龙石,是券中间的一块石料。

券脸:是由一块块券石组成,其表面叫作券脸。当料体较薄时,券体直接就是券脸,其中券脸两边的券石叫作券脸石。撞券是指券脸两侧的石料或者砖料，在券脸上部的料体也叫作"过河撞券"。

硪石：也叫作旋石，分为内硪石和外硪石，其中外硪石是石券的最外端，内硪石是券洞以内的部分。

平水：是券体与墙体垂直部分的分界标志。平水是一块长石条块，平水以上是石券，平水以下被称为平水墙。

门上洞：是指门背面或者窗背面的木板或石料与券一起构成的洞。也叫作"客台子"，以前的时候常用来放煤油灯，现在大多闲置或者堆放杂物（如图4-3）。

燕窝：是指硪石上的一种装饰，因为形状像燕子的鸟巢，所以叫燕窝，并且寓意着吉祥平安，常见于砖类结构的拱券中。工艺复杂，耗费工时。

在营造术语中，发券，是指整个石券的建造过程。券门，泛指整个拱券。样券，是指在打制石券前对券石的整理与排列。合龙，是指拱券制作的最后一步，即安装最后一块券石（龙口石）。

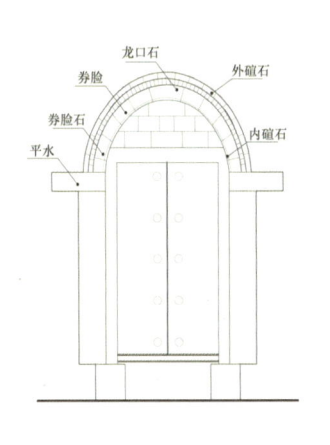

图 4-1 券门结构图（1）　　图 4-2 券门结构图（2）　　图 4-3 券门背面图

石券这种工艺常见于砖石建筑，根据形态可划分为平券与圆券。平券的弧度很小，接近于水平。圆券的弧度大，趋同于半圆。圆券又分为圆底券、桃心券，圆底券整体弧线平滑，顶部过度柔和。桃心券圆弧顶部略微突起，像桃子上的桃尖，故得名为桃心券。常庄村的券门大致可以分为这两类，但是每类中有着不同。

①圆券

常庄村石材圆券图谱如下：

图 4-4 券石门

这是种由 13 块券石组成的圆底券，是常庄村中最常见的，整体呈半圆形。每块券石呈倒梯形，券石从上到下会按从大到小排，但是大小差别不大。中间常作抹灰处理

图 4-5 中券石门

这种形式的券门券石很多，券的半径大，在常庄村不常见，常见于大门。券石 13～20 块

图 4-6 大券石门

这种圆底券用的石块较大，并且接近于正方形。所以相比之下这种券石与券石之间的缝隙也是最大的。对于用石头做的券石，券石越小，券缝就越小

图 4-7 三块券石门（保险楼屋门）

这是保险楼建筑的屋门，圆底券有三块券石，每块券石都是完整的石头，打制工艺高，并且表面打磨光滑

砖材料发券在常庄也有很多案例，多用于石头建筑的门窗洞口上方。这些石头建筑中的砖拱券多数为后期改建、整修、加固的时候做上去的。因为砖的承压能力比石材弱，用砖托举石材有违常理。这些修补用砖由于使用了颜家大院或赵家大院的砖瓦，以及后期从外面运进来的

砖瓦，所以有很多石头房子的砖拱券看上去与石材年代相近，但其实有明显的修补痕迹。

图 4-8 普通砖券

在砖材料圆底券中这是最常见的形式，内券脸是由立砖排列而成，外碹石是用砖横着排列，形成另外一种形式。除此之外还有一种垒两层相同造型的形式，一般用于更高规格的民居，在常庄村不常见，一般以一层居多

图 4-9 装饰性砖券

这种样式的砖券在两层砖之间增加一层装饰，这种装饰没有实际的功能作用。当地人把这种介于两层砖之间的装饰构建叫作"燕窝"。因为形状像燕子窝，也寓意着吉祥平安

图 4-10 大砖券（车门）

之前很多民居中存在马车，所以门宽是为了方便马车进入

图 4-11 大砖券门

这种砖券和第一种圆券的砖的排列方式相同，不同的是这种圆券的半径大，门的宽度比较宽，一般用作许多合院的总入口

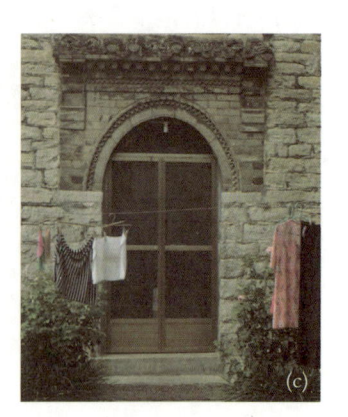

图 4-12 门楼砖券

在所有砖材料的圆底券中，这种形式的砖券形式较为复杂，在砖券上边还有牌坊等装饰构件

② 桃心券

图 4-13 常见桃心券

图 4-14 三块石桃心券

图 4-15 装饰性桃心券

桃心券，由于在券的顶部有突起，像桃子的尖，故得名。桃心券寓意着健康长寿。桃心券形成的原因主要是最后一块龙口石小，特别是下底面，所以整个券的弧线上顶部会略尖。相比于桃心券，圆底券的龙口石较大，两者的选择需要工匠提前设计并精确计算。桃心券的形式

有很多种，砖券中有和燕窝相结合的（如图4-15）。在石券中一般是由13块券石构成（如图4-13）。也有特殊桃心券，由三块券石构成（如图4-14），其中中间券石下部打磨出小尖，形成桃心的形状。

③平券

平券，也称平拱，它其实是截取半径较大的拱券的一小段，看上去比较平。它在受力时与圆拱券是一个道理，均可将上面压下来的垂直重力分散做横向推力。平拱的石材或砖受挤压形成完整受力的门窗过梁，美观、耐久。

（1）砖材料

图4-16 外碹石砖平券

图4-17 穿插型平券

砖材料的平券比较常见，常见的形式有两种，一种是券脸和外碹石组合的（如图4-16），一般来说券脸是一层。另外一种是多层券石按秩序堆砌而成（如图4-17），可用于大门、房门和窗。

(2) 石券

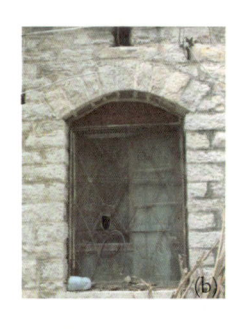

图 4-18 长形石券

图 4-19 方形石券

平券中，石材料不如砖材料，一般有长梯形的（如图 4-18），还有趋近于正方形的（如图 4-19）。平券的门窗宽度不大，多用于房门。

2. 上门石

图 4-20 素纹上门石

图 4-21 回水纹上门石

图 4-22 三菱型上门石

图 4-23 彩色 三菱型上门石（现代）

上门石也称"立斗子"，是门楣和门窗过梁的合体，用完整的石材，具有装饰作用。在常庄村，比较常见的有三种：一种是簪刻纹（如图 4-20），无固定方向，第二种是回水纹（如图 4-21），寓意留财、留福；第三种是由三个菱形重叠组合而成（如图 4-22），当地人的说法是吉祥如意，并且长的上门石在三个菱形周围再雕刻其他纹样。随着时代的发展，也衍生出彩色的三菱形上门石（如图 4-23）。

3. 石窗

在常庄村，相比于木窗，石窗非常少见。它一般位于后墙并且位置很高，窗洞小，这样可以看清外面的情况，而外面的人却很难看见里面。石窗的种类比较繁杂，常见的是镂空钱字花纹的石窗（如图 4-24）。

图 4-24 石窗

4. 水溜子工艺

图 4-25 水溜子尺寸图

水溜子是房屋的排水装置，一般一间屋一个，与房屋梁处于同一位置。选材上，一般是山上青石，要质地坚实且完整的长石头。水溜子够长水才不呲墙。宽是根据石材的大小，根据当地的术语，一般留两行（行是当地的一种尺度），也有留一行的。根据上梁的位置找到水溜子的位置，然后在苇子上面加泥巴，再在泥巴上面放溜子。最后再抹灰（白灰），灰比溜子稍微高一点。水溜子也有装饰美化的作用，花纹有头枕、角子云、来回水花纹。花纹是用錾子和锤子凿的，石纹会使水流更加平稳。

相传常庄村有个九间大平房，当年工匠把房屋都已经建好，房屋的主人在验收房屋时发现只有水溜子没装，随后得知一个水溜子是等于一担粮食。屋主给了粮食后，工匠把预先打好的水溜子给安上，工程最终结束。原来，水溜子是工匠拿到薪资的最后一道保险。尽管这只是个地方传说，但也说明，水溜子在整个建筑的建造和使用当中，起到至关重要的作用。工匠对水溜子付出的心血也比较多。即便石头房子没有任何装饰纹样，水溜子也能起到点缀和装饰的作用，并且它的角度、弯度、水槽深度均有设计，技术含量相对要比其他部位高。

根据形状，水溜子分为直筒水溜子、拐弯水溜子、堽头水溜子三种。在当地，房屋的水溜子不能正冲其他房屋，将水溜子做成一个"L"的形状，当地叫拐弯水溜子（如图 4-26）。直筒水溜子前端也略有不同，有的向内凹起，带滴水。堽头水溜子，做成堽头的形状，工艺更加精美（如图 4-28）。常庄村的堽头水溜子有带滴水的石雕构件，还有砖砌水溜子和模仿旧有形制的水泥砂浆水溜子。

图 4-26 拐弯水溜子　　　　　　　　图 4-27 直筒水溜子

图 4-28 墀头水溜子

5. 拴马石

拴马石设置在门前，一为实用，二是装饰——展示门庭气势。与拴马石相关的还有上马石，是墙边留角或石头台阶，放置在门的两边。上马石一般刻有云纹、回头鹿等吉祥纹样，寓意"平步青云""平安归来""衣锦还乡"等。拴马石柱由桩顶、桩颈、桩身、桩基四个部位组成。桩为毛坯，埋于土中。常庄村中现存的拴马石已经不多见，一般砌筑在石头里，大小尺寸和相邻的石块差别不大。一种形式上是个接近正圆的圆圈，并且两个圆圈相通，俗称牛鼻孔，可以穿过拴马绳（如图4-29）。另外一种形式是墙上镶嵌的半圆环形的拴马石（如图4-30）。

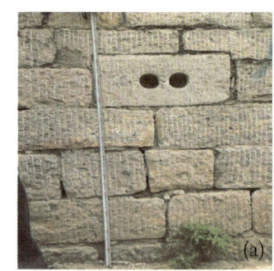

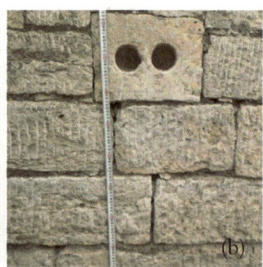

图 4-29 牛鼻孔方形拴马石　　图 4-30 环形拴马石

6. 石台

为了物尽其用，匠人往往会在剩下的石材中，挑选大的且尺寸合适的做成既实用又美观的石台。这样，工匠既为主人省钱，同时也减少了浪费。无论是在村口还是在民居里，随处可见大小尺寸不一的石台。石台一般是由一块长石条和底下两块基石组成，许多长石条在长时间的使用中，也由以前的糙石变成了细滑的石头。出于实用考虑，许多石台放在房屋的门口，有的在水井旁边（如图4-31），还有些石台上会放绿植装饰院落（如图4-32）。村口放石台可以供人休息与聊天（如图4-33）。

图 4-31 石台1　　图 4-32 石台2　　图 4-33 石台3

7. 石碑

　　石碑，是作为纪念物或标记，镌刻文字，意在垂之久远。石碑由碑首、碑身、碑座三部分组成。在走访中发现，当地村中无论是街道上、树林中、民居内都分布了大大小小、年代不一的石碑。一种是纪念石碑（如图4-34），主要是记述历史事件、村落简介、家族故事的居多。另一种是带标志的文字，主要是地名标识（如图4-35）。石碑也随着时代的推移有了变化，较为古老的石碑字迹已经磨灭不清。石碑的文字和石面沧桑的印记，就是常庄最忠实的历史见证者。

图4-34 纪念石碑　　　　　　　　　　　图4-35 村名

8. 影壁

图4-36 影壁

　　影壁也叫作影壁墙、影白墙、照壁、照墙，每个地域的叫法略有不同。影壁是民居、寺庙、宫殿等门前或者门后的建筑单体。影壁的功用是作为建筑组群前面的屏障，以别内外，并增加威严和肃静的气氛。另外也有一些起到装饰效果，在影壁墙的中央可以做雕刻、绘画等，其内容有吉祥美好的寓意。在中国建筑中，影壁是一个主要的结构单位，它与房屋、庭院建筑相互补充，相互结合，形成了一个密不可分的有机整体。雕琢精致的影壁，在建筑学、人文等方面都有着非常高的研究价值和美学价值。

　　常庄村村落的现存影壁墙较少，只有较为富裕的和有权势的家庭才会拥有。例如赵铸故居中有一面完整的影壁墙，它分为底座、墙身、顶盖，中间的墙身是土坯，上面的顶盖由瓦片堆积而成。

（二）木作工艺

1. 窗

图 4-37 条形格栅窗

图 4-38 正方形格栅窗　　图 4-39 不规则方形格栅窗

图 4-40 现代方形窗

门窗按照时间来划分种类，第一种也是最早的，它的形式是长条格栅（如图 4-37）。一般横向的格栅有两根，这个固定。竖向的格栅一般有 9 个、11 个、13 个，无一例外都是单数。第二种木窗的形式是正方形格栅，这种格栅全部都是正方形的（如图 4-38），也有隔一段距离是正方形的（如图 4-39）。前两种还会有纸糊在窗上。最后一种是最现代的，一般是对开扇的木窗（如图 4-40），一扇上一般有三个大格。

2. 门

图 4-41 院落屋门 1　　图 4-42 罗荣桓故居大门　　图 4-43 赵铸故居院落屋门　　图 4-44 颜家议事大厅屋门

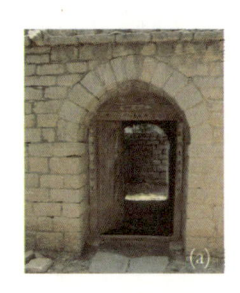

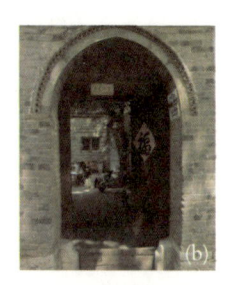

图 4-45 院落大门（方门）　　　　　图 4-46 院落大门（拱门）

图 4-47 宽大的院门与台阶进入或设置门槛的屋门

早期的门形式多样，并且有花纹，如罗荣桓故居的窟窿门、赵镈故居的门楼大门以及颜家议事大厅带镂空花纹的门（如图 4-41 到 4-44）。这些门形制复杂，一般用于重要位置。另一种是民居中使用最多的，平券门洞是两扇开扇门（如图 4-45），拱券中会加"面脸"（如图 4-46），然后再安装双扇门。旧有的门洞和现代材料的院门，宽度大，主要用于私家车入院（如图 4-47）。有些门下有高门槛，有些门下是台阶，不一而同。这与具体的房间位置和具体功能有关，一般大门、重要房间的门设置门槛，厢房、倒座或有地下室入口的房屋会做台阶。

（三）土坯工艺

课题组在调研中了解到，在当地的板材施工实践中，用于夯土的黄泥比例约为 1，粒状砂石骨料约 1，石灰约 1，即黄泥 : 骨料 : 石灰的比例为 1:1:1。黄泥多取自附近的山区或田野。砂石由两个方面组成。一是由于土中含有大量的碎石和残瓦等。若配比不足，则可从邻近小溪中取沙砾。而在山东其他地方，经常加入一些像秸秆这样的植物纤维。加入此纤维可使土壤中的胶质物质减少，并可使土壤中的水分减少，从而使夯土墙体的抗开裂性能得到改善。掺入生石灰对改善混凝土的防水性能有一定的作用。当环境湿度较大时，这种材料就会与空气发生化学作用形成石灰石，时间越久，化合物就越有利于整体性和抗水性。

二、生产用品类

（一）石磨工艺

石磨是古老的农产品加工工具。石磨在常庄村较为常见，一般位于交叉路口边上，几户人家共用一台，富裕人家的大院里也有单独一台。石磨的位置和数量按照人口数量和粮食用量分布。随着时代的发展，石磨已经被现代化机械所取代，在村中已成摆设，许多院落中的石磨也年久失修，不再使用。

村中的石磨根据摆放位置可以分为两种。第一种是在村落主要道路中摆放的，这种石磨一般体量较大（如图4-48）。另外一种是在家中的石磨（如图4-49）。

当地民居多为石砌，并且有着丰富的石材资源，再加上技艺高超的石匠，所以在常庄村石磨非常普遍。

图4-48 公共石磨

图4-49 院落中已被遗弃的石磨

常庄村的石磨由三部分组成。最下方是石砌底座，上面放一块事先整理好的磨盘，磨盘有沟槽，并且中间凹，在中间预留孔。最后一部分是石推，在事先预留的孔里固定一个轴心，石推就围绕着轴心运动。石推两边固定把手方便人们操作。常庄村现有的石磨保存得也不够完整，部分构件有所缺失。

（二）水井工艺

图4-50 李家井

图4-51 司令部水井

在常庄村，家家户户有水井，街道上也有一些公共水井，均为石砌。现在家家用上自来水，绝大部分水井都已经废弃。保存完整的有李家水井（如图 4-50），还有司令部前的水井（如图 4-51）。

常见的井口外形有方、圆两种。方形较大，如小型水池，圆形较小。有些公用的井口，上面有碑文，一般书写教化类的文字，以便维持公共秩序。老百姓取水除了用井，也有其他办法。提篮是最早用于从沟渠向下层阶梯蓄水池灌溉的一种设备。二人立于水槽边，手持一条绳索，上、下各一头；摇晃木桶，把它扔进水里，马上把上面的绳子绷紧，水捞进木桶里，绳索依靠惯性将装满水的桶往上扔，此时，将底部的绳子往下一拉，上部的绳子往下一放，使水流进入水槽，随之灌溉田地。

村里的"土井"没有石砌井口，井身结构整齐，地下部分的面层为灰或稀泥浆，混有植物灰和焦土。这类井并非水井，而是储存余粮，井口配有石盖板。它的外形一般是圆的，深度适合人的身高，便于上下攀爬取物。

三、生活用品类

（一）室内家具工艺

图 4-52 室内家具

木质家具在常庄村也有留存，例如茶几、床、衣柜、桌子等，匠心独运。它们充分利用材料本身的色泽和纹理，色泽深沉雅致，木纹自然优美，质感坚致细腻，达到了稳定和协调的艺术要求，反映了设计者忠实于材料、体现材料自身特点的思想。造型浑厚洗练，稳重大方，比例适度、线条流畅。

（二）生活工具

图 4-53 缸

水缸是储水的容器，一般是陶瓷制品。高约 75 厘米，最大直径达到 50 厘米。形状下窄上宽，表面有斜线样的浅纹，应为烧制时的绳纹。

图 4-54 小型生活物件

房屋里面放置了许多家用物件，它们与家具共同构成民居的生活现状。常见的有陶瓷制茶具餐具、铁盆铁锅、水盆等。

（三）编织物品及其他工艺

图 4-55 编织物品和其他物品

编织工艺主要是实用性艺术，指用韧性较好的植物纤维（细枝、柳条、竹、灯芯草），手工编织生活、生产容器，如篮子、筐、簸箕等。常庄村作为鲁中地区的农业地域之一，手工业与农作生产相互穿插，互相辅助。常庄村最常见的编织物品是草帽与篮子等实用物品。

除此之外，马扎（交杌）在常庄村也随处可见。马扎有几大优点：携带方便，便于放置，节省空间，透气性佳。特别是夏天，天气炎热，人体极易出汗，而马扎因为是纤维材料制成的所以使用起来非常舒适。

在常庄村的集市上还有一些手工制作的卷烟丝与旱烟丝。烟丝是指将烟叶切成丝状、粒状、片状、末状或其他形状，再加入辅料，发酵后不经卷制即可供销售使用的烟草制品。这种原始的卷烟方式也是常庄村居民生活的一部分。

第二节　匠人工艺及其流程

常庄村的传统营建工艺比较全面，石砌、土筑、砖木结构，类别齐全，可谓传统营造方法的博物馆。材料做法丰富多样，应该与常庄村的地理位置、方便的南北漕河、东西陆运交通有着密切关系。通过对工匠的采访，本节简单梳理口述记录，将石砌工艺、土筑工艺和砖拱券工艺进行了描述。

一、石砌工艺

常庄村石砌工艺分为选择地址、采石、石料分割、运石、加工石头等几步。

第一步，选择地址。选择有裂缝、石质好的地方，如果没有良好的开采裂缝就需要用打炮眼的方式来制造裂缝。

第二步，开采。可以用炮眼法、鞭秆炮法、团炮法等，先打炮眼，放炮，把石头炸开，再用大锤钻头打楔窝子，前边窄后边宽，打个窝撑，撑开石头，石头就会脱落。

第三步，石料分割。为了保证石材的规格要求，通常要对石材进行大、中、小类型的分割，人工分割的方式叫作凿打钢锲眼，在岩石上装上钢锲用石锤凿打分割。分割时要注意先取大材、再取小材，先取长材、再取短材，还要根据石材的用途留足余量，特别是一些复杂形状，例如圆柱形、八角形，余量需要留出来更多。

第四步，用地排车运石头。在运输过程中还会喊一些口号，赶石头有口号："再一来啊，啊使劲啊，这块石头下山喽，走一走，哟一哟，赶着石头要走喽。"之后，五六个人起石头，以前用木轮车，后来用地排车，老车能推九百斤。最早车身车轮全部是木头的，再后来改用橡胶车轮。

最后一步，加工石头。大的石材可以当作上门石、石阶等和房屋的基层，小型、中型的当作房屋墙壁。然后就是把石头放在场子里溜（粗加工），溜完的石头有了基本雏形后，用錾子在石头上打簪纹。

二、土坯加工流程

采用平板砌筑方法的夯土墙墙面有明显的横切痕，即模板材质纹理。夯土模板是长方形木板，木板上装有木条。木条的高度约等于模板厚度，模板之间有卡槽。卡槽是白桦木质的榫卯结构，可以任意拆卸和安装。所用工具有重型锤子，也就是所谓的夯锤，有一个手握木柄，一个木锤头；除此之外，还有一些其他的辅助工具，比如铲子、篮子、水平尺等。

夯土墙体的建造工艺直接关系到房屋的使用年限。夯土墙的施工工序如下：准备材料，安装模板，搅拌土回填，分层夯打，拆模。选材到拆模的整个工序，如配制原料、掺水搅拌等，都是根据本地工匠长期的经验积累。配制原料以黄泥、砂岩、石灰为主。在进行这三种材料的搅拌时，手工搅拌过程耗时较短，费用也较便宜。当然，搬运和搅拌的过程也可以使用牛骡等畜力。这三种原料比例不同则用途不同，相同比例用来制作三合土。为了确保土层结合紧实，在夯击面中使用夯锤竖向捶打。泥土填充到模子里时，一次填充的泥土不要太高，保障墙体夯筑牢固。

三、发券加工流程

（一）样券

发券的过程，需要工人先在搭建拱券的附近地面上放样。以圆拱为例，圆弧高度占门窗高度的二分之一。长度略大于洞口宽度，但不超过半米。尺寸确定后，在地面上画出对应的半圆形。将拱券石在地上摆清，一般情况下，券的形状为扇面。放置全部的样券时，必须用龙口石盖住样券。龙口石在雕刻的时候，两边都会留下一些凿刻痕迹，等两边的拱券合在一起后，合龙时工匠会完成最后的处理。

在进行放样预置时，应确保完成后的圆弧曲线平滑，没有显著的凹凸。对每一个试件，都要确保它与邻近的试件在外形上匹配，并且接头间距不要过大。另外，券石的表面也不能太粗糙。

（二）配套模具

在发券之前，必须先制作拱券的模具。样券的模具形状为放样前摆出的形状。常庄村所造的木模具大致可分为两类。第一种方法就是在墙壁上放一块板子，然后用砖头或者泥巴做成模子。第二种方法就是"大圆顶"，先在脚手架上搭建一个模子，脚手架从墙的底部开始，一层一层地搭在一起。上面的图案与之前的图案一样。模子做好后，把每一个券石的位置都标出记号。

（三）发券

大的圆拱必须事先做好模具，而小的圆拱则可以不做这一处理。在确认样券放入模具正确无误后，即可按照模具的外形自上而下进行施工。一般情况下，每加一块券石两层之间都要用黏结剂进行加固，直至最后一层完工。最终，能够精确地按照样券的尺寸来放置龙口石块。由于在制作样券以及模具时，龙口石已预留了尺寸，故只需将超过的部分剔除。

（四）完善

对已建造好的拱形，若曲线不够光滑，可使用凿刀现场修正。凿刀力度不可过大，以免产生裂纹和空隙，影响承重能力。外拱石板是建立在底券的基础上，并可在底券的表面雕刻图案和装饰。

四、窗制作流程

（一）选材

常庄村百姓门窗选材有讲究。当地流传着"枣脊榆梁""桃门杏窗"的口诀，这是相对较好的材料。桃木、杏木纹理细致有光泽，并且耐腐，一般需从外地购买，运输费用提升造价。对于普通人家，多选用当地产的椿木、大杨木、槐木，这些木材产量高、经济实惠，不易变形，但是耐腐性较差，并且纹理粗糙。购买木头时，按粗细"论根卖，论把粗"。梁材最细不能小于4把，4把粗的木材，买到手得四五十块钱。门窗用料则可以买细的，价格会更低。

（二）尺度确定

过去门窗没有固定尺寸，一般来说门高是2.6米，这里指的是石头墙洞口。砖墙预留洞口最高高度是2.8米。从基础砌到地面以上开始数，垒三层留门洞，每层高度七八十厘米。门洞口宽度通常是1.3米。窗洞的高度一般是1.6米左右，宽度大约是0.5米。工匠讲究门洞与窗洞的上高在同一水平线上，这与我们现在平面设计讲究对位是一样的，但应用于建筑，应该与计算门窗过梁上方的荷载有关。窗洞底（窗台）一般距地1米。门枕石的宽度一般是23厘米，以便安装门轴和插销。

（三）门窗安装

首先制作窗框，直接做上卯子，装上窗棂，窗户棂和窗户用的一样的木头，大窗户有9个窗棂，小窗户3~5个，最大的窗户13个。窗棂的个数讲究做单不做双，这样留的空隙就是双数。传统的做法都是用纸糊窗户，做法是将纸抹上浆糊粘于窗户的栅格内侧。

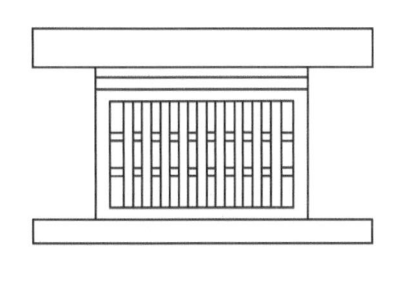

图 4-56 窗户结构图

图 4-57 格栅窗

第五章 民间传说与口述历史

第一节 信仰

　　信仰是人自发的对某个宗教或思想的信奉和敬仰，一个地区的信仰反映了一个地区的思想文化。根据考察到的山东各地修建庙宇的遗存来看，山东地区民间信仰呈现多神论。早在明代，山东各地民众的信仰就呈现出多神现象。多神现象体现出了山东信仰的包容性，这与迁移和吸收外来文化有着重要的关系。不同的地区在信奉神灵上既存在共性又存在特性，山东地区信仰的较为普遍的神有财神、灶王神、玉皇大帝（老天爷）、土地神、关帝。山东不同地区的信仰也存在着差异，比如在山东沿海地区信仰较多的是龙王、妈祖，有山的地区信奉山神，靠近泰山地区人民普遍信仰东岳大帝和泰山老奶奶（碧霞元君）。泰安市东平县接山镇常庄村位于泰安西部，距泰山较远，常庄村居民不信仰泰山老奶奶，但是从现有的寺庙与居民描述来看，常庄村居民在信仰上也是呈多元化的，当地多信仰玉皇大帝、关帝（关公）、土地爷。常庄村信仰的神可以分为两大类，一类是来自神话传说，另一类是历史人物。神话传说型包括财神、灶王爷、土地爷、龙王、妈祖等。历史人物型神指的是历史中一些名人因为做出了贡献，他们去世后，人们把这些历史人物神化，为他们建立宗祠、寺庙供奉，例如孔子、老子、关羽等。在常庄村，最有名的人物数颜回。颜回十三岁入孔门，是孔子的得意弟子，后世尊称其为"复圣"，常庄颜氏后代为其建"家庙"，也称"复圣庙"。

图 5-1 关公庙　　　　　　　　　图 5-2 土地庙神龛

一、祭祀的神灵

（一）泰山文化

泰山石敢当源于古代人的"灵石崇拜"。关于"石敢当"的文字表述，最早见于西汉史游的《急就篇》："师猛虎，石敢当，所不侵，龙未央。"宋代庆历年间，曾在福建莆田县衙发现一块石刻，上刻有"石敢当，镇百鬼，厌灾殃。官吏福，百姓康。风教盛，礼乐张。唐大历五年县令郑押字记"的铭文（宋·王象之《舆地纪胜》）。宋元以后，"石敢当"铭刻之上开始冠以"泰山"二字，成为"泰山石敢当"。与此同时，泰山石敢当信仰习俗在明代逐步扩展，凡民间房宅直冲通衢要道，或其他犯忌，都要在房墙上立一"泰山石敢当"的石碣。这种民间习俗不仅流行于中国的大江南北，而且走出中国，远涉东亚、东南亚及欧美国家广大华人地区，如日本的冲绳县"泰山石敢当"的碑碣随处可见，而且放置的地方也完全与中国相同。另外，在山东地区，还流传"泰山石敢当曾栽植过石榴树"，可附会"榴开百子""榴下子孙"之意。因此，山东大部分地区有在庭院内栽种石榴树的习惯。[1] 常庄村许多宅院的门口或冲街道的墙角处都有"泰山石敢当"字样石碣。

古代帝王的封禅、祭祀将泰山和江山社稷联系在一起，相传黄帝、舜帝登过泰山。秦始皇统一六国的第三年登泰山行登封礼。汉武帝于公元前110年在泰山举行封禅典礼，汉光武帝、唐高宗、唐玄宗、宋真宗都在泰山举行过封禅仪式。宋真宗之后，帝王来泰山只举行祭祀仪式，不再封禅。历代帝王借助泰山的神威巩固自己的统治，抬升了泰山的神圣地位。

（二）民俗信仰

东岳大帝是泰安地区最有名的神，也是道教中的一个重要神，东岳指"泰山"。其源于远古时代的自然崇拜。特别是在汉代时人们相信山上有神仙，泰山无比高大可与"天齐"，被尊崇为可以通天的神山，成为泰山周围东夷族的自然崇拜物。《道教文化面面观》（齐鲁书社1990年版）说："传说东岳大帝为古代盘古氏的后代，称金虹氏，被伏羲氏封为太岁，神农朝赐号府君。"

碧霞元君又称"泰山老奶奶""泰山娘娘"，是道教尊奉的女神。对于碧霞元君的来历传说不一，有传说是泰山神之女，也有传说是玉皇大帝之女，还有传说是石敢当之女，她在家里排行老三，人称"三姑娘"。位于泰山极顶之南的"碧霞祠"修筑于明万历初年，为碧霞元君的祖庭。《临清州志》载："南有泰山碧霞祠，北有临清娘家庙。"祠为二进院落，以照壁、金藏库、南神门、大山门、香亭、大殿为中轴线，两侧为东西神门、钟鼓楼、东西御碑亭、东西配殿。很多地区的人们都认为"泰山老奶奶"是消灾减难、保平安、造福众生的神灵的化身，对其十分敬仰，每逢佳节或者遇见不如意的事情，总会带着香火登泰山祭拜"泰山老奶奶"，祈求庇佑。

---

[1] 马辉.泰安史话[M].北京：方志出版社，2012.

土地神是管理一方土地的神,是民众信仰最为普遍的神灵之一。土地庙在山东农村还普遍存在,土地神的庙宇一般比较矮小,规模也较小,一座小屋的正中会留有神龛,放置土地神的牌位。土地神在道教神系中地位较低,但在民间信仰极为普遍。在民间,土地神的形象多为白发老者,身材较矮、平易近人、慈祥可亲。有些地方土地庙还供奉"土地奶奶",与土地爷共受香火。

关帝的原型是三国时期的武将关羽,作为神灵,又称作"荡魔真君""伏魔大帝",是道教供奉的重要护法天神,在民俗信仰中极为普遍。关帝既是武神,又是财神,具有司命禄、佑科举、治病除灾、驱邪避恶、诛罚叛逆等功能,受到民众的膜拜,并历代受封。[1]关帝信仰在常庄村较为普遍,常庄三村有一处关帝庙,现在还有人在祭拜。当地文庙是指的颜回宗祠,武庙是指关公庙。

常庄村居民不仅信仰各类神,他们对祖先也非常敬仰。过去每家每户在墙壁上留有长方形神龛,放置家里先祖主位,用来上香祭拜,平时用一块布遮挡。这表现了当地居民对于祖先的尊重与敬仰。颜家家族修筑家庙也就是前面所说的复圣庙,同样也说明了对于祖先的尊重与敬仰。汶水一代,三千教子属颜公,颜公指的便是颜回。颜回被尊称为亚圣、复圣公,颜家庙也称为复圣庙。颜家庙里面有条案和神主,主要用来拜神主、祭祀和议事的,里面还有颜回塑像。

过去民众之所以虔诚信奉诸神灵一般出于两个原因:一是对自然界认知有限,遭遇自然灾害时人们没有能力防御、抗衡,只能通过向神灵祈祷保佑的方式来寻求庇护,第二在于获取精神安慰,他们相信神灵会给他们及其子孙带来平安等实际利益。

(三)外来宗教

当地极少数居民信仰耶稣教,耶稣教1896年传入东平。1901年在州城大隅首街路西购地建筑教堂,称"东平教会",又名"福音堂",为教徒进行宗教活动的场所,由牧师宣讲教义,主持宗教活动。"东平教会"属"美以美会山东年议会"管辖。1920年,在鄣城、夏谢、宿城、李所、沙河站、王庄等地增设教堂6处。1936年,全县有教徒870余人。1940年,太平洋战争爆发后,"美以美会"改称"卫理公会"。"东平教会"隶属"基督教华北教团",教徒增加不多。[2]

---

[1] 李沈阳.黄河三角洲民俗信仰调查与研究[M].济南:山东大学出版社.2014.

[2] 东平县地方史志编纂委员会.东平县志[M].济南:山东人民出版社.1989.

第二节 族谱

常庄村现存最多的是颜、赵两姓氏。据颜家族谱记载，颜家最早从济宁曲阜迁居常庄，常庄颜姓有两支：一支在常庄二村，数量占颜家一半多；另一支在藕坑，后迁居到北京颜家胡同。据《赵氏族谱》记载与赵氏二十代孙口述，赵氏最早是河北文安县迁居而来。赵姓随姥娘姓，据说当时赵家第六代被奸臣暗害，举家搬迁。赵家最大的官是第五世出了一个进士，叫赵之才，先当知县，为官清正，爱民如子，受到百姓推荐，连升三级，后又连升两级做了府尹。

一、颜家

颜家族谱一是记载了姓氏起源，过去的居住地、迁徙地历史；二是记录家谱和修谱说明；三是记载家训、碑文和颜家老人写的诗文。颜家多出文人志士。据村里老人说每年正月十五、八月十五和颜回生辰时举行上贡仪式。颜家还有一处用来祭祀和议事的地方是颜家议事大厅。颜家议事大厅属于独栋建筑，在议事大厅西边有一处三间大的瓦屋，议事大厅是四梁八柱结构，门窗有木雕花纹。中华人民共和国成立以后，颜家庙因为地方宽敞先用来当过扫盲教室，后来"文化大革命"时期作为油坊和面粉厂使用，再后来作蜂窝煤厂使用。现存的颜家庙早已经失去了原有的面貌，房顶坍塌，缺门少窗，但是梁柱结构依然完好。颜家后代颜相国说："过去老人们辛勤耕耘积攒了一定的财富，我的老爷爷兄弟两个分家，分为了南北两院。北院是长支，南院是二支。街上南北两院是明朝的富家。从明朝延续至今，老人们辛勤耕耘，但是不置办宅基地，更倾向于买耕地，置办了百多顷地，田地南到西桥，北到林木庄，西到下谢，东到垭山。老一辈人，个个勤奋，慢慢积累，后面人多了，兄弟分家，就形成了现在的建筑规模。"

二、赵家

根据赵氏第20代孙赵明山所述：赵家林有五六百年历史，林里原来栽的杨树，后来栽柏树，据说是因为柏树有气味，可以驱赶穿山甲保护尸体。颜家林在玉皇山的后边，赵家的老林在常庄东北方向。颜、赵两家的林都是道士给看的风水，赵家林地势平坦，赵姓的子弟为人都很厚道，心境平稳，颜家林是在玉皇山的后面的白山前，前边东北边有一片水，水比较急，所以颜姓心境不平和，颜姓人多，而且颜姓来得早。

图 5-3 赵之才画像　　　　　　　　　图 5-4 赵家家谱

图 5-5 圣旨抄录版（1）　　　　　　图 5-6 圣旨抄录版（2）

图 5-5、5-6 为赵氏家族传下来的圣旨抄录版，两道圣旨颁发时间分别为明万历三十四年（1606年）九月二十日和明万历三十四年（1606年）十月二十日，皆颁给赵家第五世祖赵之才（5-4）。赵之才当时任河南兰阳知县，因表现有佳，朝廷连颁两道圣旨晋升封赏他。敕令有告诫的意思，皇帝给官员加官晋爵时，告诫官员要戒骄戒躁，再接再厉，切不可自满。

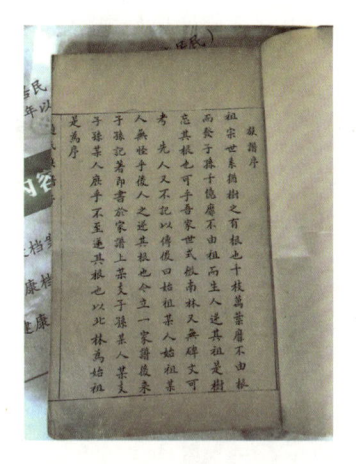

第五章 民间传说与口述历史 | 109

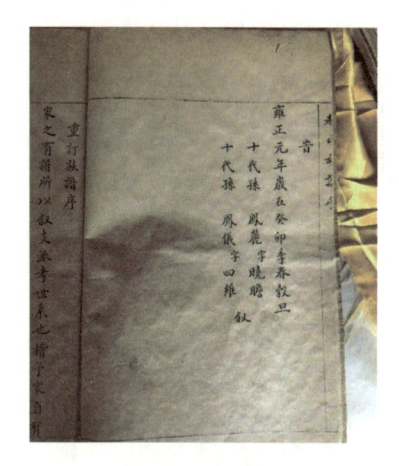

图 5-7 族谱序（1）　　　　　　　　图 5-8 族谱序（2）

图 5-7、5-8 为赵氏族谱开篇，讲述的是族谱的由来。

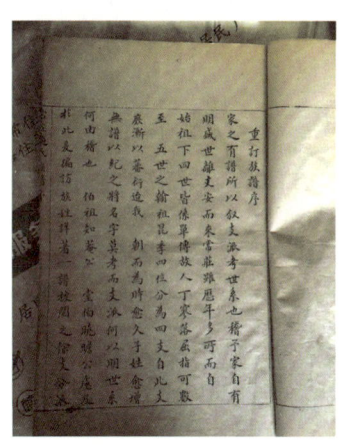

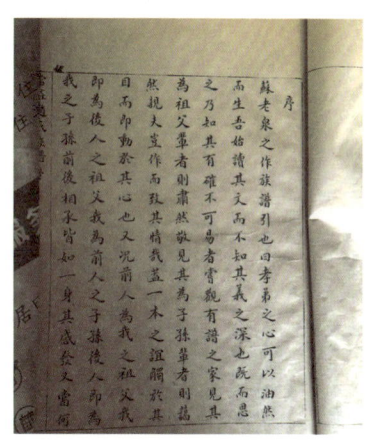

图 5-9 重订族谱序（1）　　　　　　图 5-10 重订族谱序（2）

图 5-9、5-10 讲述了明代时从文安迁至常庄多年，始祖下面四世单传所以人丁少，到了第五世增多，族谱上可查阅其他支派。

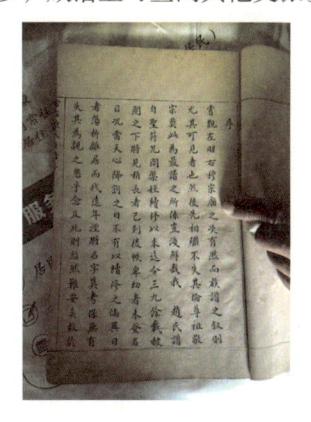

图 5-11 重订族谱序（3）　　　　　　图 5-12 重订族谱序（4）

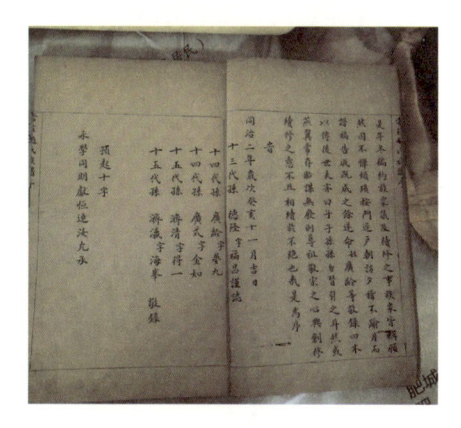

图 5-11、5-12 讲述续族谱缘由，为以后不失尊卑，将未登族谱的卑幼者按门逐户走访续之并为后辈预起十字。图 5-13、5-14 为重修族谱序。

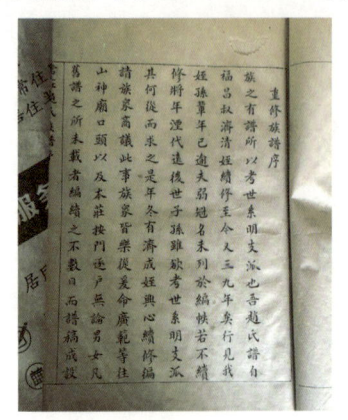

图 5-13 重修族谱序（1）　　　　　　图 5-14 重修族谱序（2）

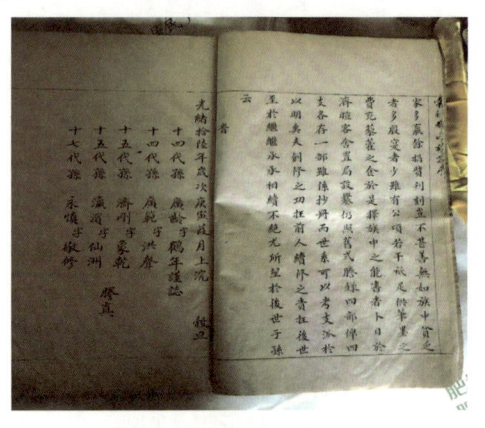

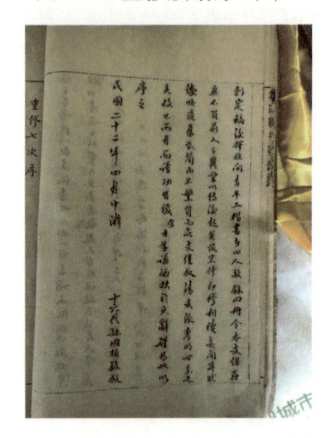

图 5-15 自常庄迁居口头序（1）　　　图 5-16 自常庄迁居口头序（2）

图 5-15、5-16 内容为自常庄迁居口头序。

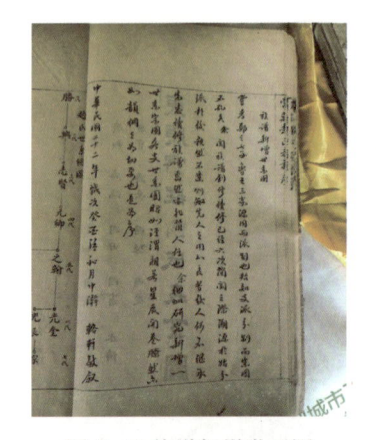

图 5-17 重修七次序　　　　　　　　图 5-18 族谱新增世系图

图 5-17、5-18 讲述赵氏迁居常庄五百余年，家谱创修、续修已经六次。图 5-19、5-20

讲述赵氏族谱分支（分支）。

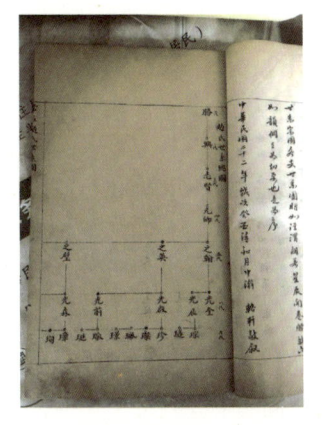

图 5-19 赵家族谱分支（1）　　　　图 5-20 赵家族谱分支（2）

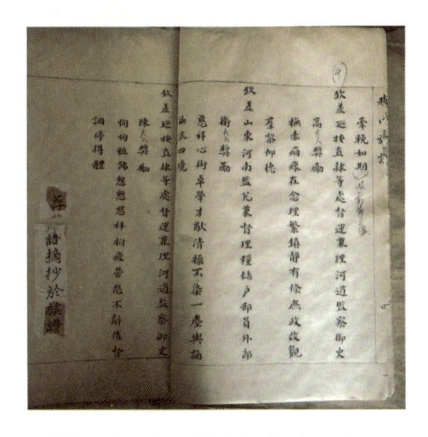

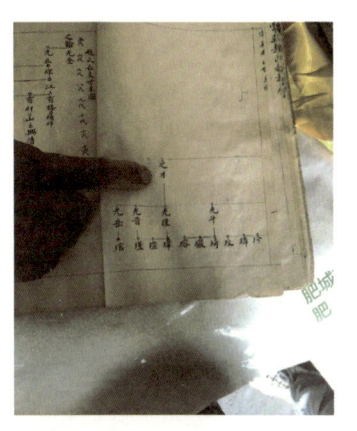

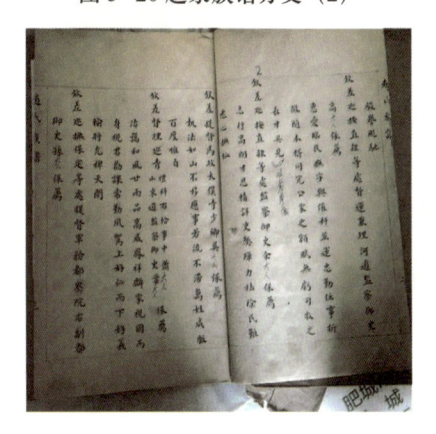

图 5-21 荐举语摘抄于族谱（1）　　图 5-22 荐举语摘抄于族谱（1）

图 5-21、5-22 内容为朝中大臣为赵之才保荐奏折内容。

第三节　民风民俗

民俗文化主要表现在生活习惯、服饰习惯、语言习惯、居住方式、节日习俗、民间礼节等方面。民俗是在民众的风俗生活习惯中形成的一种意识和非物质文化遗产。不同地域由于文化、环境、宗教等差异，形成了不同的民俗文化差异，中国的传统村落正是民俗文化的最大载体和容器。传统村落的民俗文化是在村落机体的形成、建立和演化过程中产生的，体现了人与人之间的关系，所以民俗对建筑空间布局产生了必然影响。

一、营建仪式

民间营建习俗，是通过重要时间和空间的规范行为，以趋利避害为目的的传统民俗仪式。常庄村建房的整个过程以木匠或者石匠为主导进行。常庄村建房过程中主要的营建仪式有选址仪式、锄地基仪式和上梁、上窗仪式，也有获取建筑材料的仪式。在满足老百姓对房屋基本居住功能需求的前提下，通过一些带有辟邪祈福目的的仪式活动，表达房主祈愿建房顺利，家人平安幸福、人丁兴旺、升官发财等。

（一）选址仪式

选址即选择建房的位置。中国人自古讲究风水，建房如同扎根，对选择建房的位置、朝向和高度都十分慎重。人们认为这会影响到个人运势和子孙后代的发展，所以在建房之前都要请风水先生看一看，择吉而居。选址主要包括测方位和择吉日两个部分。常庄村风水先生用罗盘定房子朝向，房子的朝向以坐南朝北为准做偏角，讲究院不冲路、门不冲沟。如果门前有沟或不平整，大门朝向上则可根据地势、地形而定。同时也要全面考虑建筑的实用性，尽量做到通风、采光、视野良好，冬暖夏凉。

（二）锄地基仪式

选好宅基地的下一步是锄地基，上工前要举行祭拜仪式。常庄村锄地基这天要祭祀老天爷。祭祀时在屋中间摆上桌子，桌子上放贡品。贡品一般放鸡、鱼、肉三样，鸡放在东边，鱼放在西边，肉放在中间。不仅贡品位置有讲究，贡品鸡头、鱼头的朝向也有讲究，鸡头鱼头都朝南。摆好贡品后主家要磕四个头，上贡磕头时嘴里默念"求老天爷爷保佑"。另外还有在房屋四角或是进门三步正中埋铜钱的，用来辟邪，这些仪式都是为了建房顺利。这一天盖房的东家要请建筑工人吃饭。这些做法表达了人们希望工程一切顺利，也隐含了对工匠的尊重。仪式在引导和教化人际关系方面起到重要作用。

（三）上梁仪式

梁在房屋建筑中起承重整个屋顶的作用，因此上梁仪式是整个营建过程的大节日。我们经常说的"顶梁柱""挑大梁"都是形容一个人很重要。上梁这一天的仪式也非常讲究。首先要选个"好日子"，在当地"好日子"指的是双数日子；然后要烧香，烧纸，贴字条，在红纸上写上"上梁大吉"，写完贴在梁上面寓意上梁顺利吉祥；之后上贡时屋主人全家都要拜鲁班，给祖师爷磕头；最后梁拉上去以后紧接着放鞭炮。上梁时忌讳有其他人在梁前站着，也不能乱说话。上梁完成后，干活的大小工匠都要坐席，以示功德圆满。

（四）烧窑仪式

大户人家建房烧砖，需要在营建基地不远处选址烧窑。据村民讲，过去常庄村有一处砖窑，烧窑前也有祭祀仪式。祭窑当日会择黄道吉日，装窑时祭窑贡山神，整鸡、整鱼上贡磕头，上贡的鸡得是公鸡。祭窑仪式在轰隆的鞭炮声中开始，封窑门，在窑门前点摆贡品、上香、敬茶、敬酒。砖窑一般不是永久性的，有工程的时候就会搭建，供应完毕就解散。烧砖窑会占用耕地，所使用黏土也会影响农人种庄稼。因此这种临时性的砖窑有利于土地恢复。这也是农业时代的特征，即所有的规则都指向耕种优先。

砍伐获取木材，在常庄村叫"杀树"。仪式上也有讲究，当地居民称"离地三尺有神"，杀树要放鞭炮、上酒、烧纸，希望在劳作过程中顺利、平安。这种朴素的认知实际上体现了农业时代人与自然的紧密性。砍伐木材一定会破坏生态，放鞭炮是用声音吓走小动物，让它们提前离开，以免受到伤害。上酒、烧纸这些仪式实际上是为了拖延时间，给人与自然界一个缓冲。当然，其中也不乏精神安慰，用仪式给予人们生存的力量。

二、室内布置的风俗习惯

中国家具起源于夏商，繁盛于宋元，在明清时期达到顶峰。不同时代、不同区域、不同派别的家具都体现了时代特征和各地的风土人情，蕴含了特殊的人文精神。山东自古以来被称为齐鲁之地，也是我国古代工匠大师鲁班的诞生地。儒家思想、孔孟文化从这里播散和传承，京杭大运河贯穿山东南北，齐鲁之地作为南北水陆交通枢纽，交通便利，经济繁荣，手工业日益壮大。正是在这种背景之下，鲁作家具应运而生，后开始蓬勃发展，并自成一派，其承载了山东的民俗文化。与苏作、京作、广作不同，鲁作家具在选材上并不侧重高档木料，而是多以山东本土的老榆木为主。榆木亦刚亦柔，外形稳重、大气、不张扬，而内在坚韧遒劲。因此，鲁作家具的特点是因材制宜，因材定型，保持原生态特色。山东人在制作家具时，选料粗壮硕大，就像山东人的性格一样，豪爽大气；木料色泽柔亮、纹理自然、厚实稳重，体现了山东尊老爱幼、淳朴厚道、与人为善、包容、顾全大局的民俗精神。常庄最典型的家具是成套八仙桌，基本上每家每户在堂屋的正中都摆放一张八仙桌。一套八仙桌包括两把椅子，八仙桌后面靠墙的地方放一条桌几，这四样家具为一组。过去家中没有茶几，八仙桌就发挥了现在茶几的作用，用来招待客人，八仙桌的左边为一把手、右边为二把手，客人或者家里长辈坐一把手。八仙桌划分的一把手和二把手，表现出来明显的尊卑礼仪。儒家文化对山东的影响不仅表现在人们的思想文化中，同样对家具摆放也产生了一定的影响。鲁作家具深受儒家思想文化的熏陶，展现了沉稳、厚重、敦厚的特点。作为民俗文化的一个载体，鲁作家具具有独特的魅力，不仅反映了山东民俗文化的博大，还传承了中国儒家思想的精髓。

三、齐鲁文化对民居建筑布局的影响

儒家思想讲究长幼有序、尊卑有别。家庭的伦理道德和宗法观念在四合院中有充分体现。四合院"北屋为尊，两厢次之，倒座为宾，杂屋为附"，完全是长幼有序、尊卑有别的道德伦理观念的现实转化。在常庄村住哪间房是有讲究的，上首根据门而定。大门朝东走，东边是上首；大门朝西走，西边是上首。家里的长辈住上首，晚辈住下首。村子里相邻的建筑大都一般高，如果前边的建筑高于后面，在风水上讲就是压到后面的风水。自己家的房子建得太高，别人也不会愿意，必须要盖平。房屋门前讲究拦门水，即自家阳沟里面的水从大门左边流出向右流到大街上，绕过门前。当地有水主财的说法，所以拦门水是象征财富的，拦门水这种现象是普遍存在的。后来由于街道高度发生变化也有少部分住宅门前的水没有绕过大门口，而是直接汇入街道两旁的排水管沟。

四、庭院植物

常庄村宅院里最常见的是石榴树，因为石榴有"子孙繁衍，家族兴旺"等美好寓意。在《泰山文史资料》中也有提到，民间流传"泰山石敢当曾栽植过石榴树"，石榴有"榴开百子""榴下子孙"之意。而且石榴树高度合适不会遮挡阳光，树形美观、开花红艳可供观赏，果实可以食用，所以石榴树是传统民居院落里常栽的植物。由此也可以看出在中国传统文化中，人们十分讲究物的谐音，大多喜欢有美好寓意的植物栽种在院落中及院落周围。除了种植石榴树以外，大多数院子里留有一块空地种些瓜果蔬菜供日常食用。

庭院植物与地域气候、植被类型、文化习俗息息相关。植树禁忌也有，院子前面不种杨树后面不种柳树。常庄村关于院子栽种植物有一句俗语"前不栽杨，后不栽柳，家里不能拍打手"，这句话的意思是院子前面不能栽杨树，院子后面不能栽柳树。杨树叶片在风吹时会误以为人们在拍手，在当地有不安静、不顺的意思。院内不种杨树，可以种梧桐，梧桐树可以用来做茶几，但是梧桐长大后树荫太大，阳光照射不到院子里，需要隔几年就修理枝条。此外，院子里面也不能栽桑树，因"桑"与"丧"同音，在当地老人过世称为丧，因此较为忌讳。桑树树形高大、树叶浓密，形成遮挡，树形观赏性较差，果实甜美容易生虫，因此，尽管桑树是非常好的经济作物，但通常不作为庭院树。

经过累年经验，乡村中的庭院树种相对来说比较固定。选择庭院树种主要考虑不遮挡阳光、树形美观、植株生命力强、开花可观赏、果实可食用、不招虫且抗病虫害能力强、不怕修剪等。随着长期积累，人与植物之间也形成了某种比较固定的关系。所谓植物名字中有文字禁忌的，其真实原因也是由于大部分不符合上述特征，因此流传下来的经验中就会以谚语的形式传播，以免后人误种。

五、禁忌

禁忌一般是指日常生活中，特别是特殊时间或节日中不能做的事情。人们往往认为犯了禁忌会发生不好的事情。禁忌一般分为日常禁忌、营造禁忌、节日禁忌。

（一）日常禁忌

日常生活中，家里来客人一起吃饭时，客人要坐上首，晚辈不能坐上首。吃饭时客人先动筷，晚辈要等客人和长辈动筷后再动筷。家族起名，晚辈不可与先辈用相同的辈字，例如赵家先辈用过"之"字辈，那么赵家"之"字辈的后辈则不能再使用"之"字做辈分。

（二）营造禁忌

在日常建筑营建过程中上梁时，房梁周围除了上梁工人在，梁下不能有妇女和小孩站着，且忌讳有人乱说话。在院落布局中，禁止厕所冲大门。窗框用料有个吉利说法："枣脊榆梁，桃门杏窗。"意思是说房屋大梁用枣木最好，但枣木难以成材，实际上房梁用榆木最多。这样的说法一方面是将木材分类，方便后人辨识，同时也是为了文字整齐，朗朗上口。门用桃木、窗用杏木，其实是告诉人们门窗木材不必用多么贵重的木料。桃木、杏木在山中分布较多，成材快，老的桃木杏木果实会越长越少，要及时砍伐，因此不会太贵重。这些谚语都是指导老百姓如何选择营建用材。除了这些说法，大门还用椿木、槐木、家榆、黄槐、杨木。

院里地面的高度不能低于外面的高度，外面高度高于院子，雨水会倒流入院子里，当地称"倒行水"。大门不能高于偏房也不能低于偏房，必须对上偏房，地平面高度一致。门不能冲磨（白龙，碾是青龙），大门不能冲墙角，不能冲大树；房子不能低于前后建筑也不能高于前后建筑，房子矮的一边总是吃亏。水溜子不能冲屋门，一流水会弄得人家家破人亡。门对门时，门要一样宽、一样高，有大吃小的说法。

营建禁忌主要为了邻里和睦、家族和睦。看上去是禁忌，其实相当于现在的"居住建筑规范"中强制执行的条文。老人说得严重些，年轻人就知道不能触犯。代代相传，维持着熟人社会中人与人之间的和谐。

（三）过年禁忌

过年第一天忌洒扫庭院、倾倒垃圾。初一这天，当地有出门拜年的习俗，各家各户会摆出瓜子和糖果给来串门和拜年的人吃，这一天扔在地上的瓜子皮当天不能打扫。扫地的话会把"财气"扫走、倒掉。初一用完的水也不能乱倒，一般是在第二天早晨出太阳的时候倒掉。

这些不让做的事情构成了人们日常生活中的禁忌，也成为重要的讲究。有了讲究，就有了边界，做事有规矩、做人有底线。空间的禁忌是肉眼可见的界限，而时间的禁忌便成为节日的仪式感。仪式感如同一根绳子上打的节，每年隔一段时间就告知一下，同时也将各种境遇的人们拉回到家庭生活的秩序当中——不管生活有多难，过年过节要与家人团团圆圆、和和睦睦。因此，乡村的习俗，不管是吉祥话还是禁忌语，都是为了让人们的生活充满希望。

第四节　节日习俗、历史与典故

俗话说："百里不同风，千里不同俗。"每个地方有每个地方的习俗。平日的节庆仪式、节日习俗、节日里吃与穿最能体现一个地方人们的思想和对事物的认知。我国传统节日内容丰富多彩，形式多种多样。一个地方传统的节日活动，涵盖了当地人们的信仰文化、祭祀文化、生活文化。中国的传统节日主要有春节、元宵节、龙抬头、清明节、端午节、七夕节、中元节、中秋节、重阳节、冬至、除夕。另外二十四节气在日常生活中也发挥了非常重要的作用，反应自然节律的变化为传统农耕带来极大的便利，人们可以按照节气播种庄稼，其中最为经典的几句谚语为："清明前后种瓜点豆""三月三方瓜葫芦往家担""一伏萝卜二伏菜三伏辣萝卜蛋"。"清明前后种瓜点豆""三月三方瓜葫芦往家担"的意思是天气逐渐转暖，是适合种瓜、种豆的时间；"一伏萝卜二伏菜三伏辣萝卜蛋"的意思是一伏天种萝卜二伏天种白菜，三伏天种萝卜时间就晚了，长出来的萝卜特别辣。这些顺口溜都是人们根据节气编的农耕口诀，对农耕具有指导作用。

一、节日习俗

春节，俗称过年，是一年当中最为隆重的传统节日。过春节前的几天当地称为"忙年"，泰安市东平县常庄村居民腊月二十三就开始忙年，每家每户开始打扫卫生、磨面蒸馒头，扫去一年的灰尘，打扫干净屋子，蒸好馒头过新年。过年的时候当地人都会请老人，所谓"请老人"就是把已经过世的老人的主位拿出来摆放在桌子上。最早的主位是木制的，现在都是用纸板做的折子，一本折子上从前到后的顺序是按照从大到小的辈分来排的。请出来主位或者折子后，在折子前面摆上贡品，贡品有鸡鱼肉等七八种，还要焚香祭拜。请牌位的时间按照当地人的说法是在摸黑请家来，摸黑即天黑的意思，三十（除夕）晚上12点再送走，中间烧香不能停，也有第二天送走的。当地年初一有串门拜年的习俗，初一到别人家里拜年时家里还有摆放老人折子没请走的，去了要先磕头，磕完头再说话，没有摆折子的便不用磕头。

元宵节，是正月十五日，当地也称"灯节"，人们常说过了十五才算过完年，正月十五这天入夜时要悬灯、燃放烟花、爆竹。院子里、门外、室内皆有灯光。每家每户都要提前准备好萝卜灯或者面灯，因为过去没有电灯只能把萝卜挖成小碗的形状，里面倒入油，中间插上一根芦苇条当作灯芯，点燃后放到门口、院里燃一晚；面灯的形式要比萝卜灯的丰富多彩，因为面有可塑性，面灯会按照月份捏成 1~12 个角，代表 1~12 月。有的村或镇还会举办灯会，并有歌舞表演。元宵也是这一天的必备食物，元宵寓意"团团圆圆"。

二月二龙抬头，相传农历二月初二是天上"龙"抬头的日子。二月初二不但是龙抬头的日子,也是百虫出蛰的时候。这其中,蝎子、蜈蚣危害最大,所以民间流传着"二月二,龙抬头,蝎子、蜈蚣都露头"的民谚。这一天开始,蝎子、蜈蚣便经常在山上、院子里、墙壁上出没。当地的房屋都是由石块垒砌的,石缝之中极容易有这些虫子,稍不注意就会被蝎子、蜈蚣咬到。二月二这一天每家每户炒"蝎子爪"吃,"蝎子爪"并不是真的蝎子爪,而指的是黄豆。炒"蝎子爪"有好几种,一种是将黄豆浸泡在盐水中泡好后晾透炒熟;另一种加入糖,把黄豆黏在一起,表示将"蝎子爪"粘起来,蝎子不会到处爬。这一天大人小孩吃"蝎子爪"寓意驱赶毒虫,可以免去一年的叮咬。

清明节又称为"寒食",是扫墓祭祖的日子。儿女要为过世的人烧纸上贡,贡品一般是鸡、鱼、肉三样,也有五样的,都是单数。现在大部分年轻人在清明节这天去烈士陵园扫墓,缅怀烈士。

端午节也称"端阳节",时间是农历五月初五。传说这一天是为纪念爱国诗人屈原,五月五日屈原投江,人们用米包粽子投入江中,让鱼儿吃粽子不要吃屈原。后来人们就有了五月五吃粽子的习俗。这一天妇女和儿童有佩戴荷包和五色线的习俗。

农历七月初七现在也称"七夕"。七夕节来源于我国古老的神话,也就是牛郎与织女的故事。织女本是天上的仙女,与凡人牛郎相恋,玉皇大帝发现后责令两人分开,允许他们每年的七月初七在鹊桥上相见一次。七月初七这一天所有的喜鹊都去为牛郎织女架桥,所以这一天是看不到喜鹊的。现在,七月七日成了年轻人的节日,这一天年轻情侣会互送礼物。

中元节是农历七月十五日。当地也称鬼节,在这一天晚上人们都早早关门熄灯睡觉,传说晚上小鬼会出来逛。

中秋节时间为农历八月十五日。这也是一年中除了春节以外最为隆重的节日之一。过节之前晚辈会给长辈送月饼、水果等吃食,晚上一家人准备好菜肴再摆上一盘月饼吃团圆饭。这一天的月亮又大又圆又亮,饭后一家人坐在院子里赏月,十分惬意。

重阳节时间为农历九月初九。重阳节源于天象崇拜说,过去会在这天祭天、祭祖来感谢天帝、祖先保佑秋收。

农历腊月初八称为腊八节,这一天有喝腊八粥的习俗。腊八粥是将大米、小米、红豆、大枣等食材放进锅里熬粥。腊月八号这天还会腌制一些腊八蒜,以后吃饺子的时候可以拿出来食用。

农历腊月二十三日晚家家户户要辞灶,俗称"小年"。晚上在饭屋里给灶王老爷烧纸上贡,在灶台上放上糖块,小孩子会去别家找糖吃,十分热闹。

二、历史与典故

（一）常庄民间故事

常庄村庄依山而居，村后有一座山，因形似骏马，故名"金马山"。传说很久以前，有人看到此处有金马驹出没，认为这是一座宝山，纷纷迁此居住，春种秋收，安居乐业。这时，从江南来了一个客商，想逮住金马据为己有。后来，金马驹没逮着，连性命也搭上了。但金马驹再也没有回来，因此常山村的风水也被破坏了。

还有一个关于金马山的传说是颜家有个大户叫凤凰嘴，他养了99匹马，99匹马上去后怎么数都是100匹。赵明山先生说：马山在附近来说是独有的一个小山，它有四个特点，它是个圈腿山，也是个横山，还是一个独山，马山与其他山不连接，还是一个断头山。北边有山，南边是平原，所以这个山前面要好一点，出过大户。颜家凤凰嘴，保险楼，窟窿门，北大门，旗杆大门，这都是以前颜家的大户。赵家也有大户，有别楞门。

两山夹一井在常庄村是比较有名的一个地方，"两山"并不是指两座山，是两座山墙的中间夹了一口井。仙人桥，位于颜家南院门前，名字叫作天桥，这座桥赶到露水天桥上没露水的地方像一个仙人在睡觉，所以叫仙人桥。

桃花坑、赵家岭坑、东便门子坑、凤凰嘴坑、窑坑、长尾巴狼坑、三角子坑、胡家林坑（胡家是明朝之前存在）、藕坑。其中最著名的是凤凰嘴坑，站在山上往下看这个地方像鸟嘴，这也是凤凰嘴名字的由来。颜家主要分了两支，一支住在凤凰嘴附近，另一支住在藕坑附近，后来迁到了北京颜家胡同。坑是用来存水的，庄东靠近公路有个桃花坑，因为形状像桃花的五个花瓣所以起名桃花坑。

（二）颜家的故事传说

颜家过去是常庄村的大户，颜家有兄弟八人，称为八大院，保险楼、议事大厅都属于颜家八大院。保险楼在当时非常出名，因为它是一个两层建筑，过去两层的建筑很少见。据说过去保险楼一层门后有一个坑，是专门用来防盗的。颜家议事大厅也是一栋独特的建筑，大厅的主要作用是祭祀和议事。

（三）赵家的故事传说

别楞门和窟窿门是赵家的院落，这两个门在当地也是十分有名气的，现在在村子里面一说大家都知道这两处。关于别楞门，有一个这样的传说：在盖房子的时候赵家大门正对着的人家盖了一个很大的门，因当地建房特别讲究风水，认为与邻居正对门时门口太大会吃门口小的一方，门高的一家会吃掉门口低的一家人的运气。为了自己家风水不被影响，赵家把自己家的大门往旁边一挪，两户大门没有正对，这样在风水上大口就吃不到小口，别楞门的名称也由此而来。

关于窟窿门，有这样一个典故：当时的一家大户，大门被人烧出来了一个大窟窿，被人们称为窟窿门，后来门被补上也镶上了铁皮防止再被烧毁，但是窟窿门这个名字也就这样流传了下来。

第六章 二奇楼村和岈山村

二奇楼村与岈山村均属于泰安市,位于泰山脚下。

第一节 概况

一、二奇楼区位

二奇楼村位于山东省泰安市岱岳区道朗镇。中华人民共和国成立之初,道朗镇曾隶属于泰安市人民政府下辖的第十三区,1955年改名为道朗区,1958年9月改名为道朗红旗人民公社,1985年撤销道朗办事处成立道朗乡,下辖7个管理区,二奇楼村则隶属于高庄管理区。1995年1月道朗乡更名为道朗镇。[1]2014年12月道朗镇在原有管辖区区域划分基础上经适当调整又重新划分了7个社区,二奇楼村亦被纳入高庄社区,为该社区所辖的5个行政村之一,并规划为当地的民俗特色村。[2]

道朗镇总面积达105平方千米,泰肥公路、泰肥一级公路、泰肥铁路于中部东西向贯穿全镇;康王河从东向西,从道朗镇西部向东流入肥城境内;中部的泰肥沿线两侧系山缓平原,适合农作物种植,以小麦、玉米为主;北部山区和南部丘陵地带,林果业比较发达,著名的土特产有金帅苹果、里峪明栗和薄皮核桃等。该地矿产资源较为丰富且分布相对集中,境内西南部偏西青石山区多富藏石灰石,北部、东部偏南沙石山区则多富藏花岗石,盛产水泥、石子等建材产品,故道朗镇素有"建材之乡"的美誉,以矿产资源为依托的第二产业也因此成为该镇收入的主要来源。

该镇所辖二奇楼村平均海拔285米,位于镇西南角,紧靠省道329南侧,距镇政府所在地10千米,距岱岳区政府所在地15千米,向西与肥城市石坞镇接壤,向南与夏张镇相邻。二奇楼村由二奇楼、刘家庄、肖家岭3个自然村组成,村委设在二奇楼村,村主任也由二奇楼自然村的人担任,总面积8000亩(5.3平方千米),共有104户,人口392人,其中二奇楼东西宽610米,南北长450米,总面积0.128平方千米。

二奇楼村岩石遍布,可谓"满目皆石"。二奇楼自然村位于一块较为开阔的由低山、丘陵

---

[1]《道朗镇党史大事记(1938-2003)》,泰安市岱岳区道朗镇政府档案馆,第15至65页。
[2] 泰安市规划院、道朗镇人民政府内部资料,《泰安市岱岳区道朗镇总体规划(2014年—2030年)》,2014年10月。

所环绕的小盆地当中，聚落四周自北顺时针依次分布着北山、小土山、东山、迎青山和凤凰山，村落整体地势东北高、西南低，每逢雨季，山上汇流下来的雨水经由聚落西南的低地由高向低流入下峪。

二、岈山村区位

岈山村位于山东省泰安市肥城市西南28千米，汶水之阳，孙伯镇西北地处肥城、宁阳、汶上、东平四县交界。岈山村共有210户，人口670人，耕地面积2323亩（1.5平方千米），荒山面积7500亩（5平方千米）。

三、气候

二奇楼村与岈山村位于泰安西部地区，降雨量较少，地区较为干旱。该地区属温带大陆性半湿润气候，四季温差较大，夏天炎热多雨，秋季晴和气爽，冬季寒冷干燥。年内7月气温最高，平均气温26.4℃；1月最冷，平均气温-2.6℃。极端最高气温41℃，极端最低气温-27.5℃。降水时空分布不均，季节性强，年际差异大，水旱灾害频繁，其中以旱灾居多。"旱灾面积大，时间长，年均干旱率达22%，春季干旱率为51%，夏季为26%，秋季为19%，冬季为20%，以春旱、夏旱危害最重，并时常会出现连季旱、连年旱的情况。"[1]

四、地形地势

（一）二奇楼村地形地势

二奇楼村地处泰山西麓，属山地丘陵地形，"泰安市岱岳区地层属华北地层区鲁西地层分区，区内地层分布较广。早古生代寒武系和奥陶系地层，呈块状分布于区内"，"境内寒武—奥陶纪地层发育良好，出露较齐全，地层主要分布于道朗—夏张一带……岩石地层单位自下而上分为朱砂洞组、馒头组、张夏组、崮山组、炒米店组、三山子组和马家沟组"。[2] 位于该区的二奇楼村则系大量的张夏组及馒头组厚层灰岩及矽质灰岩裸露于地表，是省内有名的青石山区，此种地质构造使得该村地下水位很深，且水量极小。[3] 同时，石灰岩资源十分丰富，因为裸露地表容易开采加工，便被村民们广泛地应用于日常生活之中，从而造就了二奇楼村这一远近闻名的"石村"景观。可以说，二奇楼村的村民将石头的功能发挥到了极致。铺路、打磨、做碾、凿水槽、修滴水檐、建地下排水道、盖房屋院落……粗犷古拙中又极尽精巧。村落主体位于山间小盆地中，四周群山环绕，中间略低。村落的整体形状像个不规则的三角形，地形起伏较大，房屋依山势而建，错落有致，周边散落着石坞洞古山寨、八卦兵营、神仙沟、九

---

[1] 泰安市泰山区、郊区地方史志编纂委员会.泰安市志[M].济南：齐鲁书社，1996.

[2] 泰安市岱岳区地方史志编纂委员会.泰安市岱岳区志（1985—2013）[M].北京：方志出版社，2016.

[3] 山东省地方史志编纂委员会.山东省志第六卷地质矿产志[M].济南：山东人民出版社，1993.

眼井等遗迹。[1]

(二) 岈山村地形地势

岈山村地势有"三多"的特点：一是山多，山峦起伏，悬崖峭壁，有名的山 21 个，岈山顶高达 500 米，高山峻岭有奇观，有八大景；二是峪多，有名的山峪 31 个，较大的山峪 15 个，胡关峪、老爷哭峪都长达 1000 米，山高深谷；三是沟多，深沟弯曲纵横相接，长达 3000 米。

第二节 二奇楼社会历史情况

一、二奇楼村名发展

在该地方言中，村民们将楼房中的"层"唤作"起"，所以二奇楼村在很长一段时间内被称为"二起楼"。散落于村中的明朝古碑记载："盖谓万物本乎，天人本乎，祖始祖彦自洪武传之十世，敬祖又迁居肥邑石屋庄建茔……邑二奇楼……"这些可能是二奇楼村最早的文字记载，自 2016 年 3 月 8 日起，泰安岱岳区道朗镇"二起楼"正式更名为"二奇楼村"。

图 6-1 村中标志性的"二奇楼"（图片来源：课题组自摄）

---

[1] 袁靖. 基于村落变迁的失地农民身份认同研究 [D]. 济南：山东大学, 2018.

二、二奇楼村落特色产业

据二奇楼村村支书介绍，整个二奇楼行政村占地总面积达 10000 多亩，但 80% 以上为荒山，可耕地仅 1200 余亩，现人均耕地面积约 3.2 亩，其中大都是些零散的旱作山坡耕地。村民收入来源主要为农业收入，主要农作物为玉米、冬小麦、谷子、地瓜等传统耐旱粮食作物和棉花、芝麻、花生等耐旱经济作物。二奇楼村的谷子品质优良，磨出的小米颇受欢迎，现今每斤小米的市场价是 3.5 ~ 4 元，而二奇楼村的小米每斤可卖到 7 元。每当谷子收获的季节便会有不少外来商贩来收购小米，来此自驾游的人也常常买米而归。由于最近十几年来在村居民数量急剧减少，2000 年后村委将土地进行了重新分配。一些在村户口的村民，或因外出打工无暇顾及土地，或因年迈无力耕种，大都以年均每亩 200 元的价格将自家的山地或是耕地承包给了从村里走出去的"外乡人"，家里仅留有少量耕地和小块菜地。近些年来，由于果树等经济作物的收益较为乐观，也有少数村民在传统农作物用地上改种耐旱且容易打理的核桃树，来改善家庭经济状况。但总体看来，二奇楼村经济发展滞后，明显落后于周边各村。[1]

图 6-2 村落风貌（图片来源：课题组自摄）

三、二奇楼村落红色文化

泰安位于济南、兖州之间，据南北交通要塞，境内有山地、丘陵、平原、河流，地形复杂，战时既便于藏物资、疏散人口，又可利用境内四通八达的铁路、公路进行部队调动，历史上曾

---

[1] 李晶. 水的民俗志：一个村落的日常用水与社会生活 [D]. 济南：山东大学，2018.

多次发生过重大军事活动。处于群山环绕之中、地形复杂的二奇楼村，为共产党在抗日战争和解放战争期间发展革命根据地提供了天然屏障。1938年1月1日，日寇侵占泰安城，爱国将士崔子明、张伯华、远静沧等10人成立的"山东西部人民抗敌自卫团"就是在二奇楼村东的盘龙山鹁鸪崖正式组织发动了武装抗日起义，这也是泰西人民打响日寇的第一枪，从此抗日救国斗争便在泰安县轰轰烈烈地展开了。此后的十余年间，二奇楼村一直是泰西地区十分重要的革命驻地之一，拥有重要的战略位置。1942年10月，泰安县独立营政委安春华和副营长李正华带领了两个连的兵力进驻二奇楼村，与周边日军、伪军展开了激烈的战斗。解放战争期间，二奇楼村因地处当时泰安、肥城两县的交界区，是两区军队会合的重要革命据点。因此，二奇楼村在当时也被称为"泰安的'小延安'"。二奇楼村的革命传统也点燃了村中有志青年投身革命的热情。抗日战争和解放战争期间，二奇楼村曾涌现出多位杰出的革命工作者。其中，村民肖允祥的父亲肖思奎年轻时就曾是共产党地下交通员，他在执行任务时被国民党还乡团无情地杀害，壮烈牺牲。中华人民共和国成立后，二奇楼的村民依旧保持着坚定的革命信念和艰苦奋斗的生活作风。在抗美援朝运动中，二奇楼村先后有24名青年参加了志愿军，且无一人战死，全部生还。自1950年起，村民就积极响应国家关于水土保持的相关政策，截至1957年，二奇楼村民"共开挖树坑77万，动土石千多万方，植树造林，改变了生产、生活条件"。是年，国务院为二奇楼村颁发了"中央水土保持委员会"奖励锦旗，当时整个山东省仅有两村获得此项荣誉。二奇楼村植树造林为公社争了光，为此还被道朗公社奖励了一台拖拉机，用于保障生产。时至今日，二奇楼村的61名常住居民当中仍有23位党员，占在村总人数的38%。中华人民共和国成立后，二奇楼村作为革命老区，山区贫穷缺水的状况一直未被在此驻扎过的老革命者们遗忘，他们心系二奇楼村群众，积极协助支援村里的找水抗旱工作，20世纪60年代，村里修建的大型蓄水池和建设的跨公社引水工程也在很大程度上得益于国家对革命老区的照顾。至今，村民在谈起二奇楼村的革命传统时仍洋溢着一股自豪感。[1]

第三节 岈山村社会历史情况

一、村庄历史

岈山村坐落于泰山西麓，汶河之阳，孙伯镇北部，属于典型的鲁中西部山村。境内多山，岈山、大顶山（舍姑顶）耸立在东、北两个方向，西、南也是连贯的小丘陵，海拔略低，形成了一个东北高、西南低、四面环山的小盆地，村庄即坐落于盆地的中心。自然风貌属于典型的

---

[1] 李晶. 水的民俗志：一个村落的日常用水与社会生活[D]. 济南：山东大学, 2018.

山村特点，山峦、沟壑、梯田、村落和谐共存的地貌。

全村以村内饮水池塘为中心展开，大体成东西长、南北窄的纺锤形格局。村内主路三条，东西走向，在东西村口合为一条，原有寨门把守，现仍存有遗迹；南北则以小巷互通，短且窄，基本不留出入口。民居依托地势而建，呈现自东往西递次下降的态势，呈现"东高西低、长街短巷、依山傍水"之布局。

据《张氏族谱》记载：元末明初时期，张氏为躲避战乱来此建村，遂有人烟。此后靳（后改姓张）、李、朱、王、陈、谢、夏、周等姓也来此居住，开垦田地，生齿日繁。因村东岈山主峰为附近一带最高山峰，遂取名"岈山村"。

岈山村在元末明初时建村，元代时隶属东平路泰安州，明代时归济南府泰安州管辖，清代时归山东布政使司泰安府泰安县西南乡管辖，1949年中华人民共和国成立后划归肥城县。

图6-3 村内饮水池塘（图片来源：课题组自摄）

图 6-4 岈山村整体风貌（图片来源：课题组自摄）

二、岈山村红色历史与传统建筑

（一）红色历史

1939 年春天，155 师东进支队在岈山修整，代师长陈光、政治部副主任肖华曾在岈山村李现珠家居住 40 余天，指导了岈山村党组织的建设、群众运动的开展。

岈山是抗日战争陆房突围战中的主战场，115 师东进支队 686 团利用岈山制高点阻击日军，给予日军重创。岈山村村民在党组织的带领下，组织民兵参战，1939 年 5 月 11 日晚掩护 115 师机关及陈光、肖华等干部自岈山小路向西突围至东平县无盐村。三天后本村村民李现景、李现才两人冒险将马匹护送至东平无盐村部队驻地，此事见载于《中共肥城地方史》。

（二）传统建筑

村内传统建筑众多，有庙宇两处（关帝庙、三圣堂）、清代药铺 1 处（德泰昌）、旧时地主宅院 1 处（李家大院），以及众多的传统乡土四合院。

1、关帝庙

关帝庙建于清康熙年间，位于岈山村当中，南北街北首，东西街路北，坐北朝南，独庙一间。此庙用石料、土、木构筑，单脊黑色布瓦顶，东西长 3.5 米，南北宽 4.6 米，进深 2.6 米。庙门两边左右墙上各有 0.5 米见方的石窗，庙门外石 80 厘米宽有前出厦，左墙镶嵌石碑一块，高 1 米，宽 0.5 米，上面石刻"万古流芳"四个较大的字，以下是碑文内容和捐款人的名。"文化大革命"时碑文人名被破坏，字迹模糊不清。因年久失修，现仅存屋脊前后往下 2 米左右的黑色瓦，其他部分破陋不堪。

图 6-5 关帝庙现状（课题组自摄）

2、三圣堂庙

三圣堂庙位于岈山村西路北，清光绪十七年（1891）建筑。三圣堂庙宇东西长 19.8 米，南北宽 13 米，计 257.4 平方米。有正殿三圣堂，东西长 4.5 米，南北宽 4.2 米，进深 3 米，高 3.6 米，砖石土木结构，二大椽，石栓子，方砖铺顶，平顶，周围有 60 厘米高的黑砖栏墙。门上方有石碑一块，长 90 厘米，宽 4.5 厘米，上刻"永垂不朽"四个大字，以下是碑文内容和建庙捐款人名和钱数。因多年来对石碑保护不当，所以碑座和碑帽已不存在，碑身破碎，字迹模糊不清，庙宇的其他建筑都已不存在。现在的三圣堂屋内白灰泥墙，屋顶水泥修复。

第七章 泰安典型院落实录

第一节 概况

在对泰安的传统村落走访调查中，选取了风格较为鲜明、保存较为完整的四个村落进行研究，分别为泰安市岱岳区道朗镇二奇楼村、泰安市肥城市岈山村、泰安市肥城市五埠村、泰安市东平县朝阳庄村。其中二奇楼村保留了较为完整的村落风貌，但由于人口外迁，村中大部分院落空置，没有后期维护，部分院落出于居住需求对屋顶进行了修缮，草屋顶形式消失，改为瓦屋顶形式，村落东部地区屋顶坍塌严重。岈山村相对二奇楼村保存较好，部分院落改造屋顶，加上了蓝色塑钢的雨棚，整体结构保存完整。五埠村虽已进行改造，但村内还有大量老工匠居住，所以以采访为主。朝阳庄村现已成为空村，村民集体搬迁到了山下的新村中，朝阳庄村整体建筑风貌、建筑结构保留，所有门窗缺失。在选择测绘点过程中我们抽取较为完整且风貌保存较好的院落进行测绘，以达到记录村落最原始风貌的目的。

一、样本选择

二奇楼村村落面积较小，且居民对房屋改造较少，整体风貌保存较为完整。院落以村中大坑为中心区域向四周辐射，依山势而建。村落中心区域保存较为完好，村落东部建筑破坏较为严重且无人居住。选点上中心大坑为村落原有公共区域，存在高差，以此为中心选取周边保存较好的三号院和四号院。村落最具标志性的二奇楼保存完整。在对村落进行走访之后发现屋顶形式、院落布局及石材加工工艺上都有细微的差异，所以要对不同类型的房屋进行全面的选点。本次二奇楼村测绘任务共选取 7 个典型院落，涵盖二奇楼村的新旧区域，以及村落中心公共区域和村落标志性建筑二奇楼。

岈山村距二奇楼村 36 千米，岈山村相对于二奇楼村村落规模更大，村中建筑类型相对于二奇楼村更多，有庙宇及主席台等公共建筑。岈山村新老建筑区域划分明显，沿村中主路两侧为新建民居，老民居集中在村落北侧区域及东南区域，部分民居年久失修。相对于二奇楼，岈山村民居有更为丰富的装饰纹样，有丰富的石窗类型。房屋建筑大多为石、土、木结构，屋顶为平屯顶形式，屋檐和构造略有差异。本次测绘选取包括四合院、三合院以及有二层房屋结构的具有代表性等五个院落，材料上包括纯石制，土坯及石制混合。

朝阳庄村由于现村民搬迁，成为空村，所以只选取了最完整且具代表性的一个四合院进行了测绘工作。

选点时，首先要判断院落是否典型，具有当地民居建筑特色；其次需要注意院落的完整性，完整的院落更能表达传统民居内的等级制度；最后在测绘过程中要辨别民居建筑的原有部分和改造部分，尽量记录民居建筑的原有风貌。

二、总图

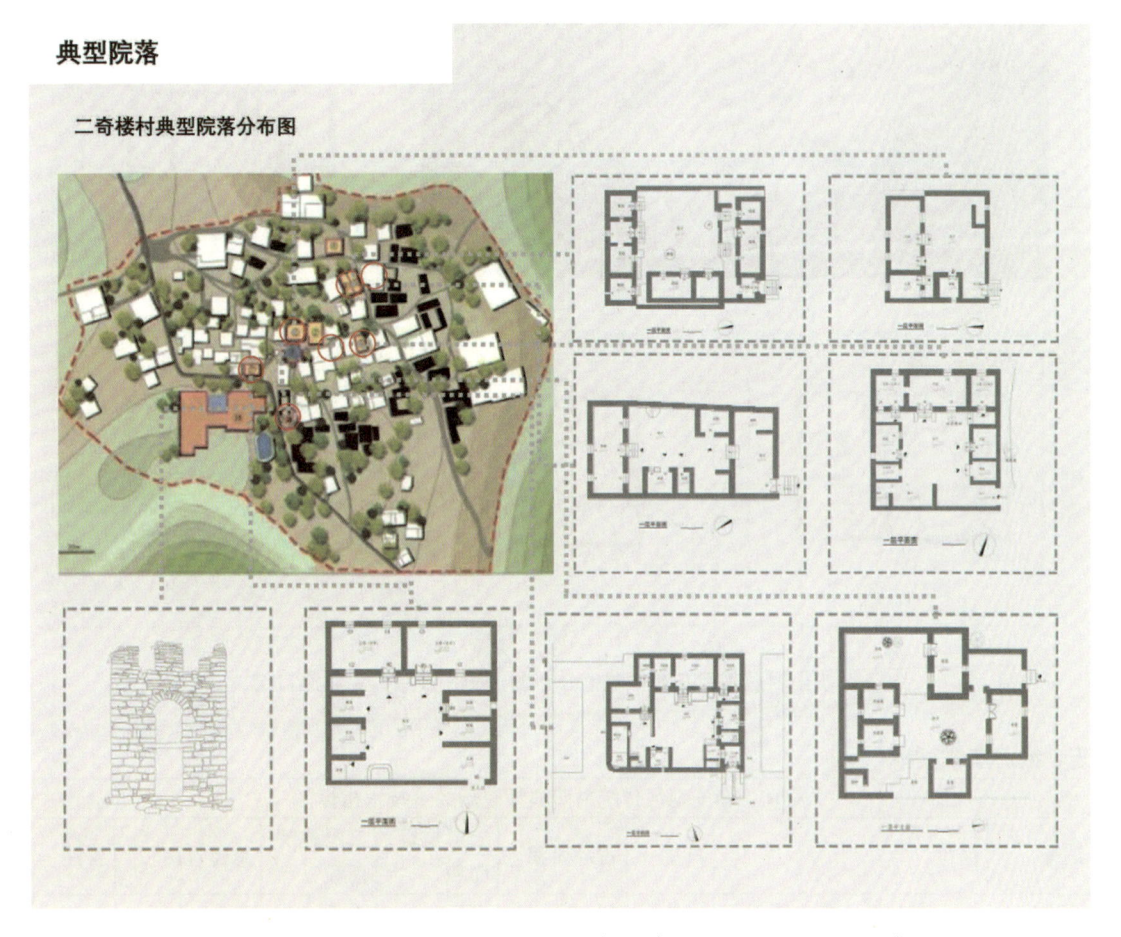

图 7-1 二奇楼村总平面及典型院落分布图（图片来源：课题组自绘）

典型院落

岈山村典型院落分布图

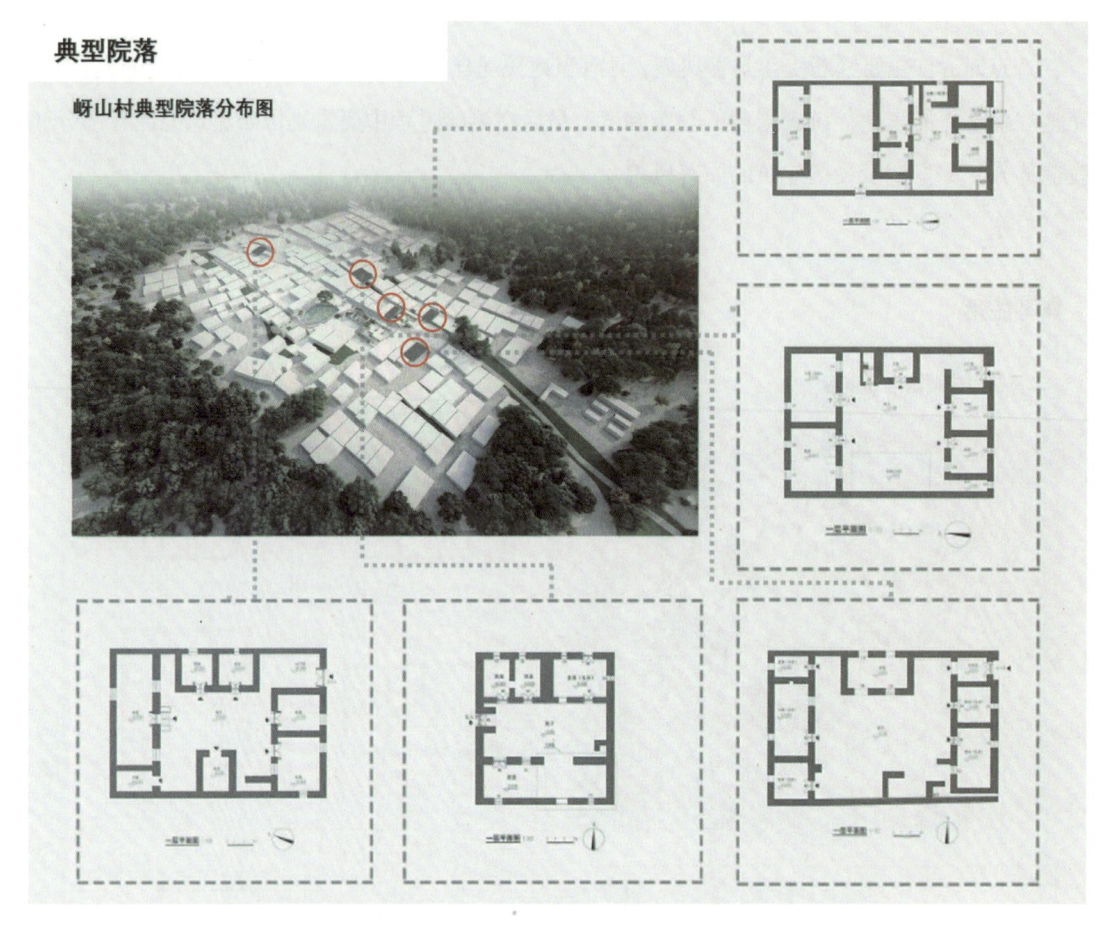

图 7-2 岈山村总平面及典型院落分布图（图片来源：课题组自绘）

三、经济技术指标

表 10 泰安地区传统村落典型院落经济技术指标

编号	区位	户主	占地面积	一层建筑面积	二层建筑面积	总建筑面积	备注
八宝房	泰安市东平县接山镇朝阳庄旧村岔路口向西南方向100米处	未知	505.6 ㎡	221.4 ㎡	无	221.4 ㎡	
二奇楼村1号院	泰安市岱岳区二奇楼村沿停车场东边的道路向东200米，路北侧	未知	304.5 ㎡	142.8 ㎡	无	142.8 ㎡	
二奇楼村2号院	泰安市岱岳区二奇楼村村中主路路北，面朝四清池	肖思栓	209.4 ㎡	120.8 ㎡	无	120.8 ㎡	
二奇楼村3号院	泰安市岱岳区二奇楼村，村中大坑北边，西侧院子	肖思敏	265.6 ㎡	154.2 ㎡	无	154.2 ㎡	
二奇楼村4号院	泰安市岱岳区二奇楼村，村中大坑北边，中部院子，与3号院相隔一条巷道	未知	146.3 ㎡	74.8 ㎡	无	74.8 ㎡	

续表

二奇楼村5号院	泰安市岱岳区二奇楼村,村中大坑沿主路向东行50米	王氏	274.3 ㎡	98.8 ㎡	无	98.8 ㎡
二奇楼村6号院	泰安市岱岳区二奇楼村东北部,沿停车场进村路线行至道路东头,北拐50米	肖允喜	203.5 ㎡	119.4 ㎡	无	119.4 ㎡
二奇楼村7号院	泰安市岱岳区二奇楼村沿停车场进村路线行至道路东头,位于6号院南方	未知	200.6 ㎡	75.2 ㎡	无	75.2 ㎡
岈山村1号院	村落入口处	刘振东	309.5 ㎡	145.7 ㎡	无	145.7 ㎡
岈山村2号院	村落入口处,沿西南道路,向西行50米	张士臣	285.7 ㎡	145.7 ㎡	无	145.7 ㎡
岈山村3号院	村中庙堂向西行100米	未知	162.7 ㎡	150.3 ㎡	59.2 ㎡	150.3 ㎡
岈山村4号院	进村入口处向南行50米	未知	250.0 ㎡	166.1 ㎡	无	166.1 ㎡
岈山村5号院	村落西门,沿中间道路行50米	未知	274.2 ㎡	185.5 ㎡	无	185.5 ㎡

第二节　经典案例

一、泰安市东平县接山镇朝阳庄八宝院

（一）院落选址

八宝院位于泰安市东平县接山镇朝阳庄村内。朝阳庄村位于接山镇西北部，汶河北岸，东平县与肥城市的交界处，村子三面环山，现村民已集体搬迁至山下朝阳庄新村。旧村院落形制和建筑结构保存较为完整，门窗缺失。八宝院位于朝阳庄旧村西南侧，沿村口凉亭前岔路口向西南前进100米，在道路北侧。

八宝院院落坐北朝南，面积约400平方米，院落墙厚5～5.50米。八宝院形制为四合院，四个房屋之间各有一定的间距，故院落的四个角落有一定的空间可做他用。主入口位于院落的东南角，院落的西南角为敞棚，院落的西北角为耳房，院落的东北角为粮仓。院落的北屋为住房，为三开间，中间带有一隔墙，前后有门，可以通往后院。北屋最高，前门有七阶楼梯台阶，北屋南面开有两个窗户。西屋高度仅次北屋，高度高于东屋，西屋为三开间，门前有四阶台阶，功能据推测为储物，西屋与敞篷相连。东屋为三开间，功能为厨屋，门前带有两阶台阶。南屋为三开间，高度最低。

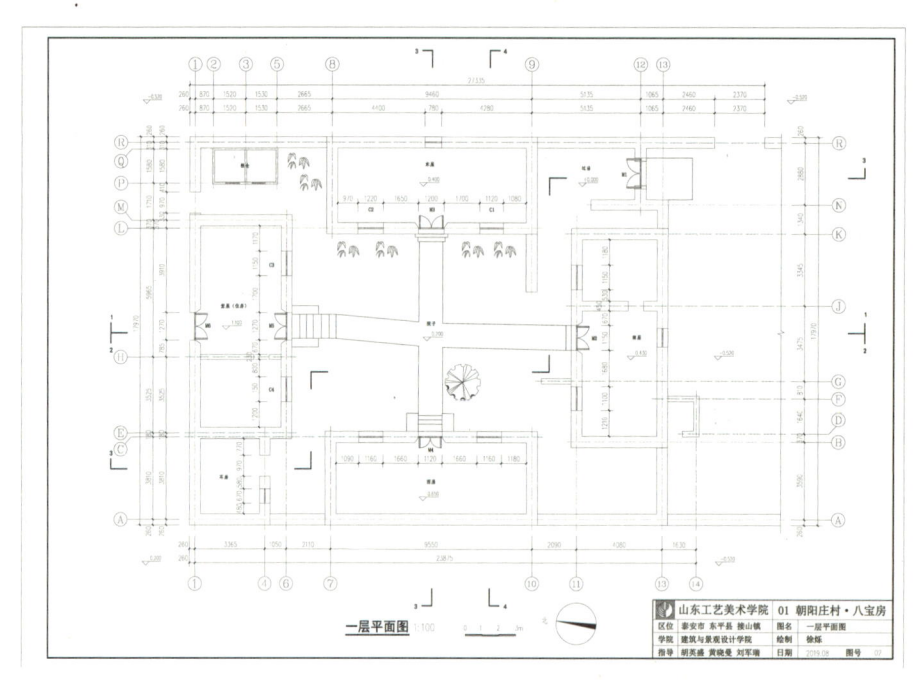

图 7-3 八宝房一层平面图（图片来源：课题组自绘）

（二）房屋结构

八宝院院落房屋以石结构与木结构结合，屋顶为平屯顶，房屋梁架带有一定的弯曲程度，故都采用"二梁子"的形式。以北屋梁架为例，梁架含有一根大梁，大梁中部含有一根通顶的中柱，两边有两根倾斜的"二梁子"，构成一个三角形的稳定结构。这种是一种向"大叉手"梁架过渡的形式。

图 7-4 八宝房主屋二梁结构（图片来源：课题组自摄）

屋顶结构首先为梁、檩。檩条间距等分，檩条上为夯土，夯土厚度为 100～200 毫米。夯土上面为一层砾石层，砾石层厚 100 毫米左右。屋顶带有弧度，屋顶下有探出的檐板，出檐 200～300 毫米，没有"水溜子"的结构。

（三）房屋构造

八宝院墙体为石墙形式，石墙外围为平整加工过的石块，石块的规格较小且石材长短不一，外层石块儿称为面子石，北屋与西屋外皮石材加工工艺比较规整。东屋由不规则的石块儿垒砌而成，石墙内部为碎的碴石头加刺猬泥填充，称为里子。满墙石根据材料而定，可有可无，如果没有满墙石，外皮和里子需要咬合。墙上带有架眼，是在石墙上搭脚手架用的孔。

（四）院落环境

八宝院依山势而建，院落四角落差较大。院内绿植以竹子和杨树为主。

二、泰安市岱岳区道朗镇二奇楼村

二奇楼村，隶属于山东省泰安市岱岳区道朗镇。地处泰山西麓岱岳区与肥城市交界处，距京福、京沪高速入口10千米，泰肥一级路从村口穿过，北与西孙村、东与高庄村接壤，南与肥城市荣华村、西与肥城市张袁村相邻。2018年12月，住房城乡建设部会同文化和旅游部、国家文物局、财政部、自然资源部、农业农村部在各省（区、市）推荐基础上，经专家委员会审查，拟将二奇楼村列入第五批中国传统村落名录。2019年6月，泰安市二奇楼村正式列入第五批中国传统村落名录。

（一）二奇楼村1号院

1. 房屋历史

据村民介绍，二奇楼1号院原为当地地主家所有，在村中属大户人家，现无人居住。

2. 院落选址

1号院位于二奇楼村的东北部，沿着村口停车场向东的山路一直向上方可到达。1号院紧邻5号院，为山地地形，院落前后有较大的高差，占地面积大约300平方米（图1）。

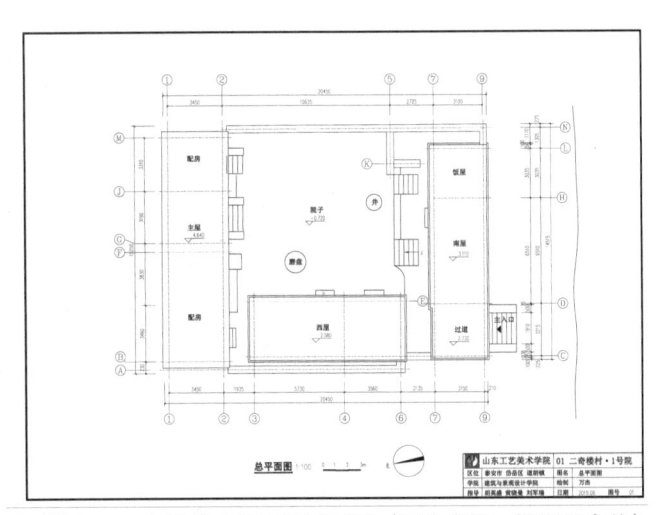

图7-5 二奇楼村1号院总平面图（图片来源：课题组自绘）

3. 院落形制

1号院为二奇楼村整体保存尚完整的民居，院落由主屋、东屋、西屋、南屋、饭屋围合而成。院落内主屋和院落都有着较高的地基，地形自北向南呈梯形。主屋两侧偏房基本对称，门前皆有五层台阶通向院子。大门设在院落的西南角，南屋东侧夹道内设有厕所，位于东南角，此处为院内最低处。主屋为两开间，中间夯土并格栅墙作隔断，西屋为两间，开间和进深基本相似。除主屋和西屋，其余皆为一开间。从功能设置上，主屋、配房、西屋均为住房，东南角厕所旁小南屋为饭屋，厕所前有石头垒砌的猪圈一处。主屋门前西侧设有香台一处（图7-6），用于逢年过节祭祀。香台前有磨盘一个，体现了当时屋主的财富地位。院子的东南角有一处水窖（图7-7）。由于二奇楼位于山区，整个村子极其缺水，村民多以水窖储水用于平日生活。

图7-6 院内香台

图7-7 院内水窖

4. 房屋构造

①屋顶构造：1号院建筑破损严重，主屋、配屋、西屋的屋顶全部坍塌，仅南屋和大门保存完整。主屋应是后期经屋主修缮为瓦屋顶，但是由于长期无人居住，目前也已破损严重。主屋梁架为叉手式结构（图7-8），区别于其他建筑平屋顶。其他建筑为二奇楼村独具特色的"三高两低"、剖面呈"W"状的屋面构造。

图7-8 房屋大叉手结构（图片来源：课题组自摄）

1号院屋檐的前后高度基本相同，主屋屋檐明显高于两侧配房。1号院为传统梁架结构，屋顶建构层次由下至上为梁、木檩、土层、砾石层。檐板下设有水溜子，用于排水。1号院的水溜子分直的和弯的两种,外立面、主屋和西屋为直水溜子,其余则为弯的,弯曲造型的水溜子在造型和工艺方面相对直的来说更加复杂。

②墙体垒砌:二奇楼村地处山区,石材多取材于附近山上,以青石为主。外立面石材多规整,整体墙面没有上下大小石材的区分,大小、厚度相差不大。在垒砌时切忌石头对缝,即不能上一行石头整齐地压住下一行石头缝,目的是使墙体更加稳定。门窗洞口都设有完整较长的条石,防止压坏门窗。

③门窗构造:1号院门窗多数破损,仅主屋门和大门保存完整,且都为双开门,大门规格更高。门扇由纵向木板用铁钉固定,背面用横木加固,并安装门轴与门闩。门正面中间安装铁环,门板安装铁链,铁链穿过铁链上锁,用于防盗。窗户目前仅西屋保存完整,窗户为较为常见的窗的形式,窗棂为木制长条,上下木制长条穿过窗户,间距相当。

图 7-9 院落大门(图片来源:课题组自摄) 　　图 7-10 院落窗户(图片来源:课题组自摄)

5. 其他

主屋内东墙上设有神龛一处(图 7-11),用于放置屋主祖辈的牌位,墙体掏空,洞口用宽约 40 毫米的木制边框加固。

6. 建筑装饰

1号院大门口楼梯两侧设有踏灰石和迎风石,当时在村中只有家境富裕的人家才会使用这种大块的石材。大门腰

图 7-11 院落神龛(图片来源:课题组自摄)

枕石和水溜子上錾刻有斜纹，其他无过多装饰。

7. 院落环境

院落前后高差较大，院内台阶较多。主屋西侧窗户下设有香台，香台前有一口磨盘，院子西南角有一处水窖。大门东侧有一棵槐树，院内无植物配置及地面铺装。

（二）二奇楼村3号院

图 7-12 3号院南立面、西立面

1. 院落背景

3号院屋主是肖思敏。肖思敏的爷爷辈有兄弟六人，在家庭人数到达58口人时，因矛盾过多不和谐决定分家。肖思敏的大爷爷是教书老师，在家族中较有威望，他将房屋集中起来进行分配。3号院先是分给了肖思敏的三爷爷，又因其膝下无子，肖思敏出继给他，3号院因此成为肖思敏宅院。3号院是在老宅子基础上改建的。

2. 选址

3号院位于村中池塘北面偏西的方向，建筑与池塘之间是一条东西贯通的主路。建筑坐北朝南，大门在整个院落的东南向。院落地势高差较大，南低北高，东低西高。院落西侧是南北向的坡道，石阶错落有致，高差极大。院落东侧与院落东侧的建筑形成的夹道，南北的高差较小且十分缓和。

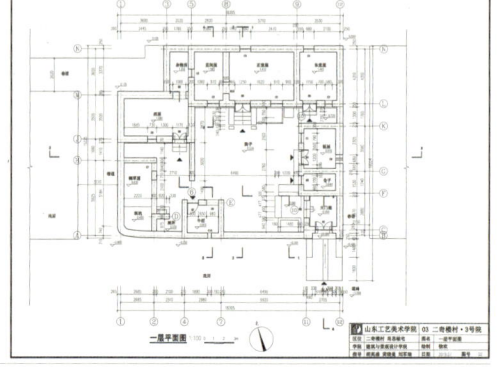

图 7-13 二奇楼村3号院一层平面图

3. 建筑形制

此院落大致为正方形布局,是具有明显北方特色的合院民居。与正方形布局不同的是,院落的西南角呈弧形,南面的围墙西侧向北倾斜。

(1)功能分布:在院落的内部,由大门进入,则是过当屋,过当屋西侧有一个拱券门。院落东侧的建筑体由两部分组成,分别是饭屋和仓子,饭屋是两开间,饭屋和仓子是一个整体,南侧与其相接的就是过当屋,这两大部分共同组成院落东侧建筑。北面的建筑单体呈长方形布局,东侧是东堂屋,中间正堂屋,西侧是里间屋。其中正堂屋包含里间屋,共计三个开间。西屋和堂屋的西侧相接,是入口朝南的两开间。西屋入口正对的门洞是通向原始楼梯间的入口。院落在最初建设时,曾考虑在西屋的位置加建二层的空间,后由于各种原因,楼梯间封顶,作杂物房使用。西屋南侧是铡草屋,铡草屋与西屋形成一个夹道。院落西南角是茅房和沤坑。院落南面是牛栏,牛栏借院落南墙作为墙体,在墙体上有方形洞口,用来运输牲畜粪便。

图 7-14 堂屋立面 　　图 7-15 堂屋与饭屋夹道 　　图 7-16 堂屋与饭屋

图 7-17 饭屋与仓子 　　图 7-18 仓子檐口 　　图 7-19 大门底

图 7-20 西屋立面 　　图 7-21 牛栏 　　图 7-22 夹道

(2)空间关系:堂屋和东屋(配房)之间尺度要适宜,距离近了,会导致堂屋的光照时间缩短。

主配之间的距离过大,则会有"父子不顾"的说法,距离为三尺最佳。建筑边缘在一条线上,或者边缘对着门口的边,都是不可以的,至少要错开100毫米。

图7-23 建筑边缘　　　　　图7-24 大门台阶　　　　　图7-25 堂屋台阶

（3）空间尺度：大门的尺寸,以能过棺材为宜。台阶高三寸,宽六寸。这样的台阶在踩踏时,人的感受是舒适的。墙体厚约一尺。

4. 建筑构造

（1）在建筑材料的使用上,运用最多的是石材,建筑的墙体如无特殊情况,均采用青石石材。少部分墙体在修缮加固时,运用了红砖材料。在建筑内部,运用最多的则是木材、秸秆及黄泥。建筑外墙内墙均由石材构成,内外墙之间的缝隙是由碎石加塞黄泥构成。室内墙面抹皮,又称泥屋里子,是用黄泥抹面,表面再泥一层白灰。在木材的选择上,梁使用榆木的,家具使用枣木的,门用桃木,窗用杏木,概述为"枣几榆梁桃门杏窗"。

屋顶结构上,3号院院落有三种形式,分别是堂屋、铡草屋的硬山顶,东侧建筑的起脊顶和西屋及牛栏的平屯顶。

（2）硬山顶建筑的做法主要是大叉手屋架支撑着上部檩条。檩条上是笆箔,是一种秸秆。笆箔上覆盖一层厚度为10厘米左右的称之为"笆箔泥"的黄泥混合物,泥上是白灰层,再往上是错落搭接的红瓦。起脊顶的屋面做法从下往上依次是梁、檩条、笆箔、笆箔泥、白灰层、砾石层。

（3）墙体构造：墙体砌筑工艺当地使用的是干砌,称为"干茬缝"。墙体外表规整的石头,称为面子石,内部不规整的称为里子石,中间填充的碎石及泥称为垫子。3号院的石材来源于旧宅翻新,是旧房拆下来的。

（4）梁架：地方做法的大叉手梁架。屋主对大叉手不同的部位有着自己的称呼：顶天白玉柱、驾海紫金梁。

图 7-26 梁架（图片来源：课题组自摄）

5. 建筑装饰

二奇楼村建筑整体装饰风格简练而朴素，整个村落的建筑是特征十分明显的石头民居。石块错落平铺的巷道、青石围合成的一栋栋院落以及起伏分明的地势，无一不透露出朴素村庄的风貌。3号院的单体民居建筑，装饰较为简练。主要的装饰集中在"腰枕"、门、脊瓦处。雕饰图案主要是錾刻的纹样。院落外墙上随处可见的錾刻纹样，是在石材加工过程中保留下来的纹理。除外立面较多使用錾纹外，在门洞外侧，也会雕刻石材来进行装饰。石材和纹样是一个整体。石材一面呈半圆凸起状，在突起的基础上，斜刻錾纹。石材的另一面，则是方形斜刻纹样。此外，在门枕石朝外的一面，还有竖着的錾刻纹，外部围合双重曲线。

图 7-27 腰枕样式（图片来源：课题组自摄）

6. 院落布置

院落内部栽种的植物种类很多。正堂屋入口西侧种植了石榴树,东侧种植了无花果树,西屋东南角也种植了无花果树。在饭屋西侧,种植了石榴树。铡草屋南面种植了一棵杨树。

图 7-28 院内植物(图片来源:课题组自摄)

7. 室内布置

3 号院正堂屋室内家具种类齐全且布置有序。图为八仙桌、四出头椅子。

7-29 室内家具布置图(图片来源:课题组自摄)

8. 建造习俗：

（1）开工放鞭炮、请瓦匠吃饭。

（2）上梁：杀鸡放火鞭，临上梁的时候放火鞭。贴红纸，红纸上书写：上梁大吉。

（3）完工饭：封顶后吃饭。

（4）门前不栽桑，门后不栽柳。院内不种椿树，不栽松树和柏树。

（5）前墙大不好，是棺材房。

（三）二奇楼村4号院

1. 选址

在二奇楼北侧的村标石碑往东南方向，村内的地形有一定的坡度。位于村中心的大水坑（如图7-30、7-31），早期是村内生活用水的主要来源，四号院的正门正对大水坑，位于水坑的北侧，距大门大约2米，大门朝正南。四号院大致位于村内的中心，与邻近的院子属于一个家族所有。

图7-30 院落周边环境(1)　　图7-31 院落周边环境(2)

图片来源：课题组自摄

2. 形制

四号院属于两合院的形式，东面与邻居房子共用一堵墙，北面有正房和次房。正房是瓦屋，次房是平囤顶（如图7-32、7-33），正房与次房西面是一间房间，与正房之间有半米的廊道，西南角的大门底与西边的饭屋相连，是整个院子的主入口。南面的房间设计以棚为主，比较简陋，在西南角设置了简陋的茅房。院子的空间较大，是饲养家禽以及宠物的主要场所。在地形上，北面的正房是较高的，大门的台阶较高。

图 7-32 4号院主屋及西屋屋顶　　　　　　图 7-33 4号院东南角环境

图片来源：课题组自摄

3. 结构

房屋整体由石头和木头组成，这是受当地材料、交通的限制。

（1）墙体：主要是由附近山坡开采打磨的石头搭建。南面的墙体厚度一般为半米左右，主要有整块的石头交叉搭建石墙承重且砌筑考究，底部是坚固且较为大的石块，由下往上，逐渐减小，更小的石头用于填缝隙。院落外墙较为粗糙（如图 7-34），表面不光滑。房间的承重墙较为光滑平整，这是由于内部温度的需要，缝隙由水泥和土经过合理混合比例混合而成，墙的石头也经过了细致的打磨，西屋的墙体为460毫米，北面的正房的墙体较厚，为560毫米。在墙高的设计中也有所区分，正房的墙高较高，西屋较矮，墙体按需要有高有低。

在正房的墙体中，窗与门中间的上方设置了错眼（如图 7-35）。错眼的主要功能是通风，其内部墙面涂有刺猬泥，目的是防止老鼠、蚊虫的进入。

（2）房屋构造：正屋的房顶为硬山顶，梁架结构（如图 7-36）较为完整，北边正房为三开间，次房的屋顶为平屯顶。房间屋顶由下至上的构造为梁、檩、扁椽、望砖、夯土层、砾石层，其中个别房间不设梁。

图 7-34 院落外墙　　　　　　　　　　　图 7-35 错眼

图片来源：课题组自摄

（3）门口（如图7-37）：二奇楼的建筑较为有特色的地方之一是门口的设计，村里家家户户的门台较高，由几阶台阶组成，这与当地对于地位的说法有关，辈分越高、地位越高、家境越富裕的台阶会多几阶，台阶的两侧设有迎风石以及整块石头做成的平台，迎风石的宽度为450毫米。

（4）门枕石在门洞的设计中起到重要作用，门枕石不仅要美观，还要支撑木门、固定门槛等。门枕石的选石以及打磨工艺要求较高。

图7-36 梁架结构　　　　　图7-37 院落门口

图片来源：课题组自摄

（四）二奇楼村6号院

1. 选址

二奇楼村6号院位于北坡山上，院落面积约为203.45平方米，根据地形选择大门朝向。

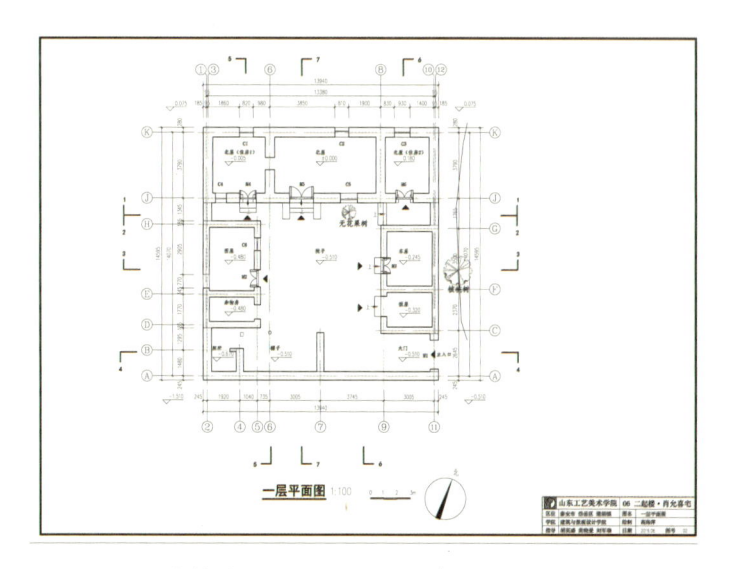

图7-38 二奇楼村6号院一层平面图（图片来源：课题组自绘）

2. 形制

此院落现为三合院形式，房屋错落，北屋最高，其次为东屋、西屋；院落以前只有北屋和东屋，现饭屋以前是大门。院落现由北屋、东屋、饭屋、西屋、杂物房、厕所、棚子所围合而成。（如图7-38），6号院紧邻道路。在功能布局上，北屋为四开间，东屋为单开间，饭屋为单开间，西屋为二开间，杂物房为单开间，厕所位于院子西南侧，厕所旁为后建的棚子，时间有30年左右。东屋与饭屋共用一堵墙（如图7-38），西屋与杂物房共用一堵墙（如图7-38），西屋为后建，不少于10年。

东屋、西屋为拦水屋顶（如图7-39），屋顶四边砌一圈50毫米厚的条石，并在檐口处安置石制水流子，拦水高度为300毫米，屋檐立面显得整齐。东屋与饭屋为稍有一点曲面的屋顶。

3. 构造

墙体：建筑墙体为石头砌筑，此院房屋墙体厚度为560毫米，院墙厚度为490毫米。主屋外墙从下到上为捶打石。

图7-39 院落东屋　　图7-40 北屋梁架　　图7-41 主屋立面

图片来源：课题组自摄

梁架：房屋檩条都是单数，堂屋中间以前是7根檩条，堂屋共3个屋，西长东短。西屋杂物房是9根檩条，东屋与饭屋是7根檩条。东屋与饭屋无梁；北屋房间与西屋为单梁，其中北屋为大叉手，梁架为榆木梁，分为梁、二梁、叉手、站柱（如图7-40）。为了使梁架结构更为稳定，西屋两梁之间有瓜柱作支撑。主屋、西屋、饭屋与大门底檩条为单数，由于檩条不够长，所以在梁处有多根错落。

屋顶结构：北屋屋顶中间有试风旗，证明这是主屋（如图7-41）。屋顶构造层次由下至上为梁头、木檩、扁椽、望砖、沙灰土、砾石层。梁头入墙方式约为墙体厚度的一半。院落西屋经过后期修缮没有完整地保存屋顶原貌，主屋为双层檐板，其他屋子均为单层檐板，其中主屋下层的檐板伸出墙体50毫米，上层檐板伸出墙体150毫米。

北屋与西屋屋顶由下至上为梁、檩、苇箔、夯土、砾石，东屋覆盖一层石板并挑出墙外55毫米，西屋屋顶经补修出檐为70毫米。

图 7-42 院落大门　　　　　　　　图 7-43 北屋窗户

图片来源：课题组自摄

门窗：此院因为改建翻新，现大门设在饭屋旁边，大门由多根木条构成，门口两侧放置两块长方体石头（如图 7-42）。该院落只有北屋还有老式窗户，该窗由多根垂直木条构成（如图 7-43）。门上的磕坛儿做橱子用，放东西，墙高，窗户矮，门窗洞口上方都留有缝隙，当地称之为"气眼"，作用是通气。

4. 院落环境

6 号院因处于北坡山上，东侧西侧没有邻居。东侧有一颗核桃树，在上坡处用石材围合一处菜园；南侧是后建的一处车棚，用来停车放工具；北侧为山。后改建时院子的地面用石材进行铺装，院内北屋客厅窗外有一棵无花果树。

三、泰安市肥城市接山镇岈山村

岈山村分布在山东省泰安市肥城市西南 28 千米处，汶水南面。地处肥城、宁阳、汶上、东平四县交界。岈山村位于岈山脚下，此处山、沟、峪较多，因而得名。村子建于清朝初，最早是周氏家族搬迁至此。岈山村土地肥沃，不容易被洪水侵袭，所以来岈山村的人越来越多，现在岈山村也成了当地的一个历史文明村。

（一）岈山村 1 号院

1. 房屋历史

1 号院据屋主介绍距今已经一百余年，房屋原是两户人家，现已合并成一户。

2. 院落选址

岈山村1号院位于村子东西街东入口处，位于村广场西北角对过约50米，坐北朝南，占地面积约240平方米。

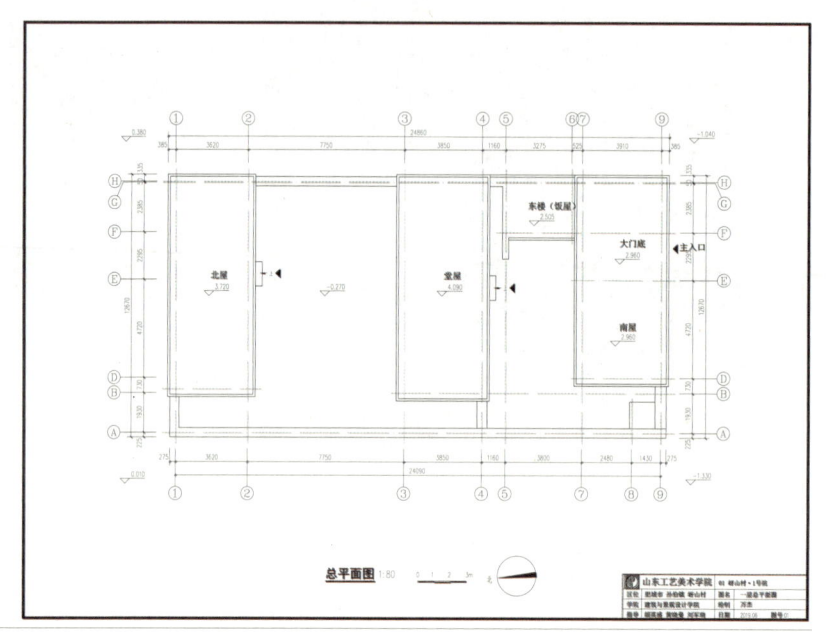

图7-44 岈山村1号院总平面图（图片来源：课题组自绘）

3. 院落形制

1号院经后期修缮目前保存较为完整，整个院落分为前后两院。从功能布局上看，整个院子是由主屋、北屋、南屋、厨房和厕所围合而成的二进院落（图7-44）。前院主屋左侧有一条1430毫米宽的夹道通至后院。前院主屋和后院北屋都为住房，院子相较门前的街道有着较大的高差，门前有着东西方向台阶供人通往院内。功能设置上，主屋和北屋用于住人。由于北屋原为亲戚住处且未经后期修缮，所以屋主及家人集中于主屋进行日常生活和休息，北屋多用于储物。厨房位于前院大门出口右侧，厕所位于院落西南角，阳沟在厕所一侧。后院住房左侧有一敞棚用于放置农具和杂物，敞棚南侧至主屋后墙为圈养牲畜的地方，主要用于喂养鸡等家禽，院子右侧植有葡萄架。北屋原和主屋面积相近，后期在北屋左侧新修杂物间，使得院子整体为长方形（图7-45）。

图 7-45 新修杂物间（图片来源：课题组自摄）

4. 建筑构造

（1）屋顶

院落屋顶保存原始的状态，房屋建筑前后檐高度相同，材质为常见的砂石，四周有两排砖石垒砌高出屋面，屋脊中间高于两侧方便排水，剖面呈"W"状（图7-46）。厕所、敞棚和厨房则是外高内低，檐板伸出墙体约110毫米。屋顶构造由下至上为梁、瓜柱、檩条、苇箔、夯土层、砾石层。堂屋、北屋与南屋都设置有溜子，中间隔有一段距离。溜子穿于屋顶两侧，凸起砾石层之下，低于屋面，可供屋顶排水。一号院的溜子分两种，一种造型为直的，制作上相对简单，另一种为向两侧弯曲的造型，制作上略烦琐。第一种多用于院内，第二种则多用于院落外，因为要避免排水直冲邻居或者马路。敞棚和厨房为外高内低的屋面构造，材质为沙石混合。

图 7-46 院落屋顶　　　　图 7-47 院落内的夯土材质墙

图片来源：课题组自摄

（2）开间

主屋和北屋为三开间。主屋内有墙体隔断，左侧用于主人居住，右侧用作客厅，供平时休息和接纳客人。北屋还保留传统的面貌，其余房屋面积较小，皆为一开间。

（3）墙体

房屋构造材质以石材、夯土和木材为主，石材多取材于附近山顶。院落整体墙体厚度约55厘米，影壁墙体为夯土材质，墙体厚为31厘米（图7-47）。西侧院墙后期修缮过程时改用红砖。

（4）门窗

1号院大门为两开门形式，门扇由6条纵向木板用铁钉固定而成，背面以五根压木横向加固，安装门轴抵住横木，再用两根纵木压住横木，外侧门板装有铁环和铁链。窗户为较为常见的形式，窗棂为木制长条，间距相当（图7-48）。原主屋门窗都已破损，现已安装现代铝合金和玻璃组合材质的窗户，主屋门重新上漆并加固，外侧新装纱门用于遮挡蚊虫。

图7-48 院落东屋窗样式（图片来源：课题组自摄）

5. 改造

主屋原有门窗已破损，所有窗户现已改装成铝合金材质；墙面墙皮脱落，现已用白灰抹平内墙；敞棚、厕所改用现有红砖垒砌，后院右侧铁门取代了原本的木制大门。北屋由于无人居住，外立面窗户现已用砖石封堵，其余未改造。主屋和后院现为水泥地面，后院仅在主屋后留存一小块土地种植青菜等。

6. 院落布置

院内仅一处主屋前至阳沟的地面铺装，多以较大块的石头铺在地面用于院内排水。院内植物主要有石榴树和槐树，槐树位于阳沟左侧，主屋和北屋门右侧各有一棵石榴树，后院靠近西墙的位置有葡萄架。

7. 建筑装饰

1号院建筑装饰较少，立面石材和水溜子有少量细纹，其细纹实则为打制石头时留下的，用錾头工具雕刻。北屋门有造型相对简单的拱券。

（二）岈山村2号院

1. 选址

岈山村2号院院落面积约为210平方米，主房屋在1945年间建立，后期的配房在1965年建立，饭屋1987年建立，南屋1975年建立，大门朝南。

2. 形制

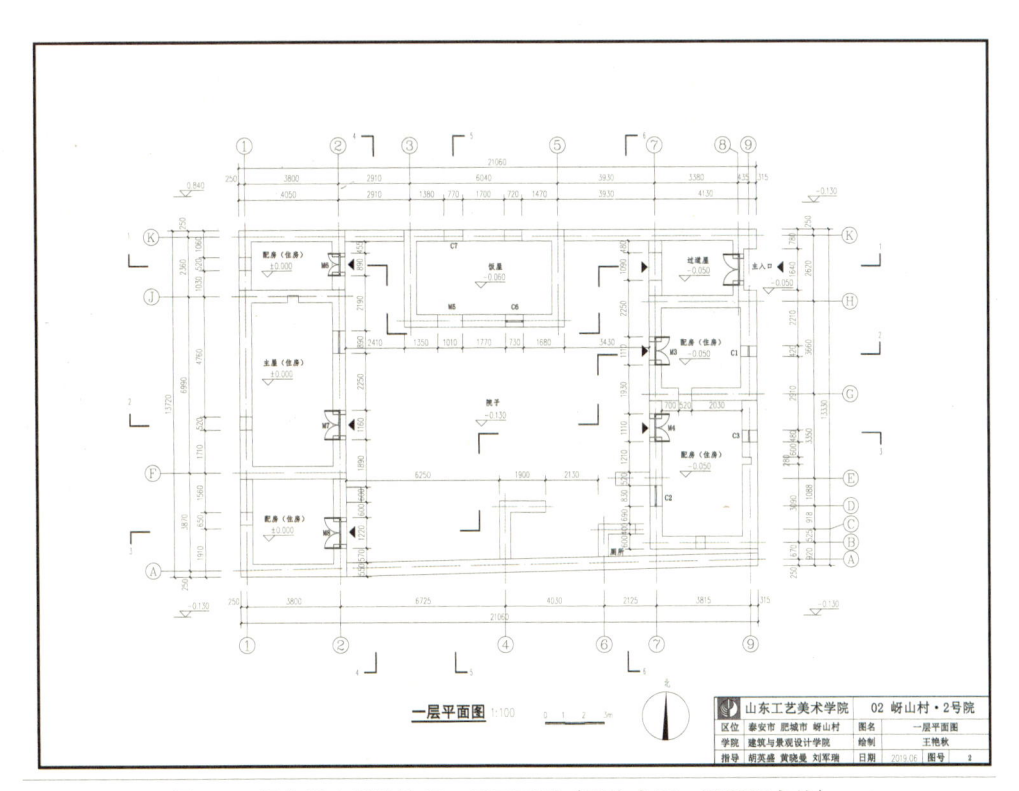

图7-49 岈山村2号院院落一层平面图（图片来源：课题组自绘）

此院落为规矩的三合院（如图7-49），院落东侧紧邻道路。功能布局如下：主屋为两开间，饭屋在院落东侧，西侧有猪圈和茅厕，南配房基本与主房对称，大门与两间配房同在南边一排，院内房屋皆为平顶房，厕所在西南角，避开主屋门口与大门门口，大门口正对饭屋南墙，饭屋的南墙充当了影壁墙的功能。

3. 屋顶结构

岈山村民居有两种屋顶形式，一种为平屋顶，一种为起脊瓦屋顶。平屋顶四边较低，中间出有凸起，方便下水，多用于晾晒粮食。平屋顶主要使用白灰与沙子混合打实做成，其屋檐与墙体立面整齐划一，美观大方（如图7-50）。村落所有的房屋建筑皆是就地取材，主要用料就是当地的石头。

图7-50 院落屋顶图（图片来源：课题组自摄）

4. 构造

（1）墙体：墙体为石头砌筑，厚度为（52~67厘米）。建筑房屋使用比较规整的石头，内墙部分里边填充的是小体积的石块，外墙的比较方正，尺寸也大一些，两者结合构成整个墙体，屋内墙面抹白灰。

（2）梁架：主房与南配房饭屋为单梁（如图7-51），大门底与主房东面配房只有檩条（如图7-52）。为使屋顶起脊，主房梁架与檩条之间设有瓜柱，瓜柱的主要功能是抬起檩条，方便屋面起顶。由于形状不规则又要统一梁架架起屋脊高度，所以采用垫入瓜柱找齐。梁头穿入墙体约20厘米，梁柱下边一般不设置门窗，防止让人产生梁头压身的感觉。主屋、饭屋、南配房檩条为单数，檩条上层使用苇箔（如图7-53）。

图7-51 主房梁架　　　　图7-52 南配房梁架　　　　图7-53 饭屋梁架

（3）屋面：主屋由下至上为梁、檩、苇箔、夯土、砾石。其中苇箔层由高粱杆编制，夯土层为麦秸与土加水和成，砾石层为白灰与碎石子和成，房屋内部没有吊顶，梁架裸露在外（如图7-54）。

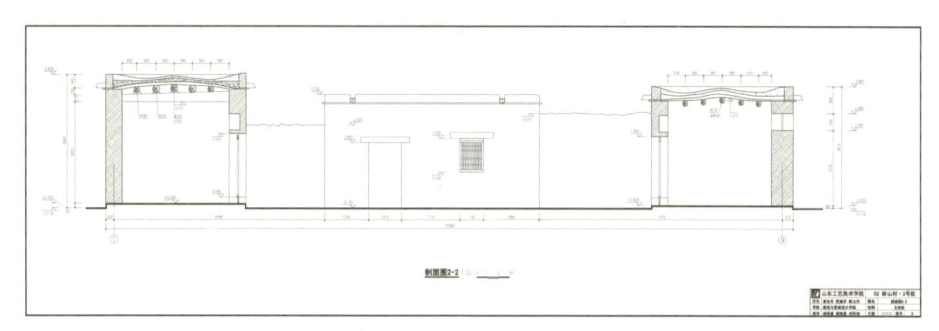

图7-54 屋面做法图（图片来源：课题组自绘）

（4）檐口：各家房屋的屋高基本相似，不会高出别家房屋很多，看房屋高度以檐板处为准。房屋的前檐与后檐一样高。檐板与石板基本在同一个高度。檐板搭在墙体半墙以上，屋檐上面的一段墙体叫作拦水（如图7-55）。

图7-55 拦水（图片来源：课题组自摄）

主屋、饭屋墙体上方檐口覆盖一层石板,出墙外 80 毫米。此院主屋、饭屋与大门檐口下方设有不定间距且尺寸大致相同的小洞口,称为"架眼"。墙体的错眼儿是当时扎架子的时候留下的,冬天可以堵上,夏天也可以用来通风。

(5)门:2 号院的门较为简单,大门、主房一排的西配房和南配房都是木质的双开门。主房门洞上方的条石雕刻有錾纹,两侧条石内侧也刻有錾纹。门框上方有半圆形的磕坛儿,可以减轻墙体给门框的负担,也可以放置家里的杂物(如图 7-56)。饭屋的窗户之前应该是门洞,后来堵改为窗。

图 7-56 磕坛儿(图片来源:课题组自摄)

(6)窗:窗户有 4 根穿条、9 根窗棂。东墙为两个窗洞,南配房的后墙上大部分都是上窗下洞,两者之间相隔 100 毫米左右(如图 7-57)。

图 7-57 窗样式（图片来源：课题组自摄）

（7）台阶：此院门转石为长方形条石，表面上有圆柱形凹槽，用来容纳门轴，门轴卡在上槛与门转石凹槽内（如图 7-58）。主房和南配房门洞都有门踩石（如图 7-59），上有一凹槽，防止雨水倒灌；门口台阶两边的水平石头为门台子。大门过木石厚度 15 厘米，可承载门上方负荷，内侧有长方形洞口（如图 7-60），进深半尺左右，可放置杂物；门窗洞口上方都留有缝隙，当地称之为"燕路"，既可以让燕子飞进房屋内部做窝，又可通风（如图 7-61）。

图 7-58 门转石    图 7-59 门踩石

图 7-60 大门上方洞口　　　　　　　　　　　图 7-61 窗洞

（8）水溜子：一般一间房屋一个，水溜子分为直流出水和弯转出水两种（如图 7-62）。

图 7-62 水溜子（图片来源：课题组自摄）

（9）立面：主屋立面石头较为规整，外墙的建造石头较次，但垒砌规整，墙体的石头缝隙中填有小石块儿。开采的石头不规整，有缝隙，因此用小块石头找平，同时显现出建筑做工精细。拦水石使用的石头尺寸较为统一，而且表面有规整的錾纹。

5. 材料

建房以石材为主，屋顶除了木质的檩条梁架之外，上方使用苇箔（用高粱秆或者小麦秆做成），屋面使用白灰。

6. 装饰

2号院带有装饰性的是主屋门洞上方的条石和门洞两侧的石头，即使是主房上的装饰也是简单的錾头雕刻的錾纹。其雕刻方法与石头加工相同，先在石头表面用墨斗打线或划线，再用錾头、手锤敲制雕刻。因为民居建筑主要追求实用性，所以民间的手工匠人都是在务实的基础上进行创作，作品一般简单质朴，反映人们的精神追求，寄托人们对美好生活的向往。（如图7-63、图7-64）

图 7-63 门条石錾纹　　　　　　　　图 7-64 门洞内侧錾纹

图片来源：课题组自摄

7. 环境

2号院东、西、南侧皆为别家院落，北面为健身活动广场，东侧与邻里之间隔着一条道路，整体地形北高南低。院内种植植物较多，院子东北侧有一棵梧桐树，西北侧紧贴着西墙有一棵枣树，枣树旁边往南是梧桐树，主房门口皆种有山楂树。（如图7-65）院内香台在门口西侧，饭屋东墙作为东墙，西面除了猪圈和茅厕之外还有一片6平方米左右的菜园。

图 7-65 院落环境图（图片来源：课题组自摄）

（三）岈山村 3 号院

1. 选址

村中庙宇朝向南面，庙宇前有一条东西道路，岈山 3 号院位于庙宇的东部，在东西路的路北。院落朝向南面，大门位于院落的西面，整体面积约 159 平方米。院落现已无人居住，南屋部分倒塌。院落南面为东西主干道，东西各有两条夹道，院落北面现与另一院落相连。

2. 形制

3 号院院落为矩形，整个院落有南北两屋，平行分布，主入口在院落西面，茅坑在南屋东北角。南屋在沿街立面上有一个入口，入口门上条石断裂导致墙上石材散落。入口东面有一个窗口（已被石材填充），西面在檐板下还有一形制较小的窗口。南屋现有一半房体倒塌，根据倒塌的梁架结构推测南屋为三开间，东面两开间与西面开间之间有一道隔墙，根据现有墙上情况以及现存的炉灶推测南屋的西面两个开间作为饭屋。北屋为四开间，北屋东面两个开间为两层楼，二层为两开间，共六个窗口，西侧有门，通向东侧两开间的屋顶，屋顶结构为带有一定弧度的拦水墙形式。

房屋尺寸一般净里是八尺，满外一丈。1 米为 1.85 老尺，1 尺为 54 厘米，墙厚通常为一尺。

3. 结构

北屋与二层房屋为石结构与木结构梁架，南屋西侧两开间为夯土结构，上面带有拦水墙和水溜子。北屋石头加工工艺较为精细，石材上带有花纹装饰。南屋为碎石垒砌，院墙为碎石垒砌跟夯土相结合的方式。3号院院落屋顶都为拦水墙的形式，屋顶四周有一圈屋檐。屋檐要倾斜放置，更利于排水，在檐口位置装有排水使用的溜子，可以在下雨的时候有效地防止雨水流到墙上，溜子一般放置在梁头，可以稍微错位，但是要错开门窗。屋顶带有一定的弧度，这样既使屋顶较为平整，也利于排水。

4. 构造：

（1）墙体：3号院墙体分为夯土和石墙两种形式。以北屋为例，石墙外围为大块平整加工过的石块儿，称为外皮；石墙内部为碎的碴石头加刺猬泥填充，称为里子。满墙石根据材料而定，可有可无，如果没有满墙石，外皮和里子需要咬合。墙上带有架眼，是在石墙上搭脚手架用的孔。

（2）梁架：岈山村3号院，北屋西侧两个开间共用一个梁架，东侧两个开间共用一个梁架，东侧二层为单梁。南屋西侧两开间共有两个梁架，倒塌处有一个梁。南屋梁架由于木材两头大小不同，梁檩之间有垫木作为支撑。

（3）屋面：由下至上为梁、檩、苇箔、夯土、砾石，其中苇箔层由芦苇编制，夯土层为刺猬泥，刺猬泥由麦秸与土加水和成，砾石层为白灰与碎石子和成，且夯土层厚于砾石层。

（4）檐口：檐板嵌入墙体半尺，探出墙体100毫米左右。檐板跟溜子的上面齐平，在苇箔高度之下。檐板为顺利流水，倾斜放置，斜度20%～30%。岈山村3号院北屋和南屋都为双流水，即房屋前后都有溜子。檐板之下有通风使用的错眼，错眼内有苇箔编成的网，主要作用是防止老鼠进入屋内。

（5）门窗：3号院大门由七条竖向的木板排列而成，背后由五条横向木条和两条较长的竖向木条固定。门的正面有两个金属锁扣，反面安装门闩以及转轴。北屋现存三个屋门，屋门条石上方有方形的洞口"磕坛儿"，进深半尺左右，可以存放物品。条石的抗压能力强但抗剪与抗拉能力差，磕坛儿可以减轻条石的压力，防止条石被压断。

窗框的厚度为50毫米，窗棂穿条宽度为35毫米，厚度为4毫米，居窗棂中放置，一般两条。北屋二层上的窗户没有窗棂，为两块木板，背面三条横向木条，两条竖向木条做固定，背后有窗闩，可以随意开合。门窗上方有通风用的错眼，可以防止门窗框被压变形。

（6）材料：建房所用的石材开采于周边山上，石材分为里子石与面子石。笆箔由苇子与高粱秆扎成把子组成。门通常使用桃木，因为桃木辟邪。窗子的材料一般使用杏木，当地称为杏眼。恋子床是指使用椿木制作的木床，木床全部使用椿木。梁通常使用榆木、槐木、笨杨木，榆木为最好的做梁材质。做檩条最好的材质为杨木和槐木。

（四）岈山村4号院

1. 选址：

村中庙宇朝向南面，庙宇前有一东西道路，岈山4号院位于庙宇的西部，在东西路的路北。整个院落坐东北朝西南，大门位于院落的东南面，院落是房主弟弟与弟妹居住。院落整体面积约为247平方米。

2. 形制：

此院落为矩形四合院，前后一般长。功能布局上，主屋为三开间，堂屋位于院落北面，西屋为一开间。院落东面为饭屋和配屋，饭屋两开间，配屋一开间，配屋下有一储水台。主入口位于院落东南，饭屋南墙上镶嵌有矩形石碑，石碑上方有条石，南墙上方有两个檐口，具有通风的作用。过道北面有拱形门。饭屋和配屋是相连的，在檐板上方有两个方向相对的有弧度的搁漏子（如图7-66）。屋顶会起到晒粮食的作用。南屋檐板上方的搁漏子是直的（如图7-67）。不管是直的搁漏子还是弯的搁漏都用于排水。

图7-66 饭屋　　　　　　　　　　图7-67 院落环境图

3. 结构：

院落建筑多是石结构，也有夯土结构以及木结构。该院的台基部位都使用石材，如台阶、角柱石、柱顶石等构件。堂屋外墙是由石材搭建而成。檐板下面的石头大小不一，而门窗上的条石以及檐板上面的石头都是大小均等而且摆放整齐。堂屋与配屋之间有一个过道，听屋主说，这个过道以前是做饭用的，现在用来放柴火。配屋与饭屋台基部分使用石头构件，但是台基以上用夯土层覆盖一层，起到坚固作用的同时也能保暖。

4. 构造：

（1）墙体：3号院墙体分为夯土和石墙两种形式，堂屋外墙为大块平整加工过的石块，称为外皮。而配屋与饭屋石墙内部为碎的碴石头加刺猬泥填充，称为里子。满墙石根据材料而定，可有可无，如果没有满墙石，外皮和里子需要咬合。墙上带有架眼，是在石墙上搭脚手架用的孔。

（2）梁架：崅山村3号院，南侧两个开间共用一个梁架，东侧两个开间共用一个梁架。堂屋两开间共有一个梁架，饭屋与配屋屋梁架由于木材两头大小不同梁檩之间有垫木作为支撑，檩条采用扣榫的形式搭接。

（3）屋面：由下至上为梁、檩、苇箔、夯土、砾石，其中苇箔层由芦苇编制。夯土层为刺猬泥（刺猬泥由麦秸与土加水和成），砾石层为白灰与碎石子和成，两层都为10厘米左右且夯土层厚于砾石层。

（4）檐口：檐板嵌入墙体半尺，探出墙体100毫米左右。檐板跟溜子的上面齐平，在苇箔高度之下。为顺利流水，檐板倾斜放置，斜度20%～30%。南屋与堂屋都有错眼，位置在檐板之下，有通风的作用。

（5）门窗：过当上的拱形门条石是由竖向的石头堆砌，墙体用夯土层围上，配屋与饭屋没有窗，饭屋门上有正方形通风口。堂屋的两扇窗户是推拉式的玻璃窗，左右两扇窗户大小一样，窗条石堆砌整齐统一。

5. 装饰：

入口处饭屋的影壁墙上嵌有长约620毫米、宽约700毫米的石刻，左右刻有花纹，中间写有"迓福迎祥"四个字，有辟邪的作用，因为面向大门也有吉祥的寓意（如图7-68）。

图7-68 院落影壁墙（1）（图片来源：课题组自摄）

在大门西侧的檐板上有搁漏子,呈蝴蝶状。搁漏子正面刻有线型的纹样,长短均等,多边形上刻有大圆套小圆的圆圈纹(如图7-69)。

图7-69 院落影壁墙(2)(图片来源:课题组自摄)

图7-70 院落影壁墙(3)(图片来源:课题组自摄)

大门的门条石刻有花纹,花纹分成7部分。中间5部分为正方形,正方形中间嵌有菱形,四角都刻有斜形的条纹,充满了整个正方形。5个菱形连接在一起,左右部分刻有大小均等的条纹(如图7-70)。

堂屋的门条石上也刻花纹,也分为7个部分。不同的是中间5个部分刻有字,中心自上而下排列"吉祥"二字,左右四部分是"生产发家",有发财致富的寓意(图7-71)。

图7-71 堂屋门上石　　图7-72 主入口东侧石敢当
图片来源:课题组自摄

在大门东侧的墙上嵌有长方形的石刻。石刻上凹进一个箭头的形状，在箭头上刻有"泰山石敢当"五个字，剩下的空余处都填满了花纹（图7-72）。

（五）岈山村5号院

1. 选址

岈山村5号院位于东侧村入口处，距离村委200米左右，距离东广场50米左右。院落面积为274.21平方米，根据地形选择大门朝向。

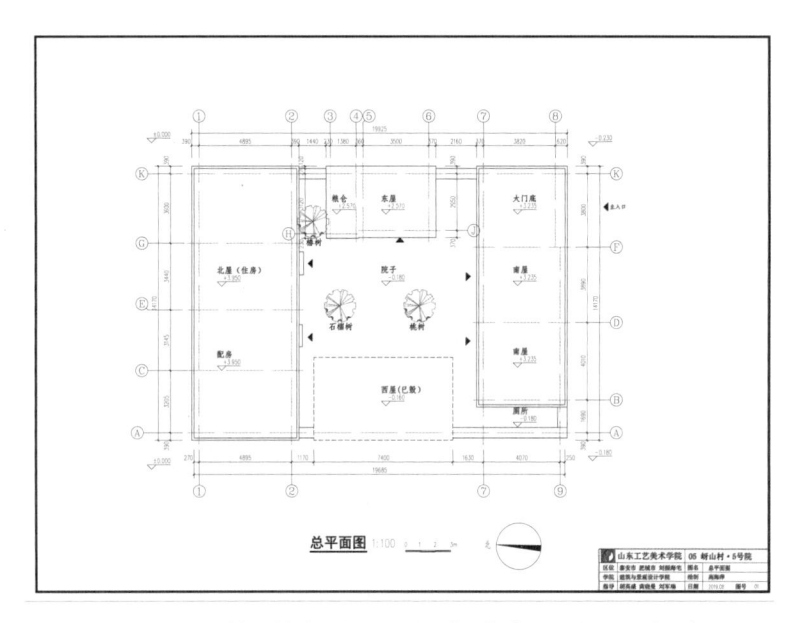

图7-73 岈山村5号院一层平面图（图片来源：课题组自绘）

2. 形制

院落有50多年的历史，以前为四合院，现为三合院，西屋大约在3年前已坍塌。院落现由北屋、配房、粮仓、东屋、大门、南屋、厕所围合而成。东屋与粮仓为后建，大约建于40年前。功能布局上，北屋为四开间，东屋为二开间，粮仓为单开间，南屋为三开间，厕所位于西南侧。东屋与粮仓共用一堵墙（如图7-73），西屋与大门底共用一堵墙（如图7-74）。北屋、南屋与大门底为拦水屋顶（如图7-75），屋顶四边砌一圈40毫米厚的条石，并在檐口处安置石制水流子，北屋拦水高度为340毫米，南屋拦水高度为360毫米，屋檐立面显得整齐。东屋与粮仓为稍有一点弧度的平顶（如图7-76）。

北屋为主，南屋为副，老人住北屋，年轻人住副屋（即南屋），小孩住西屋。现南屋与配房用来存放杂物，东屋用来做饭。粮仓主入口在下方，上方是窗户。下方的入口比上方窗户小，长度为520毫米，宽度为570毫米。

图 7-74 院落粮仓 　　　　图 7-75 挡水屋顶 　　　　如图 7-76 东屋屋顶

图片来源：课题组自摄

3. 构造

（1）屋面：北屋、配房与南屋、大门的屋顶构造相同，屋面四周高中间低（如图 7-75），屋顶四边砌一圈 50 毫米厚的条石，并在檐口处安置石制水流子，檐板伸出墙体 120 毫米。屋面构造从上至下分别是砾石层、夯土层、望砖、檩条及梁。东屋屋顶因为漏水，老人将屋顶上做了彩钢房顶。

（2）墙体：整体建筑以石头为主要材料砌筑而成，北屋、配房与院墙的墙体厚度为 540 毫米，东屋、大门底、南屋墙体厚度为 500 毫米，外立面为捶打石，规整美观，里面则为乱碴石，在室内抹灰；为了防止雨水对墙面冲刷，粮仓的墙体厚度为 220 毫米，墙体为土坯墙，粮仓东屋与粮仓为后建，现有 40 多年的历史。由于粮仓开窗较小，围护结构较为封闭，冬季保暖效果十分显著，适用于存放粮食。

（3）梁架：北屋有 2 根梁，梁下有墙支撑（如图五）。檩条数为单数，北屋、配房、粮仓为 7 根檩条，东屋、大门为 5 根檩条。配房一边有椽条，是因为小石板宽度不够，另一边为大石板宽度足够。

图 7-77 梁下支撑墙体（图片来源：课题组自摄）

（4）门、窗构造：双开门形式，大门正面安装挂锁，由扣鼻、锁和一个金属环构成，

左侧门板固定相同的金属环，右侧由两个金属环串成锁链，锁链穿过金属环便可上锁（如图7-78）。背面以五根压木横向加固，并安装门轴与门闩。背面门上方有不规则半圆形洞口，进深640毫米，高为500毫米（如图7-79），当地称其为"磕坛儿"。

北屋与配房所用为老式窗户（如图7-80），由十一根垂直木条和两根横木条构成窗棂，窗户洞口上方都留有缝隙，当地称之为"睁眼"，既可防止过木石压住门窗框又可通风。

图7-78 大门 　　图7-79 磕坛儿 　　图7-80 窗户

图片来源：课题组自摄

4. 装饰

主入口大门与主屋窗户上方条石都是手工捶打的菱形纹样（如图7-81、图7-82），门与窗两旁是立石结构，而大门的立石靠近门的里侧有竖向纹样（如图7-38）。

图7-81 门上菱形纹样 　　图7-82 窗上菱形纹样 　　图7-83 大门内侧纹样

图片来源：课题组自摄

5. 环境

院落门前为东西走向道路，北侧有邻家，西屋坍塌，院内石板铺装，院子中心有两块菜地，里面分别种有石榴树与桃树。北屋与粮仓中间种有一棵椿树。

6. 习俗

院内不能种桑树、松树、柏树。结婚时，接新娘的队伍不走回头路。

结 语

泰山对于中国人来说是神圣、包容和安全的代名词。走遍中国的大江南北，泰山压顶、稳如泰山的说法妇孺皆知。落于实物，泰山石始终是最能安抚人心的物品。为了住得安稳，建筑构件亦不乏泰山相关命名。生活在泰山脚下的百姓，靠山吃山。他们的祖先在此定居繁衍，运用智慧开枝散叶，为泰山的文化所滋养，他们的生命力也同样滋养着泰山文化。

我们的研究与探索从建筑开始，向文化的细微处蔓延。空间的秩序就是人类社会的秩序。一个村落中的民风民俗、宗教信仰、生产生活，往往构成了空间的氛围。我们通过时代、地域中特殊的氛围所依附的事物来理解村落和村落中的房屋。因此，研究的范畴也并非现象本身，而是现象中的现象。现象来自观闻，落于思考。民间的故事传说，如同田前屋后的花草，既带着泥土的芬芳，也带着局限性的魅力。通过村民的口述，神仙精灵也讲着地方口音，让人忍俊不禁。正是这种局限把想象力框定在某种文化氛围中，体现地域的特性。

泰山文化的影响力，不是来自神秘感，而是来自大气磅礴的稳重。泰山文化的魅力引发着一代代的学者探索泰山之灵。好奇心引发的探索是现代人对祖先的回望，是自我寻根的祈求。山是人类理想的聚居地，交通不便也并非古人的疑虑，他们安居乐业在此，农耕不成也可采摘捕猎。山区文化往往隔山相异。当民族被迫于绝境，山区是隐藏实力获得新生的好地方。

我们往往误以为泰山文化是人类智慧所赋予大自然的，但实际上，泰山文化是人类领受了泰山山脉赋予的生命张力所产生的表达。生活在泰山环抱中，百姓体验到物质上的安全感、自然力的稳定感和精神上的平和感。泰山文化所赋予农耕人群的，正是海洋文化下的人群可望而不可即的安稳。年景不好时，山区居民还可以靠山货度日，泰山在物质和精神上都是当之无愧的靠山。

现代科技带我们俯视泰山，看到它仅仅是华北平原中间的凸起。遥望"东海"，泰山其实并不能做到，它的海拔不足以领略海外的风景。但是泰山文化以"稳"字传播开去，海也无法阻拦。山脉中的村落，不管是山西移民还是运河来客，只要落户，都变成泰山文化中的一员。这些村落跟泰山一样，持重、延绵。如今看到的泰山村落仍带着古朴，石头房子构成的景观，与山体同源。所谓的开发，有可能是破坏，引入的观念终将被山所覆盖。短暂的观闻并不能真正体验泰山之稳。隐匿在山中的现代派建筑取代古村落，所谓网红打卡之地，或许也只是泰山的包容之处吧。对待这些古村落，交通的改变使得我们有了别样的期待，但泰山的文旅开发对于游客的吸引力，主打一个"隐"字。来者均渴望远离喧嚣，隐居山中，而后又迫于生活，带着泰山之"稳"回到红尘。

参考文献

学术著作：

[1] 中华人民共和国住房和城乡建设部. 中国传统民居类型全集：山东卷 [M]. 北京：中国建筑工业出版社，2014.

[2] 陈志宏，陈芬芳. 中国建筑口述史文库第二辑：建筑记忆与多元化历史 [M]. 上海：同济大学出版社，2019.

[3] 李仲信. 山东传统民居村落. [M]. 北京：中国林业出版社，2018.

[4] 山东省莱芜市地方史志编撰委员会. 莱芜市志 [M]. 济南：山东人民出版社，1991.

[5] 郝大鹏，刘贺玮. 传统村落民居营建工艺调查 [M]. 北京：中国纺织出版社，2018.

[6] 潘鲁生. 美在乡村 [M]. 济南：山东教育出版社，2019.

[7] 中国营造学社. 中国营造学社汇刊 [M]. 北京：中国营造学社，1930.

[8] 朱光亚. 建筑遗产保护学 [M]. 南京：东南大学出版社，2019.

[9] 李浈. 中国古代建筑木作工具. [M]. 上海：同济大学出版社，2006.

[10] 王其亨，吴葱，白成军. 古建筑测绘 [M]. 北京：中国建筑工业出版社，2006.

[11] 中国建筑设计研究院建筑历史研究所. 浙江民居 [M]. 中国建筑工业出版社，2007.

[12] （美）巫鸿，武梁祠 [M]. 上海：三联书店，2006.

[13] 费孝通. 乡土中国 [M]. 北京：中国建筑工业出版社，2005.

[14] 孙庆忠. 村史留痕 [M]. 上海：同济大学出版社，2018.

学位论文：

[1] 王雪茹. 鲁中山区民间传统营造技艺研究 [D]. 济南：山东建筑大学，2019.

[2] 林森. 古村、蜕变、新韵：济南市长清区孝里镇方峪村的保护与改造 [D]. 济南：山东工艺美术学院，2014.6.

[3] 张香芝. 古村落建筑空间的"有机更新"与改造：方峪古村落山村文苑设计 [D]. 济南：山东工艺美术学院，2014.

[4] 丁曦明. 百厅汇智：黎川老街乡土建筑营造匠意探源 [D]. 上海：同济大学，2013.

[5] 张新星. 闽西北乡土建筑营造技术探析 [D]. 上海：同济大学，2012.

[6] 罗丹. 汉代山东武氏祠画像石典型神仙形象造型艺术研究 [D]. 唐山：华北理工大学，2017.

[7] 卢轩菲. 东阳市蔡宅村蔡氏宗祠建筑研究 [D]. 杭州：浙江理工大学，2016.

[8] 殷仁允. 武氏祠画像石所见"儒主道辅"的思想特色及其原因 [D]. 济南：山东大学，2014.

[9] 李雯蕾. 台湾当代建筑的地域性思想表达探索 [D]. 广州：华南理工大学，2016.

[10] 张嘉琦. 山西省平顺县东部传统石头民居营造技艺研究 [D]. 北京：北京交通大学，2016.

[11] 卢轩菲. 东阳市蔡宅村蔡氏宗祠建筑研究 [D]. 杭州：浙江理工大学，2016.

[12] 公伟. 历史文化旅游类特色小镇发展问题研究 [D]. 北京：北京邮电大学，2019.

[13] 郭愍. 乡村振兴战略下吕梁山区传统村落保护与发展研究 [D]. 西安：西安建筑科技大学，2018.

学术期刊：

[1] 李浈. 营造意为贵，匠艺能者师：泛江南地域乡土建筑营造技艺整体性研究的意义、思路与方法 [J]. 建筑学报，2016(2)：78-83.

[2] 周波，霍拥军，董文. 鲁中山区传统民居建筑空间解析：以卧云铺七大院为例 [J]. 山东农业大学学报（自然科学版），2017，48(5)：708-711.

[3] 逯海勇，胡海燕. 鲁中山区传统民居保护的现实困境调查和思考 [J]. 中外建筑，2016(9)：54-57.

[4] 刘秋晨. 儒家思想在汉代祠堂画像石中的反映：以山东嘉祥武梁祠中的历史故事画像石为例 [J]. 鸡西大学学报，2012，12(4)：125-127.

[5] 孙庆磊. 艺术珍品：武氏祠汉画像石 [J]. 艺术·生活，2000(6)：33-34.

[6] 王运良. 初探我国最早的文物保护组织：由嘉祥武梁祠保护谈起 [J]. 中国文物科学研究，2009(4)：11-15.

[7] 海继平，吴昊. 注重民居测绘实践挖掘建筑本原文化 [J]. 西安工程大学学报，2011，25(3)：335-339+347.

[8] 彭兴. 乡土建筑的营造理念与思想基础：以鄂南水乡平原地区古聚落为例 [J]. 建筑与文化，2014(5)：136-137.

[9] 王小明. 传统村落价值认定与整体性保护的实践和思考 [J]. 西南民族大学学报（人文社会科学版），2013，34(2)：156-160.

[10] 张磊，张乃禄，杨秋生. 非典型性传统村落研究价值、方向与保护实策的选取 [J]. 南方农业，2018，12(6)：96-97.

[11] 刘海明. 重返诗意的栖居：论中国城市化进程中的乡土建筑 [J]. 建材与装饰，2017(45)：

128-129.

[12] 伊宁，刘延海. 沂蒙岱崮最美小镇 [J]. 走向世界，2019(1)：62-65.

[13] 林河. 基于乡村振兴战略下的滨海城镇规划探索：以连江县苔菉镇总体规划修编为例 [J]. 福建建材，2018(04)：34-36.

[14] 邱晓稳. 建设美丽乡村奏响振兴号角 [J]. 中华建设，2018(2)：18-21.

[15] 程堂明，卢凯，陶冠军. 记忆传承乡愁文化保护发展传统村落：以龙潭肖村保护发展方法探索为例 [J]. 小城镇建设，2016(7)：33-43.

[16] 谢景连，李斌. 黔东南传统村落保护发展中存在的若干问题思考 [J]. 凯里学院学报，2017(8)：15-17.

[17] 姚力. 乡民的生命叙事与口述历史的多重价值 [J]. 当代中国史研究，2019，26(04)：132-140+160.

[18] 郭平. 记忆与口述：现代化语境下传统村落"记忆之场"的保护 [J]. 民间文化论坛，2019(3)：72-81.

[19] 任继庆. 产业振兴研究：以蒙阴县为例 [J]. 商讯，2019(14)：17-18.

[20] 胡传伟，姜云路. "百村万户"口述历史采集工作的探索与实践 [J]. 档案与建设，2019(1)：53-55.

[21] 赵倩，董彬. 乡村振兴视域下蒙阴农业产业发展现状及对策 [J]. 安徽农学通报，2018，24(14)：11-12.

[22] 吴静. 关于乡村口述档案史料收集的思考 [J]. 职大学报，2018(2)：117-119.

[23] 张天橡，王月. 美丽乡村建设背景下传统村落保护和发展策略研究：以张家口市黄花坪村为例 [J]. 农村经济与科技，2018，29(7)：95-97.

[24] 赵毅，张飞，李瑞勤. 快速城镇化地区乡村振兴路径探析：以江苏苏南地区为例 [J]. 城市规划学刊，2018(2)：98-105.

[25] 杨贵庆，王祯. 传统村落风貌特征的物质要素及构成方式解析：以浙江省黄岩区屿头乡沙滩村为例 [J]. 城乡规划，2018(1)：24-32.

[26] 王亚华，苏毅清. 乡村振兴：中国农村发展新战略 [J]. 中央社会主义学院学报，2017(6)：49-55.

[27] 杨辰，周俭. 乡村文化遗产保护开发的历程、方法与实践：基于中法经验的比较 [J]. 城市规划学刊，2016(06)：109-116.

[28] 沙莉莉. 浅谈口述史在农村教育史研究中的运用 [J]. 山西师大学报（社会科学版），2013，

40(S3): 160-161.

[29] 蒙阴县：建设有山区特色的生态村 [J]. 中国乡镇企业，2010(1)：43-46.

[30] 王胜. 乡村口述史的理论与实践：以笔者在农村的访谈为例 [J]. 当代中国史研究，2008(05)：106-111+128.

[31] 丁新潮，徐树建，倪志超. 山东岱崮地貌研究综述 [J]. 山东国土资源，2014，30(11)：32-35.

附录 1 口述史实录

1. 泰安市道朗镇拉马洼村　徐富仲、徐福明

　　时间：2019 年 7 月 15 号

　　地点：泰安市道朗镇拉马洼村

　　访谈人员：刘军瑞 苏秀荣 徐烁 徐欢

　　受访人员：徐富仲 徐福明

　　录音：徐烁

采访过程　　　　　　　　　　　　　　　与徐富仲、徐福明合影

（图片来源：课题组自摄）

1.1 营造用语

1.1.1 建筑形制

　　（1）三高两低：正房中间三间略高，两侧有较小的耳房。

　　（2）宁要南北一溜儿线，不能东西一大片。

1.1.2 建筑构件

　　（1）木构架：脊柱、大梁、叉手、斜撑、小斜撑。

　　（2）起架：确定屋面坡度。

1.1.3 营造尺

　　（1）发现一支二尺杆，长度 1040 毫米。1 尺 =520 毫米。师傅说："这个尺子比正常小三厘米。"已经进行拍照。

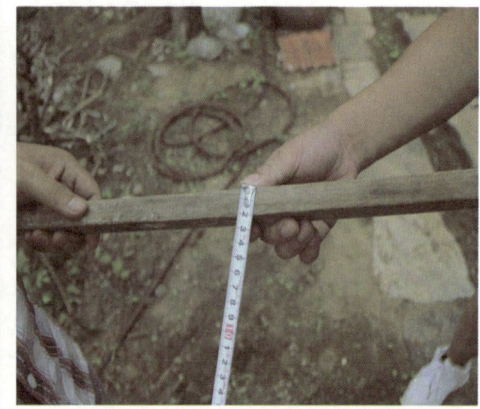

拉马洼村营造尺（图片来源：课题组自摄）

（2）尺寸换算口诀：1公尺等于1.85市尺。1尺=540毫米。

（3）该师傅说，瓦匠用二尺杆，木匠用三尺杆，里面有个水槽，有找平的作用。

（4）另外，在搬倒井村发现一个三尺杆，长度是1710毫米，折合1尺=570毫米。并且当地师傅用三巴掌加三指的方法，得出了营造尺。营造尺制作方法与济南市长清区岚峪村相似。

1.2 院落布局

1.2.1 建筑单体

（1）高度顺序：堂屋 > 东屋 > 南屋 > 西屋。高差没有具体数，但是要分出高低。

（2）堂屋走西南门，可以北屋西间略高。也可以以西屋作为主房。

搬倒井村三尺杆
（图片来源：课题组自摄）

（3）主房确定：当走东北门的时候，以西屋为主房。西屋 > 堂屋 > 东屋 > 南屋。

1.2.2 尺度控制

（1）起架（屋面坡度）：①草房：一尺升7寸。②瓦房升4.5～6寸。

（2）对门对窗。主房大门中轴线上开窗。

（3）家具（以下是很讲究的做法，就不孬了）：八仙桌子、条山几、四出头椅子。靠背出头，扶手出头。椅子的好坏，就是看靠背上的雕花。

1.2.3 营造工艺

（1）营造顺序：丈量（地形高低和宽窄）——领头出地契（挖地槽）——垒墙——上梁——上草帽（草顶或瓦顶）——上窗户（条件好的，可以把门窗做好，先搭框。条件不好的，把洞口留好。后塞框。后塞框，木匠师傅要来测量洞口。）——装修（泥墙皮）

1.2.4 匠作谱系

（1）门槛子下面爬出来的。表示门里出身，不用拜师学艺。

（2）施工队分为三个部分，分别为石匠、瓦匠和木匠。石匠，负责打石头、搬石头，是体力劳动。瓦匠，负责砌筑石头、垒墙、设计。木匠，负责制作门窗、扣榫等。

（3）领人（负责人）。"我说嘛，你听嘛"。

（4）饮食。吃饭的时候要不能比师傅吃得慢，否则，师傅说走，没吃饱也得马上走。徒弟还要给师傅盛饭。

（5）干活。领头不说下班不能下班，不说休息不能休息。领头会根据每个人的能力安排活，有技术的垒墙，没技术的搬石头。活干不好，轻的被熊一顿，重的扣工资。

（6）不能随便说话。

1.2.5 营造禁忌

（1）碰墙角子。主房窗子要么被配房全挡住，也可以完全挡不住。

（2）以五间主房为例，厢房可以齐平两侧耳房。三间主房为例，厢房可以齐平里间的梁头。

（3）两间不为主。一间可以为主，三间也可以为主。

（4）看一个院子，先看大门，再看主房高低。

（5）窗子口不能比门口高。

1.2.6 其他

（1）东家无论怎样招待，饭食无论好不好，师傅都要好好干活。

（2）如果谁管饭好就好好干，管的饭不好就不好好干，这样会影响名声，后面会失业。

（3）财主和员外：①财主：不拿工匠当人看，只是有钱而已。②员外：人好，热心，对工匠态度好，被敬称为财主。给他做事，不用打听。

（4）瓦匠头，是院外请来的老师（师傅），是可以进到厅堂里面喝茶的，并且能坐上座。

（5）传说：本村有一个爷爷（比自己高两辈）是一个高手，能够达到垒墙不用锤子的水平，看好一块石头，放上去就行了。

（6）拙劣的工匠，9寸的墙，垒着垒着垒成了一尺；或者垒着垒着，放不上石头。

2. 泰安市岱岳区二奇楼村　肖思修

时间：2019 年 7 月 17 号

地点：泰安市道朗镇二奇楼村

访谈人员：刘军瑞 胡英盛 姜晓彤等

受访人员：肖思修

录音：徐烁

采访肖思修过程（图片来源：课题组自摄）

2.1 采访整理

（1）满外，净里。

（2）大梁施工的时候是上皮平。有余量，留在下边。

（3）草屋顶3根檩到11根檩都有。

（4）梁头伸进墙里面。500毫米厚墙，伸进300毫米；400毫米厚墙，伸进去250毫米，不能漏梁。

（5）地契（地基）。

（6）0～1米的地槽都有，根据条件。

（7）室内平。

（8）1尺=540毫米，3尺=1.72米。

（9）老椅子就是一尺高。

（10）面宽，屋长；进深，屋宽。每间屋面宽3.2～3.5米。

（11）后面留窗子，怕贼，遛窗檐。

（12）故事：有一个施工队施工，感觉东家做的饭菜不咸，就向主人说："下雨淋窗户，没檐（盐）"。东家的女主人说："墙头上拉碌碡，没场（尝）了。"

（13）场，压谷子的场所。

（14）节约檩条。檩条间距过大，屋面会往下拖。

（15）硬山，可以节约两根梁。

（16）房屋一般是方正的，前面不应该比后面大。

（17）二尺杆和三尺杆都用。

（18）瓦屋面，草屋面。

（19）门里徒弟。17～18岁就开始学木工。

（20）西南为坤门，东南为巽门。

（21）屋面子。

（22）斜坡。

（23）当出西南门的时候，主房最西边的那间房屋（主房）略高。墙面高或室内平高都行。两者都高也行。

（24）当出东南门时，堂屋东边的房间为最高。

（25）宅子不能前面大。前面大，像个棺材盒子。

3. 泰安市岱岳区二奇楼村　肖德国

时间：2019年7月18号

地点：泰安市道朗镇二奇楼村

访谈人员：苏秀荣 万杰 卢琰

受访人员：肖德国

录音：卢琰

采访肖德国过程（图片来源：课题组自摄）

3.1 采访整理

（1）中华人民共和国成立前个人开垦地基，普遍不规矩。

（2）包产到户后很少修建新房，1980年后新房仅约10套。

（3）流程：选、打地基——砌墙（干茬缝）——上梁——铺苇箔、高粱秆（为排水中间高）——刺猬泥——抹灰（内里泥巴抹灰，外立面勾缝）。

（4）地基一般下挖600毫米。

（5）抹灰：富裕家庭用白灰＋麻稻，一般家庭用白灰＋牛粪，贫困家庭用泥巴＋麦秆（保暖、驱蚊虫、避免墙体裂缝）。

（6）砌墙先主房，后配房、院墙、大门。

（7）布瓦用于水流子、脊瓦，东西屋北高南低，南北屋东高西低，方便排水。

（8）垫石皆为石垫，没有铁垫。

（9）选料就地取材，分面石（外立面）、角子石（洞口）、石条子（门窗洞口、过门石、上门石）。石材不是青石，为花岩石。石子用于屋顶，碎石用于整地。

（10）木材：梁为榆木，檩用杨、柏、槐木等，其中柏木为最佳选择。

（11）开间因房屋长度和家庭条件而定。

（12）香台安放于堂屋东窗下，逢年过节祭祖、供奉灶王神、土地神等。

（13）石灰：石灰窑（锥子形）

（14）配比约1斤石：2-3斤炭。

（15）磨盘：富裕家庭一般放置于院内，属于私有。碾多放置村口或路口，属公有。

（16）人工需最多的是上梁，上梁和平屋顶需一天内完成。地主家椽上青砖。

（17）选地基放鞭炮，取公鸡冠血滴工具刨地基四角，请包工头吃饭定动工时间。

（18）上梁放鞭炮，红纸黑字"某月某日上梁大吉"贴于梁上。动工前一日、上梁、上屋顶三天分别请工人吃饭。

（19）新房建造完成，请亲戚朋友吃饭温居。

（20）平屋顶厚度150—200毫米。

（21）墙3300毫米以上，水墙高400—500毫米。

（22）垒墙以单数为主。

（23）桌900毫米、椅500毫米、床500毫米、高凳不离700毫米、墙3300毫米。

（24）大门有东南门、西南门。"东南门，西南院"，走东南门将猪圈放西南角。

（25）出门见山，村内没影壁墙。

（26）东屋高，没西屋高的现象。

（27）三高两低又叫"二郎担山"，村中有3—4家。

（28）村中两条主路贯穿。

3.2 村落周边环境

（1）石屋洞，洞口是纯天然，高约10米，直径13米内，有两个洞口，一个洞口通到西边，另一个通到南边。抗战期间藏过八路军。

（2）八卦阵，也称迷糊阵，石材有面石和青石。

（3）如何分地基：（听说）中华人民共和国成立前是根据个人原籍，自己开垦土地建房子。

（4）村里房屋为什么不规矩：没有包产到户时，人多地少，地基稀缺，种树影响地基大小。自从包产到户，修房子就很少，原因：男同胞找对象，女同胞去婆婆家，水源缺少，路难走，人流出去。

（5）在这个村里80岁以上占百分之四十，70岁以上占百分之三十，60岁以下占百分之十到百分之十五。

（6）叫古村落的原因就是没有具体规划，1980年建的房子，之后就不建了。

3.3 建房流程

（1）选地基。

（2）定目标，打地基。地基是以不动的石头为基准，深度在60厘米左右，因为村周围是山，没有地震，所以也有地基是浅的。地基分两个，家里有条件的地基和窗台一样高，碴脚以下是地基，所有的直角（如房屋四角）都叫碴脚。

（3）垒主墙。一层压一层，交叉性的，为了牢固性，垒到四面墙3米3，然后上梁。流程包括铺檩条，铺苇箔或者高粱秸，再上刺猬泥（麦秸和土掺在一起），之后平屋上沙子，瓦屋上瓦。根据家庭条件，垒完主房，有条件的建配房、院墙、大门。没条件的建院墙和大门，也有无院墙的。

（4）建房方式：干茬缝，水泥和沙子不用。干茬缝解释：石头有内外双层，中间用小石子。干茬缝完之后，为了保暖，建完房子后开始在外立面勾缝、内立面抹泥巴。外立面勾缝：有条件的放沙子和麻道（麻稻），没条件的放牛粪，条件再差的用泥巴和麦秸。内立面家庭条件好的用石灰麻道，配比为100斤湿石灰，3斤麻道，掺入水做成浆，在容器中搅拌后再墙面找平。差的用麦秆泥，共分为三层。第一层麦秆多，少用土，目的是增加摩擦力，牢固。第二层麦秆软糯且短小。第三层只放土。

（5）以前盖房用粮食换，也用钱，自己人干活管顿饭，工人出工有条件的管顿饭，工人给大地主打工，打完工之后根据劳动力给粮食。

（6）参观了一个单间二层楼房子，整个村只有这一家，屋内一根木头都没有，用石条和石柱承重。原因是这家兄弟三人是石匠，兄弟三人弄的石条子。具体方式是石条担在房子一周和中间的石梁上，中间以柱子承重，四周以墙体承重。

（7）石头的材质：（听说）老房子为了耐压，用花岗石和青石，也有不耐压的用面石。

（8）三高两低的房屋叫二郎担山。

（9）墙坯子的材料：白灰和牛粪。好处是：①保持不裂缝。②牛粪产生的青苔可以吸收水分再成长，更加牢固。③美观。

（10）布瓦和石垫用在溜子上。布瓦一头大一头小，石垫为了稳定性，多使用三角形和厚形，厚形是内外一般大，既美观又结实。一边薄一边厚的是最好的石垫，房屋全是石头。

（11）东屋和西屋的地势是北高南低，南屋北屋的地势是东高西低。

（12）现在建屋的步骤：①选原材料石头。②砌石头，就地取材。③选材，主要的是石条子，很难选，分为上门石和过门石，其次是角子石，然后面石，最后是渣子石，也叫暗插石，为了填缝。

（13）梁的材料最好的是榆木，好处是韧性强不变形。檩条的材料是什么木都可以，最好的是柏木，好处是防辐射。

（14）开间怎么定：①根据房屋总长度；②根据家庭实际情况需要。

（15）磨有水磨和旱磨，水磨是磨豆腐，旱磨是磨粮食用的，有条件的放在院里。

（16）如何做石灰：（听说）有专门的石灰窑，形状是锥形的，材质是青石，里面有箅子，然后放石头。如果窑高10米，石头放6到8米，箅子下面放炭，比例是1斤石头放2到3斤的炭。

（17）用工：上梁和上沙子用的人工最多，原因是要一气呵成，要形成一个整体，一天必须得铺成，不然会有裂缝。上梁的时候管顿饭，因为是个体力活，上梁前会放鞭炮，梁上写上几几年上梁大吉，红纸黑字。

（18）奠基仪式：按照民俗找石瓦包工头看，然后剖4个角，取公鸡冠第三头的血，滴到工具锄头上，完事后和工头说好动工时间，开工第一天请所有人吃饭，上梁吃一顿，上瓦或者沙子的时候再吃一顿，举行奠基仪式的时候把奠基用的公鸡杀了，只请包工头再吃一顿好的。杀鸡是为了大吉大利的寓意。完工之后要温居，请四邻六舍和亲戚朋友吃饭。

（19）如何评价石匠水平：工头分为砖瓦匠和石瓦匠两个，砌石头盖房子的是石瓦匠，抹水泥弄瓦砖的是砖瓦匠，以前石瓦匠地位高。现在木工、石工、瓦工是相辅相成的，总体来说还是听石匠的，因为石匠盖主体。

（20）平屋都有拦水墙，边上有溜子，中间鼓，排水的地方低。3米3的高度有40到50厘米的拦水墙，原因是晒粮食不会往四周跑，也起到美观作用。

（21）垒东西以单数为主，如桌子90厘米，椅子50厘米，床50厘米，有讲究的话是高凳不离七十。

（22）主房勾墙缝的材料，条件好的是石灰与牛粪，在1970年左右就已经这样弄，石灰与牛粪没有具体比例数，能糊住为标准。好处是：①黏合程度好。②吸收一定的水分。③青苔不易脱落，美观。勾缝的目的是：①防止虫钻鸟筑墙。②取暖。

（23）勾缝在这个村1970年以前是没有的，原因是石灰贵，烧石灰难，人多地少买不起。在1970年以前院落配房很少，主房占90%，配房占40%-50%。

（24）内墙皮的材质是石灰加麻道，起到不裂缝、固定的作用，配比大约在100斤湿石灰，2到3斤麻道，还要再掺水，弄成浆。浆的状态像农村摊煎饼的糊状就可以了。麻道的道应该是这个稻，老百姓说成是这个道。现在是用胶和白水泥掺和。家庭条件差的用麦秸与土掺和，叫麦秸泥。

（25）勾缝用的麦秸泥的工序：①有时候墙缝大，多放麦秸。②有时候放短而柔软的麦秸。

③少放或者不放麦秸，放细泥，原因是为了掩盖麦秸草，起到美观的作用。这样做的弊端是容易裂小缝。

（26）大门朝向：东南门和西南门，东南门西南院。走东南门和西门的时候，厕所和养鸡场在西南方向，原因是文明干净。

（27）这里出门见山，所以没有影门墙，这个村没有西门高的现象，原因是配屋要低于主屋。

（28）二郎担山少的原因：没有条件，所以没有大院。

（29）村里以前有三条主路：庄西边的路、庄中的路、东路。

（30）现在有两条主路：①庄西边的路改成红色旅游观光路，这是新型的水泥路；②庄中的路。生产队有三个：①肖南庄；②西边1队；③南边2队。

（31）村里有700到800户人口，分为三个庄：①刘家庄；②二奇楼村；③肖家岭。这三个村是自然村，形成一个大的行政村。

（32）如何开采石头：在1960年前，最原始的是用石头砸，在1930—1940年间使用，用到的是鹅卵石。然后用铁棍和大锤撬。最后打炮眼放炮。一个完整的石岩，要看石性，有横层次和纵层次，横层次的水平打，撬起来后，有条纵着的缝，再用石头砸。纵层次的看石头大小，小的石头是翻个变成横层次的，大的再用石钎子，老百姓叫秤子。一般都喜欢纵层次的，原因是好施力。

（33）看工具的地方：①肥城的鱼山；②虎门的东沙口路；③圣井峪；④伊山庄有肖家堂；⑤赵庄有百井。

（34）现在已经评上了古村落，好处是不允许随便拆，为了保留原貌。这个村一开始叫影视村，后来叫原始部落村，现在叫古村落。

（35）工具从左到右叫秤子，垫子，短钎，长钎(已挂尺拍照)。

工具还有大锤子，中锤子，小锤子，撬。

4. 泰安市岱岳区二奇楼村　肖允喜

时间：2019年7月18号

地点：泰安市道朗镇二奇楼村

访谈人员：徐烁 姜晓彤 张婷婷 高海萍

受访人员：肖允喜

录音：高海萍

与肖允喜夫妇合照（图片来源：课题组自摄）

4.1 院落名词

（1）试风旗：屋顶中间，证明这是主屋。

（2）大门的位置随地形而定。

（3）屋主住在北坡山上。

（4）门上的磕坛儿做橱子用，放东西。

（5）墙高，窗户矮，窗缝叫气眼，通气。

（6）院落：棚子后建，建了小 30 年了，西屋后建，小 10 年了，以前就有北屋和东屋，现饭屋以前是大门。

（7）檩条都是单数，堂屋中间以前是 7 根檩条，堂屋共 3 个屋，西长东短。

（8）屋主院内无香台，家里有宝家客，西屋床头贴的红纸，家谱被烧了，无神龛，村里主要拜泰山老奶奶、观音菩萨，初一、十五、春节拜。

（9）院内地面铺装，走路不踩泥巴，后铺的。

（10）村里石材就地取材。

（11）水溜子，不在屋门、窗户上就行，距邻居家一尺，前后屋檐一样高（三间屋最少三个，两间屋两个、三个都行）。

（12）屋主买的别人家的房子，83年买的，买时只有主屋和东屋。

（13）堂屋是三间屋，规矩的屋中间高、两侧低，屋主的屋不规矩，走东南方向（大门）以中间屋为主，走西南方向以西堂屋为主。

（14）长辈住堂屋，剩下随便住。

（15）村里有姓肖的，有姓马、鲍的，现已搬走，搬走原因：山庄穷，不好娶媳妇。

（16）按中间字分辈分。肖姓（从大到小）长、士、洪、传、允、德、协、庆、祥（现有：传、允、德、协，还没出生：庆、祥），（协字不好听，有把协字加在后面的）。

（17）俗语：住窄屋石宽长。

4.2 营造工艺

（1）拉火鞭、上供、烧纸——插地宫——挖地槽——打磁脚——垒墙——上梁——上檩——笆箔泥（或苇箔）——泥巴——挂瓦（垒到一定程度就上窗、门，无具体数，门上的窗叫上亮子）

4.3 营造习俗

（2）上梁上供、拉火鞭、成席，还有完工酒。

4.4 其他

（1）凤凰山以前有石蛹子，被南方人偷走了。

（2）耙尺山：从凤凰山顺山谷看最高的是耙尺山。

（3）最早一批搬走的，到了济南八里桥。

（4）老祖宗是山西同县、石坞。

（5）1960—1970年，村里人口最多900多口。

（6）以前也吃四清池里的水。

（7）地道以前是排水口，后成为地道，之前水顺山谷就走了，现在村里排水口被堵住了。

（8）石坞洞，以前有庙会现在没了。

（9）盖房子工头找人，人数不拘一。

（10）60年，有人卖了一头山羊盖了三间屋。

5. 泰安市岱岳区二奇楼村　肖思敏

时间：2019年7月18号

地点：泰安市道朗镇二奇楼村

访谈人员：刘军瑞、徐欢、卢琰、姚剑锋

受访人员：肖思敏　工种：瓦匠

录音：徐欢

与肖思敏合影（图片来源：课题组自摄）

5.1 录音整理

（1）净里六尺。

（2）队伍：瓦工组，瓦匠头。木匠，木工头。

（3）肖思敏门里出身，父亲为瓦匠，不用认老师，没当过瓦匠头。正上着学，板凳都没拿就跟着父亲去莱阳上学了。25岁到26岁在农业合作社、生产队当保管，就不干瓦匠活了，后来人民公社干了一段时间的活，随后又开始干瓦匠活。

（4）墙体：一尺墙（两扎半）、九寸墙。

（5）开间：里间屋垫高，屋外后墙地面高。

（6）进深：净里六尺，满外八尺。

（7）屋面坡度：木匠定。

（8）笆箔：二层，二指厚，错开搭接。

（9）泥：湿泥加麦秸、麦糠。

（10）瓦：从东头前面开始挂瓦，整瓦过大就用瓦刀砍半，到边缘可以紧点也可以松一点，瓦有瓦腿子，瓦腿子钩住瓦扣。上下瓦之间错开，错一半，排水沟两边是瓦扣。

（11）硌脚。

（12）建筑边缘在一条线上，或者边缘对着门口的边，咬牙缝，一条线不行。

（13）堂屋：主房。东堂屋：背阴洞偏房和主房，不能超过三尺，超过三尺，父子不顾。

（14）随垒着墙，随安窗。窗台高度三尺或者二尺半。

（15）门踩石：地过木。门上石：上过木。踢灰石、迎风石。

（16）木匠尺和瓦匠尺一样，尺子叫木工尺。

（17）台阶三寸高，六寸宽，一步六寸。

（18）仓子，下雨不流水，挡雨，所以有门上檐子、檐石。檐石往上半尺。

（19）发券：不讲究，看石头厚薄。

（20）门上洞：石条壮，上面重量大，笆箔顶到外墙上，所以有个洞。

（21）门扇、穿撑、门带、门钉、门鼻子、腰枕子、门鞋子。

（22）进身门、墙里门。进身门：没有进深，会往身上滴雨点。

（23）平房：顶上高出部分叫拦水墙子。

（24）不种椿树。

（25）池子叫大湾，也叫大坑。水打上来洗衣服，饮牛等牲口，一年四季都有水，大湾作为地标指路。

（26）给三爷爷摔老盆后把院子给了肖思敏，出继，老四，三哥没有了。

（27）池子，把水打上来，饮羊牛。池子的深度有两个人深。

（28）大坑是定位。位于村落最中心的位置。

（29）二奇楼：一片荒山，灌木。

（30）山上有凤凰窝，石崖上，在柏树行子里，没抓住凤凰，有个蛋。"江南蛮子，生了孩子，一百天不见三光。"

（31）王耀五，张灵甫。

（32）生产队办公室。

（33）王耀五的宅子。

（34）山西洪洞县，迁于肥城肖家店，再迁到二奇楼。

（35）肖太亨，山东无梁，不交公粮。

（36）斜的，顶住墙，壮汉。

（37）之前村里按人口划分宅基地。

（38）四号院屋主搬到新疆去了。

（39）窗户：棂子，山尖，撑子。上槛，底槛。

（40）香台左右都行。

（41）门上缝隙，排潮气。

（42）四号院，净里六尺。7路檩。

（43）门上和床上的磕坛为了石条壮，放东西。

（44）大门小，矮，窄。

（45）大门的尺寸，以能进棺材为主。

（46）村中盖房地基为个人的地方。

（47）石材来源：当地山上启的，周边地区启后用车子推来的，自己三号院的屋子为旧房倒塌后石材再利用。

（48）墙：石头之间搭好茬，垫好垫子后就稳当了，一层一层垒起，当地称为干茬缝。墙里面垒小块石头（里子石），外面大的为面子石，中间为垫子石。

（49）门窗找木匠打制。配房门上为过木，使用木头，没有使用石条，因为配房高度较低，使用木条不需要人工。

（50）上梁：杀鸡，临上梁的时候放火鞭。梁上贴红纸"上梁大吉"，立柱上贴"顶天白玉柱，架海紫金梁"。

（51）榆木的梁最好，枣脊，桃门（辟邪），杏窗。

（52）斜坡，笆箔封嵌（小石头插成斜坡）

（53）笆箔泥漫上嵌。上泥之后挂瓦。

（54）瓦上有瓦腿子，挂住，用量不拘一，每个窑烧出来的大小不一样。

（55）开工放鞭炮。

（56）开工前请瓦工吃顿饭。

（57）石匠只负责启石头，瓦匠估石头的用量，用多少工，给多少钱。

（58）石材石匠会进行粗加工。

（59）水溜子，三号院为主人自己打制。

（60）前头大了（棺材宅子）不行，前面是大门决定。后头大不要紧。

（61）东南门，堂屋最高，西屋要低于东屋高度。西南门西屋要高。

（62）认老师拿着东西，买点儿肉，买点儿其他的东西，去认老师，跟同行一起坐席。

（63）完工酒，房屋完工之后一起吃个饭，帮忙的只吃饭，一天三顿饭，运石头的小工不拿钱。

（64）掌线的知道门窗大小以及各种位置。

（65）一米一个钉：一米要一个满墙石，满墙石当地叫钉石，拽住面子石和里子石。

（66）麦秸上为水泥和砂。

（67）麦秸秆是别上的。

（68）券石之间要放渣子石。

（69）排水沟叫阳沟。

6. 泰安市肥城市接山镇岈山村　张秉贤

时间：2019 年 7 月 26 号

地点：泰安市道朗镇岈山村

访谈人员：刘军瑞 徐烁 饶剑峰

受访人员：张秉贤 1934 年 85 岁

录音：徐烁

6.1 术语

（1）材料瓤：材料不硬。

（2）过门石。

（3）排水用的构件叫：溜子

（4）架眼：石墙上搭脚手架的孔。

（5）靴头：门框下面，固定门框的短木。

（6）拦水：屋檐上面的一段墙体。

（7）门嵌子。

6.2 形制

（1）1 丈（满外）–2 尺（墙厚）= 净里 8 尺。

6.3 材料和构造

屋面构造分为四层，分别为榍顶、刺猬泥、石板、笆箔。

（1）榍顶：170 毫米。

（2）刺猬泥：60 毫米。

（3）石板：60 毫米。

（4）笆箔一层。

6.4 工艺

（1）土改后第二年，盖主屋。

（2）下一年盖饭屋。

（3）下一年堂屋。

（4）下一年大门。

6.5 营造习俗

（1）因为宅基在路南，原计划走东北门，用南屋做主屋。后来感觉地基北面的路窄巴（较窄），就改走西南门。堂屋成了主房。

（2）人多能盖屋，一个人两个人建不起来，要包出去。

（3）门里人，不用学。

（4）哪个屋为主，就先建哪个屋，后面再扩建。没有主屋，你盖半天，没有住的院子。

（5）方正院子最好，前后一般长。前大后小，和前小后大均不好，像棺材。

（6）本家的院子都是父亲和兄弟四人一起建起来的。

（7）错眼。建筑山墙面预留的两个通风孔，主要目的是预防笆箔不通风，沤了。五冬六夏不用堵住。

7. 泰安市肥城市接山镇五埠村　李淑贞、赵同金夫妇，王安东

受访人：李淑贞、赵同金、王安东

主问：刘军瑞

记录：徐烁

照相：饶剑峰

时间：2019.7.26 11：00—12：00

7.1 术语

（1）干茬石头。

（2）前口，后腔。

（3）四大框子门，有吞口的大门。

（4）筒子门，没有吞口的门。

（5）没拦水——平屋，有拦水——平房。

（7）单面流水叫作道士帽子。

（8）墙身子，室内平到风火檐下皮。下部为台基、砼脚室内平。

（9）第一主房——堂屋，第二主房——东屋（走东南门）；西屋（走西南门）。

（10）一口屋。

（11）錾磨。磨牙不利了，加工下。

（12）东家、师傅、木工头、瓦工头。

（13）立斗。矩形断面，长边竖直放置。

（14）托券石

7.2 形制

（1）1 米 =1.85 老尺；1 尺 =540 毫米。

（2）没有压白。

（3）屋檐子，倾斜放置，目的是顺利排水。斜度 20 度到 30 度。

（4）券的种类有四种，券下部的墙体叫作券腿子。

（5）桃尖券，用两个不同圆心的圆弧对接。本村枋门，偏心 150。

（6）圆形券。

（7）平券（趴趴券）。圆心在下面。

（8）阳券。门上石或窗上石上面的券。

（9）溜子一般在梁头上方，也可以略偏移，但要避开门窗。

（10）窗子距离地面高度一般 1 米。

（11）门洞的宽度为 1.2~1.4 米。

（12）三尺三，看脚尖。

（13）进深根据檩条。条数可以是 8、7、6、5、4、3，基本等距。

（14）梁头和檩条都是找上平。

（15）主房和配房之间大于 600 毫米。材料够的时候，要尽量房子大一点，材料不够，就小点。

7.3 材料和构造

（1）1 方石头，可以砌筑七成墙。

（2）门框不能用槐树。

（3）框和门扇可以用椿木。

（4）梁——榆木、槐木、笨杨木。

（5）檩条——杨木、槐木。

（6）最好的木头：桃门、杏窗、枣脊、榆梁。

（7）窗框为 50 毫米厚。窗棂规格为 35 毫米 × 35 毫米，穿条宽度为 35 毫米，厚度为 4 毫米，居窗棂中放置，一般为两条。

（8）檩条就起弧，槌顶和刺猬泥都是厚薄均匀。檩条硬棒，间距等分。

（38）500毫米厚的墙称为九寸墙。

（39）风火檐，上部有一行或三行石头。

7.4 工艺

（1）挖地基，挖到硬底，若是较硬的岩石台基，可以不挖。

（2）铺地石。

（3）拔硪。出硪。

（4）回填。和过门石齐平。

（5）垒墙。拉外皮，包里子。

（6）先立框。

（7）后塞口。如果窗子没做好，也可以预留窟窿，塞进去。（门窗框有缝的都是后塞口做法）。

（8）睁眼窗子，合眼门。

（9）上材料石。（门上石、门下石，窗上石头，窗下石头。）

（10）垒上平。（预留梁头洞口。如果梁大，需要下的深一些。）

（11）满墙石根据材料定，可有可无。如果没有满墙石，则外皮和里子需要咬合。

（12）椽子。大头开母榫，小头开公榫。太阳晒公不晒母。东屋、西屋可以转过来。南屋同堂屋。

（13）檩条粗壮，扣榫；檩条细了，乱搭头。

（14）木匠将檩条在地上扣好，瓦工抬上去安装。也有业务不熟的木匠，将檩条在屋顶上试好再截断。

7.5 营造过程

（1）上梁，稳梁石。

（2）上檐石——上溜子。

（3）上檩。

（4）铺苇箔、篷顶。檩条上拉扯一根地线，用三五根苇子，系成笆箔。不乱腾就行，厚度为20毫米~30毫米。

（5）上泥，压笆箔。刺猬泥，30毫米厚度。抹平。

（6）槌顶，50毫米~60毫米。分为小槌顶和大槌顶。①小槌顶——石灰、麦秸、砂子。（要浆薄，麦秸软和才能用。）②大槌顶——石灰、砂浆、砂子掺匀、加水。用呱嗒子，槌出浆。

（7）泥屋里子。

（8）铺地面，三合土100毫米厚。

7.6 工料计算

（1）1天做2个直角水溜子。一个弯弯的水溜子。

（2）门上石分为不同的工艺，打花需要三天时间，錾道子需要两天时间，乱挠平需要一天时间。

（3）门下石用一天时间打制。

（4）行墙。4个大工配两个小工。一个大工（加上0.5个小工）一天2平方米干茬墙。

（5）槌顶因为不能留生碴子，所以必须一天做完。

（6）笆箔，三间房，5~6个人，一晌搞定。

（7）上刺猬泥。5~6人，一天时间。

（8）槌顶，必须一天弄完。三间屋子，6~7个人，一天锤完。

7.7 习俗

（1）走东南门，主房东侧有一个吉星，东屋有一个吉星。东屋比西屋高50厘米以上。主房东屋可以略高。主房可以三间一般高。

（2）走西南门，西屋和正房西屋有两个吉星。西屋比东屋高。主房可以三间一般高。

（3）主房是当家人、老年人居住。

（4）正阳门，正中间开门。

（5）茅子，乌龟地。每个村子都有一个不干净的地方。

（6）七零八散不吉利，窗棂不能7根或8根。3、6、9比较好。穿条一般2道。

（7）七棂子窗子，五缝门，独木桌子，丧门神（不发财）。

（8）宅神。保家宅神之位，年三十晚上上3碗贡（鸡、鱼、肉）。

（9）灶神。3碗贡。上述两个神可以凑合用一碗，摆上3样即可。

（10）保家客，保佑身体健康。身体有毛病的，供奉一下就安全了。应该在前后大墙上，不能在山墙上。上贡品的时候必须3碗，不能马虎。初一、十五，上3根香，忘了他也不生气。春节、八月十五等也上香。

（11）民房都是就地取材。

（12）厕所连着猪圈。

（13）拜师傅的酒席，需要十二个菜。

（14）宽宽的（墙），窄窄的（屋里，进深），长长的（屋檐石头，100~150毫米，出檐多，墙上不淋水），短短的（开间），高高的（台基），矮矮的（屋身子）。

（15）用石板作为屋顶，夏天没事，冬天滴黑水。

（16）八仙桌子太平椅（左手为上位）。条几。

（17）门头上方是单行石头。

（18）俗语：安桌、打散、上梁管饭。

（19）木工，师傅要等着徒弟吃饭。瓦工不讲究。

（20）工具传承方面，木匠给徒弟制作工具。瓦匠给徒弟瓦刀、大铲、抹子、尺子等工具。

（21）木工的工具都为自做。

（22）俗语干到老、学到老。

8. 泰安市肥城市仪阳镇李南阳村 于丙新；鱼山村 宋宪洲

8.1 基本信息

（1）受访人：

于丙新，1959年生，李南阳村人，读过四年制初高中（初中两年，高中两年），78年毕业，参加高考，79年复读一年。80年跟随本家二哥开始建石头房子，一直至今。中间活不多的时候也到周边县市做过零工。

宋宪洲，鱼（于）山村 人，读到小学三年级。拜过一个风水师，一个石匠师，师从本村宋朝璞（王卜），师傅收过200多个徒弟。

（2）主问：刘军瑞

（3）记录：徐烁

（4）录音：饶剑锋

（5）照相：饶剑峰

（6）时间：2019.7.27 19：00—22：30

（7）地点：肥城市仪阳镇鱼山村

8.2 采访概况

（1）于师傅，为人谦和。

（2）宋师傅，为人很自信。

8.3 术语

（1）工头。领头的。有木工头、瓦工头。

（2）主房。整个房子要有个主要的房子。一般当家人居住。

（3）气眼。山墙上的气孔。

（4）石头溜子。大多数一间一个。放置在间墙上方，大多也是梁头上方。

（5）门靴子。

（6）墙里门。筒子门。

（7）坤石，券石。

（8）压石。压券石头。下面为把子石，或垛子石。

（9）连龙板。入户大门下方的木板。

（10）倒阳门。北向大门。

（11）中间一根或两根为脊檩，其他为边檩。

8.4 材料与构造

（1）桃门（桃木避邪），杏眼（窗子），椿子（恋子）床（哪怕一个小橛子，也要用点椿木）。

（2）门窗框上部有个缝隙，防止门窗框被压变形。

（3）室内地面，一般人家用水饮一下，然后用杵压实即可。大户人家做法同屋顶做法。

（4）檩条排布，公朝东。可以中间全是公，两侧全是母。

8.5 工料

（1）82年~85年，石头房子，墙体每平方尺工价为0.5~0.65元。

（2）好石头七成能用，坏石头六成能用。

8.6 形制

（1）一尺=540毫米。

（2）米尺普及是1960年后，1960年前用的是老的木工尺。木工尺和瓦工尺一样。

（3）一般大门在哪里，楼梯在哪里。主房和配房之间有楼梯，上墙头，然后上屋顶。

（4）房屋宽，是有大致的定数。长是根据地基来的。

（5）一亩二分地，才能建出东西南北各五间的四合房。中间为戊己土，是敬天的，种树不旺。

8.7 工艺

（1）施工过程。第一种，瓦工先进场，确定尺寸，木工根据瓦工的尺寸安排梁头和檩条。这种做法占到90%。第二种，木工先入场，确定檩条长短，梁头长短，后面瓦工根据木料确定房屋形制。

（2）砸石头。面子石，里子石。石头开采回来放在地上，或者简单码起来。大概先方一方，砌到墙上，能砌出来七成就是好石头。

（3）笆箔。一层苇子，上面用两层高粱秆；或者高粱秆扎成把子，再组成笆箔。

（4）泼垛子。石灰垛子。泥垛子：5厘米的土，加一层麦秸，看不到土就行了。泼水，依次向上叠加。搁置一天，用三齿钩子翻一遍，用铁锨翻一遍，再用三齿钩子翻一遍，就可以上大泥了。

（5）淋石灰。

（6）仰门合窗。大门垂直安装，容易走扇。所以应该上头向户外倾斜一点。

（7）上槛、中槛、下槛。

（8）瓦屋门楼。

（9）门洞，1.3米左右。二尺四。

（10）高度2.2米～2.3米，一般不超过2.4米。

（11）阳沟洞口在砌墙的时候就留出来了。

（12）上梁，梁头距离挖墙50毫米～100毫米。

（13）扣檩，檩条入墙200毫米～300毫米。

（14）笆箔入墙50毫米～60毫米，厚度30毫米～40毫米。也有用一层苇箔，上面用两层高粱秆、秫秸的做法。亦可用高粱秆绑成50毫米左右的把子，根朝墙。

（15）上刺猬泥。穿到屋顶，摊开，上面再撒一层麦秸，可以不用铆，用脚踩踩弄匀称，上面再用稀一点的泥抹平。

（16）槌顶：①大槌顶。石子、砂子、浆疙瘩石，砸成花生大小。②小槌顶。石灰、砂子、麦秸、麦糠，泼垛子闷几天，怕有生石灰。一般30毫米～50毫米厚度。

（17）淋石灰。挖好池子，至少一个星期。石子铺上，倒上石灰，搅拌一下，摊开。拿棒子砸，砸出浆，一天内必须完成，用抹子找光，再压一遍。第二天撒上土或者红砂保湿，避免干裂。

（18）梁头、檩条都是定上平。

（19）檐子和梁上平差不多。

（20）摔泥，摔窝，泥窟窿，第二天泥泥，找平也可以两遍。第三天白灰。

（21）营造开始第一步为下线，第二步为撒白灰，第三步为挖地基。挖到基本土，有的需要打夯。

（22）铺地石，平铺卧砌，大面朝底。

（23）室内平比室外地面高出500毫米。

（24）窗下石头，五层或七层。

8.9 习俗

（1）营造过程中木工占主导，瓦工不说话。

（2）瓦工比较简单，山区的人都会一点，难度不大，不需要拜师傅。木工需要拜师傅。

（3）宋：学会了师傅全部的手艺。有一招传授。当石头把匠人砸成外伤，师傅用一个纸，对着太阳照照，贴在伤口上，几天就好了。

（4）于：学活先学吃饭。快吃。师傅带徒弟出去吃饭，师傅坐上座，师傅吃一碗，徒弟舀一碗。师傅年纪大，吃的少，徒弟年轻，吃的多。并且徒弟来回盛碗浪费了时间。所以师傅在吃完饭后，会吸一根烟，等等徒弟。烟抽完了，一放筷子，徒弟就不能吃了。

（5）吃饭快的方法：煎饼泡进糊嘟，就软和了。饭和馍哪个少先吃哪个。否则你想吃没了。吃面条，抄起来，凉得快。喝糊嘟转着圈，比较快。

（6）宋：师傅收徒弟，传授真本事。考虑的因素：对眼不对眼（欣赏不欣赏），是否是亲属，灵透不灵透（聪明与否）。如果徒弟真不懂，问师傅师傅也会给说。

（7）宋：东南门为阳门，属性为木。西北门为坤门，属性为土。西北、东北门不佳。大属相没影响。龙、虎、马、牛等小属相会出事。

（8）主房：主事的人的住房。传统的就是老年人。三开间堂屋，东南门，东间为主房，主房檐石和室内平比其他两间高80毫米—100毫米。

（9）本村，以东南门为例：堂屋——东屋——西屋——南屋——过道。

（10）阳沟排水成为拦门水和抄手水，拦门水分为内拦门水和外拦门水。根据门口的地形而定。

（11）于：阳沟里比外面稍低。下雨的时候留一点水在沟里，聚财。

（12）本村没有宅神和保家客。

（13）孩子不能住上屋，儿媳妇不能住堂屋。

（14）用石板的地方，都是当地石板比较好开采。

（15）檐石上方为拦水，拦水一般一行、三行，不出双数。

（16）两山出三头，不出帝王就出侯。较高的家具，靠近山墙摆放。

（17）开工要看日子，查阅老皇历。一般选择双数的日子。

（18）上梁时上贡烧纸。

（19）干活管饭。不管饭好不好，吃饱算完，活一样做。

（20）吃得好，活儿干得快，细发点。吃饭穿衣亮家当。

（21）院子缺角人不旺。西南角缺，女不旺；东北角缺，男不旺。

（22）大门方向根据山形、水形、地形来定。朝东南，向阳；朝西南向阴；正南，不阴不阳。

（23）吉星所在的房间为主，通常一间、三间为主，二间不为主。

（24）有假山墙的房屋，山墙位置按中间算好干活。

（25）院落主入口在哪边，正房哪边的房屋高度就高。

（26）配房的檐口高度要在主房的檐石下。

（27）香台子。院小靠南，院子大，在中间。

（28）主房净宽6尺。一尺墙或九寸墙。

（29）西屋、东屋和住房有一定关系。

（30）门框最好做好。真没有可以留洞。门框不好安装。

（31）卧砌，大面朝下。

（32）上檐石的时候留好梁窝子。

9. 泰安市岱岳区二奇楼村 肖允祥

受访人：肖允祥

主问：徐烁、徐欢

记录：李明芳、孟雪宁

录音：高海萍

照相：王运宝

时间：2020.11.25

地点：泰安市岱岳区道朗镇二奇楼村

9.1 红色文化采访内容整理

（1）您以前是做什么工作的？

肖允祥：我以前是做后勤的，是教育工作者。1937年习仲勋的部下，王利春是和尚出身，以前在村中的庙里。家里很穷，一分地都没有。王利春的父亲之前是看庙的，养家糊口难以支撑，在王利春八岁的时候就将他送到了延安，跟着习仲勋当娃娃兵。习仲勋当时年龄也不大，可能不超过20。

（2）咱这里是不是有个说法，叫小延安？

肖允祥：是啊

（3）小延安这个说法是怎么来的呢？

肖允祥：小延安的说法是王利春来这里搞地下工作，发展了崔志明将军。王利春当时是游击队的领导者，我有档案。那时候，村里是拉油机，鲍光明是油机队长。四十岁被国家安置的时候，那时候才叫起来的小延安。从那时候，国家才重视起这件事情。王利春那时候叫王培胜，那时候是人民公社的社长。

我父亲那时候在搞地下工作，那时候都在逮我，要杀掉我。晚上，国民党就来消灭我母亲和我。幸亏我的大叔（救了我们）。那时候，国民党来抄俺家。村里有叛徒，我父亲就是死在叛徒的手里的。我父亲救了 80 多口人。把我父亲逮起来，我父亲不提一个字。看着真不行了，使刺刀将我父亲的肚子划开，肠子都挑起来让大伙来看。几百个老百姓在看，就是那样惨死的，国民党还说这就是八路军的下场。

（4）咱们村里有地道吗？在哪？

肖允祥：地道，就是"毛道"。这是他们以前那些人说的，只不过现在强大起来了，就叫地道了。在老宅子那里。

（5）现在还能进吗？

肖允祥：不能进了，都塌了，七十多年了，我小时候，五十年代就塌了。

（6）有多高啊？

肖允祥：都能站起人来，有的还得用爬的。老宅子是从鲍家通的。

（7）总共大概有多长啊

肖允祥：大概有二里地。一里多地，一直到下边水池那边。

（8）咱们这个村是从哪过来的？您了解建村的历史吗？

肖允祥：陕西洪洞县。碑上有写的。跟二奇楼中的楼有关。兄弟俩，一担一挑来的。那个楼据说建了百十年了，经过风水先生看过的。

（9）咱村一共几个姓？

肖允祥：原来是四个姓，有姓徐的，没有传下去。现在姓马的没了，姓马的上东北了，走了。姓鲍的也没几家。

（10）咱村现在有多少户？

肖允祥：现在住的六七十户，主要都是老年人，年轻人都在外边。在我小的时候，二奇楼有千把口人，四个生产队，那时候培养我当队长。

（11）您多大岁数结的婚？

肖允祥：21。

（12）您还记得哪些战争年代的事情？

肖允祥：小的时候，国民党来二奇楼抄家。先消灭俺父亲。俺大叔把我抱起来，我才活的呢。俺父亲死了之后，那时候多亏我姥姥家。我六岁才回的二奇楼。肥城人田老太太和俺父亲搞地下工作，是俺父亲的下线，肥城现在也有这个案件。田老太太也去世了。俺父亲把王利春当时的命令给她，这个东西当时是压在肥城河东边的一个石头上，但是，当时被敌人发现了。等着看谁来拿，肥城的妇女农会长，去拿时，被擒住了，那时才 20 呢。逮住以后，把上身扒干净，用铁丝穿透乳房。她的儿子才八九岁，别的老百姓用大衣将他藏底下，他憋不住了，跑出来找他妈妈，还没跑到他妈妈跟前，被人用刺刀刺穿了肚子，就死在了他妈妈身边。田妈妈他的儿子是田局长，成了现在的公安局局长了。

9.2 营造技艺采访内容整理

（1）二奇楼47号院（屋主为肖思柱），门口为进士大门；五行门台，门台有三、五、七、九，没有十。高门台是有地位的人使用。门上门卡子被称为"一心保柱"，由两个半圆组成为"一心"，因其结构作用为固定门柱所以被称为"保柱"。

进士大门（图片来源：课题组自摄）

（2）三进三出：指人丁兴旺；一进大门，二进过道屋进去。

一心保柱（图片来源：课题组自摄）

（3）水流子：石头的、弯弯的最古老。农家使用砖、寸砖等，龙头虎尾的图案农家不可用。

瓦作水流子（图片来源：课题组自摄）

（4）堂屋：一般是老人住。

（5）起脊，上有试风旗，在主屋顶上，一般屋顶有拦水墙子。

（6）檩：晒公不晒母。木材是买来的，洋槐木最好，可做梁做檩。

（7）屋顶的板子："檐石"，摆小布、留水瓦。

（8）石灰檐头一般用五色石，从山上采石。目前神仙沟五色石最多。

（9）采石打石不能七高八低，盖墙也要平，盖房子的石头都是用錾子等工具打出来的，先打出大檐石，再出小檐石。

（10）明朝时，门的楼子是正南正北，以太阳为标准，用木工尺子的一尺，晌午的时候，立正木工尺，阴影正八寸，为正南正北。

（11）老房子屋顶为草，草在檐板上伸出4寸。

（12）墙的满背：伸出一块挂檩棒子。

（13）阳沟：早年八路军藏身用的地道，现均较小，用于排水。

（14）墙外腰线石与室内地平面一米的距离。

（15）石敢当：当地人说"再大的心愿都离不了泰山"，用于镇宅、保平安。

（16）拐墙垛子：圆角的，比较安全。

拐墙垛子（图片来源：课题组自摄）

（17）村中的水坑是建村的时候就有，用于饮牲灵，主要由雨水汇集，阳沟汇集。

（18）凤凰窝：凤凰窝中原有凤凰蛋（一种在夜晚会发光的石头），后被南蛮子（当地人对南方人的叫法）抠走了，卖了大概5000多元。

（19）八卦阵在神仙沟。

（20）村内的地道有二里地，现已封住。

（21）当地的石材种类：青石（无花纹）、红石、五色石、花石、棉石（无劲）。

（22）原本村内只有平屋和草屋，无瓦屋，院墙用石规格不一，做一天工用一"木缘子"（音译）粮食作为报酬（有十几斤粮食）；石的用量用车来计算。

（23）薄片的石头在当地叫垫子，用来作为填石头墙缝。片状的石头最古老，又有薄板石。

（24）门上边的洞口在当地叫磕坛儿。

（25）儿女山、凤凰山、牛鼻子洞，在二奇楼能一眼看五山，山峰连接呈现椅子形状。

（26）一米是一寸八尺五（木工尺），木工用三尺杆，石匠听木匠，尺寸先由木匠定。

（27）房屋建造过程：备料、看院子（木匠）、定门、打地基、确定进深及开间。一般为四开间、三开间、五开间（最大）。

（28）门：二尺零五是最大的门，一尺八寸五是一般的门，东南门最好，"太阳升，人兴旺"，开东南屋，则东屋为饭屋。入门之后就是饭屋。

（29）堂屋必须得高，一般高三寸，最低一寸。

（30）先盖堂屋，再盖配房。堂屋台阶最高，两间不为主。

（31）院子大门在西南角，主房便在西北角，东屋和西屋的高度一致。

（32）带梁省工，两间房与一间房一样的"工"。

（33）建造石头房，从开始备料到结束得需要两个月时间。

（34）梁架结构：叉手、木楔、二梁、大梁、斜撑。

两种不同的叉手结构（图片来源：课题组自摄）

10. 泰安市肥城市孙伯镇岈山村　张贤景、张卫德

采访时间：2020 年 11 月 28 日

采访地点：泰安市肥城市孙伯镇岈山村

被采访人：张贤景、张卫德

采访人：徐烁、高海萍、王运宝

整理：万杰

（1）张贤景，八十多岁，石匠，师从父亲、兄长（都是石匠）。

（2）取材南山山顶大块青石，木头车推拉至村内，后打至盖房需要大小。

（3）先垒墙，留门窗洞口，先上门、窗框，门为木匠制作。

（4）门两侧石板为立挺，有了立挺则省去了打角子的材料和功夫。

（5）建房顺序：开采石头、备料（打石头）、挖地槽、填地平、打角子、垒墙、上门框、垒平（墙体）、上梁檩、风火檐、上顶。

（6）墙体厚度为一尺，到顶为九寸。

（7）水平尺定过门石，门内一般与过门石齐平，为好扫地。

（8）屋顶伸出墙体的石岩板名为风火檐（宽一尺或者窄一点）。

（9）室内屋顶分为石板做的硬顶和秫秸或苇箔做的软顶，硬顶位置一般位于风火檐上面，再上为土、石和石灰。

（10）拱券门又称发券门。

（11）拦水当地称为金墙子，以前都是三层石头垒墙。

（12）石材不够则会用土坯墙代替，因土坯造价低、用时短；土坯砖有专门的制作模具，其材料为麦秸和泥巴。

（13）以三合院为例，若5~6人修建至完工需几个月的时间，一个溜子单人制作完成需两天。

（14）选择石材以大块青石为最佳，不用油饼旋子石等碎小的石块。

（15）本村无风水先生，若有看房需要则从外地请。

（16）本村现已无老木匠。

（17）上梁时有上梁仪式，需要放炮仗以及上供，贡品一般为鸡、鱼、猪肉三样，同时宴请工人一起吃饭。

（18）梁头进墙近一尺，外侧用石头堵住，梁头下的石头叫作稳梁石。

（19）圆石窗不需木匠制作，石匠制作省时省工。

（20）张卫德，石匠。

（21）事先根据所盖房屋大小估算所需材料进行准备，一小车（地排子）推石头约500斤，三件房屋所需石头大概15万斤，大概需要300多车。

（22）一间屋的大小为3.3米长（6尺），4米宽。

（23）主屋、厕所等位置依据大门的朝向而定。

（24）打石头25年，本地8年，贵州8年，济宁干了若干年后回村，打石头工具为大锤、錾头。

（25）大石头用錾头打出小窝，把石头撑开，取大块石头凿成平整石块。

（26）石材分青石、沙石，屋顶用沙石。

（27）岈山村早先屋顶起脊的较多，屋顶用山草或者麦秸覆顶再挂瓦。

（28）大户人家才会有较多装饰花纹，普通家庭一般较少。

（29）屋主会选择好日子动工和上梁，房主会请工人吃三顿饭，分别为开工前、上梁后、完工后，开工和上梁时会放炮仗，上梁时会写"上梁大吉"四个字贴于梁上。

（30）本村有铁匠一名，姓刘，67岁。

（31）梁檩木材一般选用榆木、槐木、柏木，不用杨木。

11. 泰安市肥城市孙伯镇岈山村　刘圣英

采访时间：2020年11月27日

采访地点：泰安市肥城市孙伯镇岈山村

被采访人：刘圣英，74岁，石匠

采访人：徐欢、王运宝、孟雪宁

整理：万杰

（1）打石头花纹朝外，为了好看，整齐花纹名叫棋子块。

（2）山顶开采石头，需要在石头上打炮眼，工具使用炮锤。两人合作，石板开口后用撬棍把石板撬开取石板，若石板较大再用錾头和锤子打楔窝，取大小合适石块。

（3）角子石、踩脚石和门枕石等在打石头时候比较精细和规整，角子石最起码要保证角要正。

（4）挖地基：若地软地槽则挖宽一点，约60至80厘米，窄的一半约为50厘米。

（5）老尺一米八寸五等于现在一米。

（6）大锤约20斤左右，长约35厘米，楔（打楔窝）为一种工具。

（7）动工放炮仗，上梁选3、6、9等好日子，一般为12点，上梁上供（鸡、鱼、肉三件）、磕头（房主）、烧纸、烧香（全在梁底），动工、上梁、完工房主管三顿饭。

（8）干插缝只有碎石子，没有泥。

（9）梁底稳梁石，与墙同宽。梁下平，一般不满墙，满墙或者梁出头称为探头梁，不吉祥。

（10）斜方块花纹叫豆枕顶，花纹用在何处没具体说法。

（11）屋顶两侧起翘超过外墙即可。

（12）梁一般用榆木、槐木，条件好的桃门杏窗，枣脊榆梁。

（13）石板上为泥巴加麦秸混合成的，在下加水混合好，上屋顶木板压实，再上为白灰加沙，比例由石匠自己掌握，没具体配比。

（14）盖屋所需工人：石匠、瓦匠、木匠。若无瓦匠，石匠可替代瓦匠。

（15）屋宽4.5米，进深3.2米。院内房间一般为等宽。

（16）有的院子房屋的苇箔上也有石板，为硬顶。有苇箔是为了卫生干净，只有硬顶的话会掉落脏东西。

（17）苇子买来坐在檩上自己编，买不起苇子则会考虑用秫秸。

（18）门窗上方洞口当地称为"磕坛儿"。

（19）室内泥巴加麦秸抹平墙面叫泥屋里子。

（20）盖房选址自由买卖土地，后来集体划分宅基地。

（21）没有师承，跟随修盖房屋的自学，开始在山西从小工干起，2000年工钱一天五块。

（22）订婚早期写帖，写男女双方姓名，一般选双月双数定下婚事，新婚后三天女方回门。

12. 泰安市肥城市孙伯镇岈山村 朱玉深

采访时间：2020年11月27日

采访地点：泰安市肥城市孙伯镇岈山村

被采访人：朱玉深，1952年生，岈山村原支部书记

采访人：万杰、徐欢、杜玉详、李明芳、卢琰

整理：万杰

（1）岈山村的石墙分为三种：土坯墙、碴子墙和石墙。

（2）碴子墙为泥巴加麦秆混合而成，用铁叉子垒起，用手定型，因为墙体为一个整体，相较土坯墙，碴子墙更结实。

（3）土坯墙主材料为当地黄泥，由熟练的工匠和村民控制好黏稠度，将黄泥放入长约500毫米、宽200毫米、高100毫米的模具中摔打成型。熟练的工匠十几下即可做好一块砖。

（4）石墙所用石头皆为村南山顶开采青石，使用干茬缝的垒砌方式。

（5）勾缝一般选用石灰加沙混合材料，其目的是防雨及虫等。

（6）屋顶檐板当地称为"风火檐"，檐板之上垒砌石墙称之为"金墙子"，高约400毫米，宽200—300毫米，一般为三或五层，没有二层，因其谐音与当地骂人方言相似，不好听。

（7）择地：早期土地自由买卖，若家境富裕请风水先生选址，房主与包工头商议盖房具体事宜，前院主房不可高于后院邻居主房，若中间有街道或巷子则无须顾忌。

（8）挖地基：一般挖到较硬的岩石为止，地槽要宽于墙体，墙体宽度一般为550毫米。确定及安装门口立挺后再垒墙，然后安角子（建筑四角），以角子高度排列。立挺不仅美观好看，同时也省去了打角子的功夫。

（9）外墙石头垒砌时需找平除面朝墙体内侧的五个面，面上前大后小，中间缝隙为包里子做法，包里子为碎石子填充。

（10）石头窗子取大块青石找平，确定纹样后用锤子和钎子凿刻而成。

（11）梁架结构自下而上分别为：梁、檩、秫秸或苇子（10—20毫米）、石板（50毫米）、

泥（50-80毫米）、砾石层（石灰、沙子）。

（12）大门不可高于主房，以坐北正南矩形院落为例，大门一般位于院落的东南或西南角，大门不可为正阳门，若不在院落角落的话也需偏向一侧一点。

（13）屋顶一般不设二层，若院落设有二层，一般称之为小二层，小二层门朝向需与大门一致，从院落的外侧看，小二层下的房子即为主房。

（14）院落主屋台阶为单数，一般为三层，五层为最佳，代表着家庭富裕。

（15）若家里有窖子一般位于院子内，各户窖子大小不一，一般储存地瓜、白菜等。6号院地窖1.5米宽，1.6米高，地下深约5米。

（16）盖房需请工人吃饭，开工、上梁、完工共三顿，都为家常便饭，饭菜丰盛程度依房主家庭条件而定。除吃饭外，在开工和上梁时需放鞭炮，上梁时需用红纸写"上梁喜逢黄道日，立柱正遇紫微早""鲁班问梁何日上，太公答曰此时吉"等吉祥寓意的字条贴放于梁架之上。

（17）木材：当地有"枣木脊檩榆木梁"的说法，建房备料一般选用"枣脊榆梁""桃门杏窗"。

（18）植物：一般没太多讲究，院内多种植石榴、竹子，寓意多子及祝（助）子的意思。

13. 泰安市肥城市孙伯镇岈山村　张维信

采访时间：2020年11月27日

采访地点：泰安市肥城市孙伯镇岈山村

被采访人：张维信，初中毕业，1977年入伍，5年兵龄，炮兵，退役后在村里担任过村支部书记，现已退休3年。

采访人：万杰、王艳秋、杜玉祥

整理：杜玉祥

（1）红色文化：岈山村有八路军的后方医院，在柿子树旁边有地道遗址。地道很少有人进入，部分已经坍塌。地道的西口已经封死，村里也有将其修复的意愿。后方医院在庙西，是一栋两层建筑。在岈山山顶有一座1935年由日本人建成的炮楼。目前，楼顶已损坏，只剩下了墙体。除了山顶的炮楼，在岈山还有两座石屋子，分别位于南山头和村后的刑山。刑山上的那座石屋子保存较完整。

（2）在村史上有介绍过"八大景"，具体内容已经记不清了。

（3）岈山村人口有700多，其中常住人口500多。人口最多时曾达到1800多，但时间是1990年之前了。到1990年的时候，村里还剩下1000多人口，之后人口逐渐变少。

（4）村中的博物馆是个人所有，馆中的展品大多来自村民家中，借走展品之前，会跟村民签一份协议书。来博物馆参观的访客很少，也不收费。馆长现住址在北山。至于博物馆的所有权，馆长倾向于保持所有权的私有，不愿转让给村委管理。

（5）岈山村来访游客极少，村民的收入也并没有因为旅游业的发展而提高。而相邻的五埠村游客相对较多。

（6）关于建村时间，村里正在探讨。村民通过烧木炭的窑的建成时间来确定建村时间。

（7）在村子的建设发展方面，大部分村民不会考虑哪些建设会带来长期利益，目光较为短浅，很少有人支持一起振兴村落。

（8）五埠村翻盖的主席台、医院等是参考了岈山村的相关遗址。岈山村的主席台建于"文化大革命"时期。

（9）岈山村的主要收入来源来自种植业，以玉米、小麦、棉花为主，也有少数的村办企业和个人办厂。其中有一座鸭子隔离厂，从美国进口活鸭，运到厂里隔离并观察一个月，若未发现异常，再运往下一个加工地。

（10）"岈山"名称的由来，是因为山体像"牙"，取名岈山。

（11）白事：有"过五七""过三七"这一传统。之前男性去世要过"五七"35天，女性去世要过"三七"21天。现在已将这一传统简化为3天。

（12）喜事：基本没有彩礼，以"四成盒"做彩礼。四个盒子中分别放入酒、肉、粉皮、果子、烟、茶等。除了送彩礼，男女双方还会"交换手绢"，一般回来手绢里包领带。

（13）春节和十五期间，村民会给泰山石敢当烧纸、烧香。

（14）房屋墙上的壁龛用来供奉，每户有每户的信仰，不是村子的集体信仰。

（15）村中石屋建设所用的石料开采于南山，用小推车运输。村中石屋装饰多，原因是村里的石匠多，技艺好。

（16）村中有"善人"的传说，善人名叫张浩，在村子历史上比较有名。

（17）村口墙上镶石磨，并没有什么说法，只是为了后期刻字装饰，不是传统建筑方式。

（18）石头窗的雕刻装饰自建村就已经存在了，有莲花图案、钱币图案等，材料以青石为主。

（19）盖房子不怎么注意风水的说法。盖房子时，在正午十二点站在屋子里，看影子正不正，房间是否真的向阳。每户的院子基本是方正的，不能有斜边、斜角。院门若设在东南，厕所就必须建在西南。厕所必须避开主房（客房），厕所原来被称为"龟地"。主房是吉星的位置，在梁上写"吉星"二字。大门也是吉星的位置，一般住户的大门不能修在院墙正中间，修在正中间的门叫"正阳门"，一般住户不能走"正阳门"，有"户家人的命担不起正阳门"这一说法。一般正阳门多用于单位、机关等。饭屋不与正屋对门。

附录2 口述史相关名词及图片

一、功能布局

堂屋（为院落的主房，通常为客厅和主事人的住房）

东屋、西屋、南屋（住房或者饭屋，有时放置杂物或者柴草）

二起楼（泰安地区"层"的发音为"qi"，两层楼统称为二起楼）

饭屋（厨房、食堂，吃饭的地方）

水窖（因二奇楼村、岈山村较为干旱，所以每户人家基本都留有石制水窖，供吃水使用，水窖上覆盖薄石板）

仓子（二奇楼村和岈山村没有独立的仓子，通常在饭屋旁。朝阳庄八宝房仓子位于院落东南角，贮存粮食使用）

香台（供桌，简单石板搭建，用以烧香磕头）

窝（院内为狗和鸡搭建的简易石窝）

五鬼地（指院落中比较脏的地方，通常为厕所，与大门的位置对应）

牛栏（圈养牲口，存放农用工具等）

花池（院内高台，种植花草或蔬菜）

土坯屋（为节省成本，经济情况不好的家庭会选择夯土跟石材混合的房屋，减少石材的使用量）

大坑（二奇楼村常年缺水，所以村内会有蓄水用的大坑，坑内的水以收集的雨水为主，用于饮牲口以及草屋顶的灭火）

夹户道子（两户之间的过道）

附录 2 口述史相关名词及图片 | 211

拐弯抹角（用于房屋拐角处，利于通行）

壮汉（做墙体支撑使用）

二、墙体

面子石（墙体外立面，当地称为"外皮"。所使用的石块，形制较大，打制较为精细，外表面更加平滑一些）

里子石（墙体内立面使用，石材形制较小，打制较为粗糙，与面子石相互咬合）

垫子石（也称为"暗插石"，面子石和里子石咬合后，起垫平作用）

硷脚（与室内地面齐平，硷脚深度不一，以挖到硬地为准。硷脚要略宽于墙体）

腰线石（位于窗下，距室内平约1米）

拦水墙子(也称"风火檐"，位于平屋顶的檐板上方，通常为一行或者三行石头，不为双数。留有水溜子口)

干茬缝（靠石材之间的咬合，不使用混凝土等黏合剂）

土坯墙（使用黄土制成方砖垒砌而成，跟石材搭配使用。石材制底座，防止溅水土坯砖崩解，墙体坍塌）

砖石混合墙体（石材与青砖配合使用，通常石材作底座或墙体，青砖用于门窗洞口及檐口位置）

三、屋顶

平顶（有拦水与搁流，屋水通过搁流流下）

附录 2 口述史相关名词及图片 | 217

囤顶（有拦水无搁流，屋面直接流水）

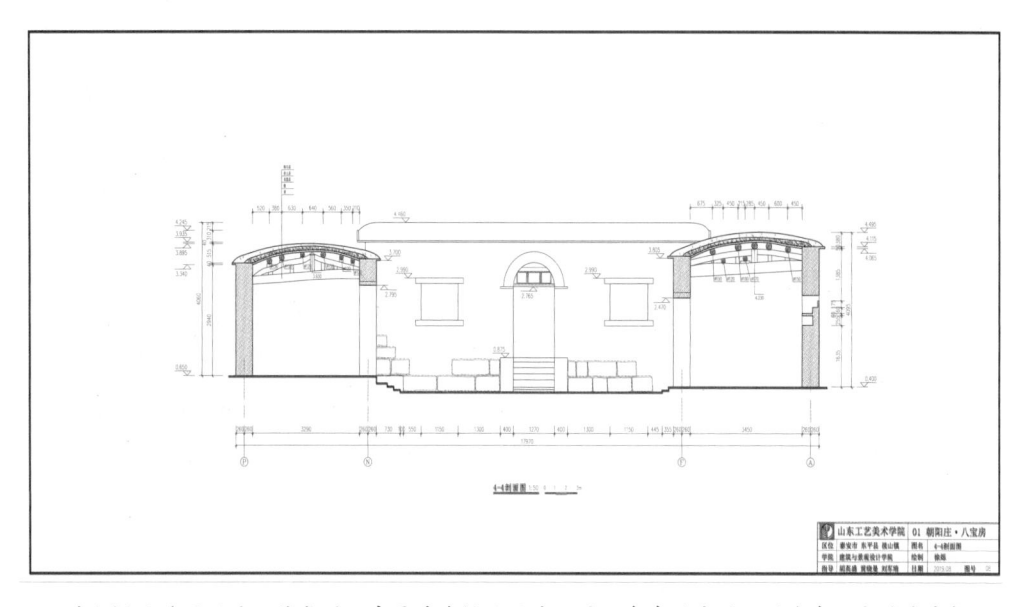

道士帽子（囤顶的一种类型，房屋前墙低于后墙，屋顶在有弧度的同时存在一定的坡度）

坡屋顶(坡屋顶分为两种形式,一种为瓦屋顶,一种为草屋顶。最原始的形式为草屋顶,现居民为满足居住需求都改为瓦屋顶)

大槌顶和小槌顶(屋顶构造层,囤顶最上层由石灰、砂子、碎石头加黏土洒水敲打而成)

笆箔层（屋顶构造层，有两种类型，分别为苇子编织而成和麦秸编织而成）

石板（屋顶构造层，在二奇楼村及岈山村都出现使用石板的情况。据村民口述，石板屋顶在冬天时因水蒸气蒸发冷凝，会滴黑色的水）

刺猬泥（屋顶构造自上向下的第二层，由麦秸与黄泥混合而成）

双梁子（梁架类型，大梁中间竖立瓜柱，两边各有一斜梁，斜梁与大梁之间靠瓜柱支撑）

二梁托叉（大梁上立柱托起较短的二梁，支撑斜梁形成屋面角度，二梁中立柱支撑叉手结构）

大叉手（梁中间立中柱，斜梁承托檩条，斜梁内加反人字形斜撑，斜撑与斜梁中加短柱）

檩棒子（位于笆箔之下，梁架之上，支撑屋面，搭接方式根据檩棒子的规格而定，一般分为两种：乱搭头和扣榫。材质方面用枣木、杨木、柏木、槐木等）

乱搭头（檩条拼接方式的一种，常用于不规整的檩条，大小不一，无法使用扣榫的形式）

扣榫（檩棒子的头上开公母榫，遵循晒公不晒母的原则：檩条东西走向时，公榫朝东，檩条南北走向时，公榫朝南）

稳梁石（位于梁窝子下方，起支撑两头的作用）

笆箔（笆箔位于檩条之上、夯土层之下。笆箔的做法分为两种，第一种做法首先在檩条上拉扯一根地线，用三五根苇子，系成一把笆箔，依次排列，固定在地线上。另一种做法是将高粱秆或者秫秸用棉线绑成直径50毫米左右的"把子"，将高粱秆的根部伸入墙内，依次排列。笆箔的厚度为30毫米左右，入墙宽度为50毫米左右。笆箔通常五到六个人用一上午的时间完成）

梁窝子（墙体预留放梁头的洞口）

四、檐口

檐石（檐石分为两种，平屋顶通常为单层檐石，坡屋顶共两层分大檐石和小檐石。其作用为防止雨水流入墙体。平屋顶檐石位于拦水墙下方。坡屋顶檐石与流水瓦相接。檐石带有一定角度，便于排水）

水溜子（平屋组织排水的结构。位于拦水墙上，通常在梁头上方，避开门窗位置。共有三种类型：石质直水溜子，石质弯水溜子，瓦制水溜子）

五、立面

错眼（山墙顶部及屋檐下方开有方形洞口，为屋架通风使用，洞口内有竹竿编织而成的网，防止鼠虫进去）

架眼（在砌筑墙体时，墙体外立面因搭设脚手架而留有的孔洞）

阳沟（排水沟，用于院落内排水，通常位于院落大门的两侧，在砌墙时就要留出阳沟的位置）

六、房间内部

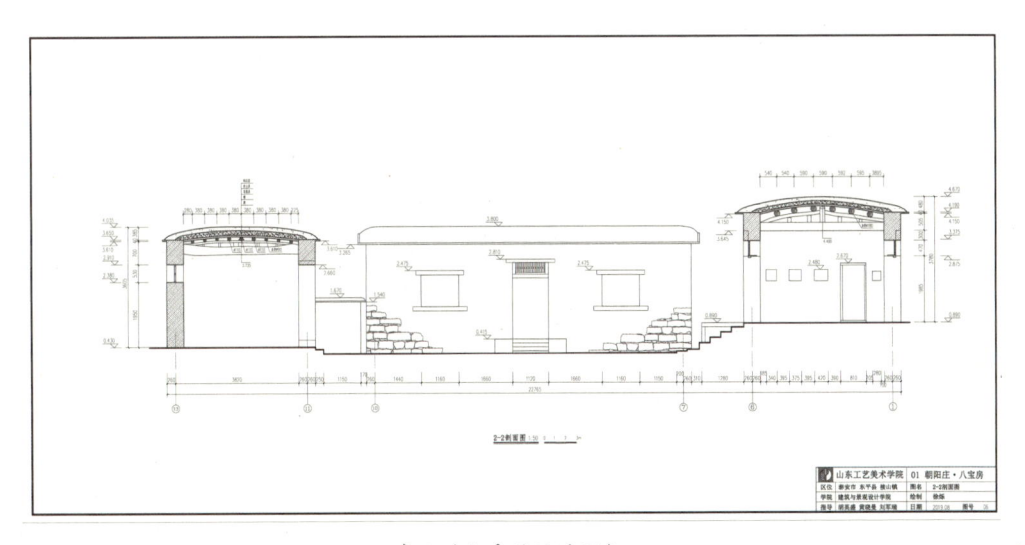

净里（指房屋的进深）

磕坛儿（大进深半尺左右，可以存放物品。由于条石的抗压能力强但抗剪与抗拉能力差，磕坛儿可以减轻条石的压力，防止条石被压断）

神龛（供奉祖先牌位的地方，通常为北墙上）

当门（主屋进入门后的地面）

七、门窗

气眼（窗上所留的缝隙，防止窗框被压变形，同时也有通风的作用，冬天用纸糊住以便保暖）

燕路（门上所留有的缝隙，一方面防止门框被挤压变形，另一方面燕子经常通过这个缝隙，进入室内在檩条之间筑巢）

门卡子（门洞中部突起的结构，用于固定门框。泰安市二奇楼村也称门卡子为"一心宝柱"，其呈半圆形，两侧合为一圆形，类似心形。"宝"通"保"，取保护门框的寓意）

门踩石（位于门转石下方，上有一凹槽，防止雨水倒灌入室内）

门转石（位于门洞两侧，为长方形条石，表面上有圆柱形凹槽用来容纳门轴，门轴卡在上槛与门转石凹槽内）

拱券门（由打制石材排列而成）

伙大门（在五埠村有几户分布于一条胡同，胡同头上还有一个共用的大门，当地称作伙大门）

仰门合窗（指门的安装需要一定的角度，不可以垂直安放，否则容易走扇，门不能自然闭合，所以上头向户外倾斜一点）

拐墙垛子（二奇楼村三号院院墙为圆弧形，当地称为拐墙垛子）

八、家具

四出头的椅子（四出头的椅子为官帽椅。四出头为两扶手前端出头、搭脑两端出头，代表着村民对于人才兴旺的期盼）

八仙桌（方桌）

九、其他

拐弯抹角（在院落的拐角处，将直角切掉，高度在 2 米左右。在狭窄的村落街巷中便于村民通行和搬运物品）

拴眼（通常位于院落的外墙上，用于拴牛马之类的牲口）

十、工具

瓦工尺　　在泰安市岈山村发现的二尺杆长度为1080毫米，换算为1尺=540毫米。

开采石材的工具（从左到右分别为秤子、垫子、短钎、长钎，都是开采石材以及加工石材的工具）

捶打工具（大锤子，中锤子，小锤子）

撬（撬一头称为直钎，另一头称为橛子）

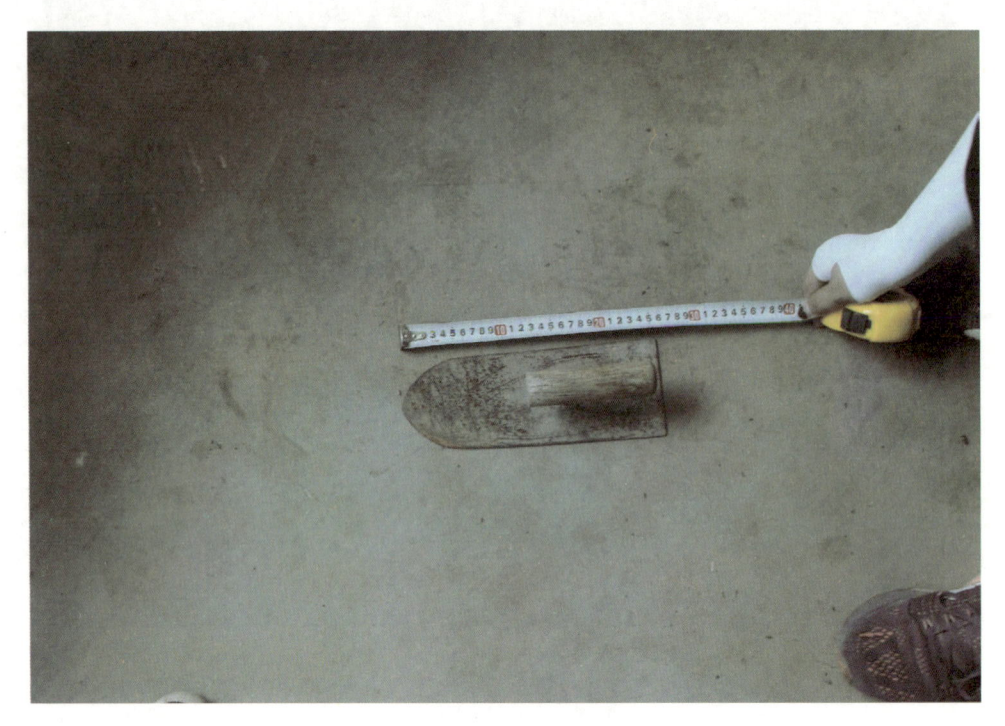

抹子（泥板，抹灰、泥的工具）

附录 3 测绘图——常庄村罗荣桓故居

05 常庄·罗荣桓故居

图号	图纸名称	图纸比例	图幅
0	图纸目录	1:100	A3
1	总平面图	1:100	A2
2	一层平面图	1:100	A2
3	梁架仰视图	1:100	A2
4	东立面图	1:100	A3×1.25
5	北立面图	1:100	A3×2
6	剖面图1-1	1:50	A4
7	剖面图2-2	1:50	A3
8	剖面图3-3	1:50	A3
9	剖面图4-4	1:50	A3×1.25
10	剖面图5-5	1:50	A3×1.25
11	M1详图	1:20	A3

区位：山东省 泰安市 东平县 常庄村
制图：张广贺

单位	山东工艺美术学院	图名	05 常庄·罗荣桓故居 图纸目录
区位	泰安市市 东平县 常庄村	绘制	张广贺
学院	建筑与景观设计学院	日期	2021.8
指导	胡英盛 黄晓雯 刘怀鹏	图号	00

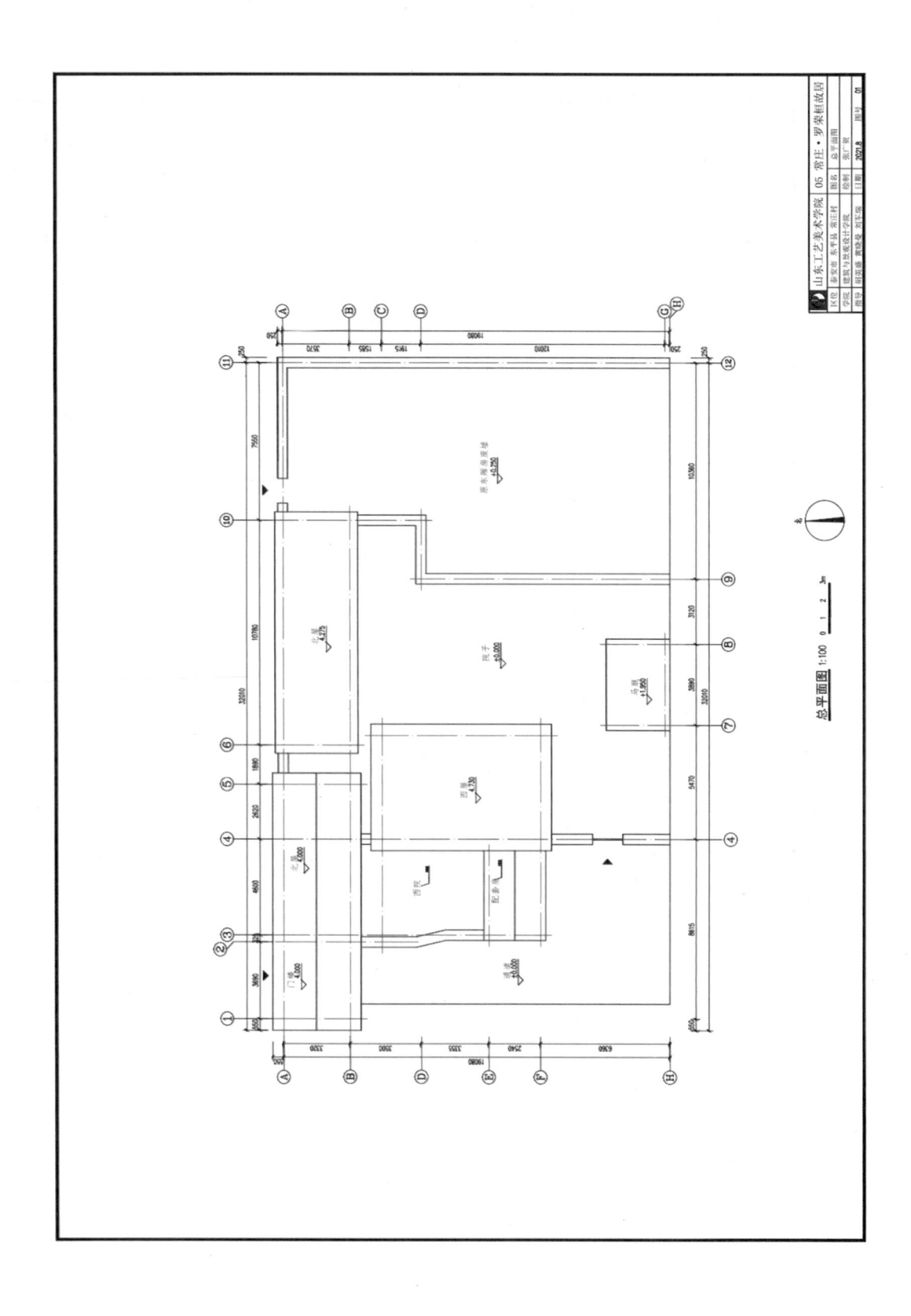

240 | 乡村聚落文化研究——泰山山脉石头村落

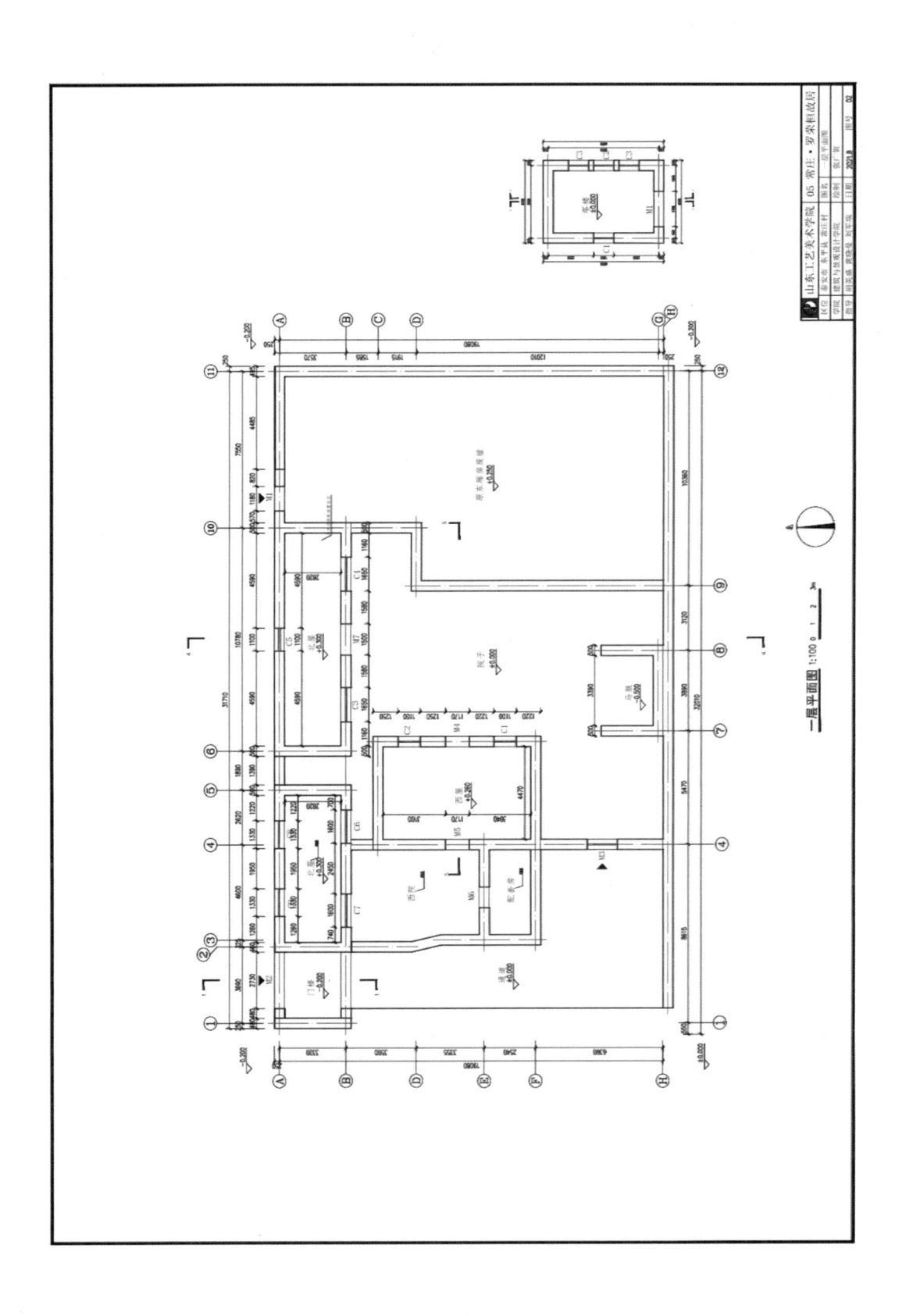

附录 3 测绘图——常庄村罗荣桓故居 | 241

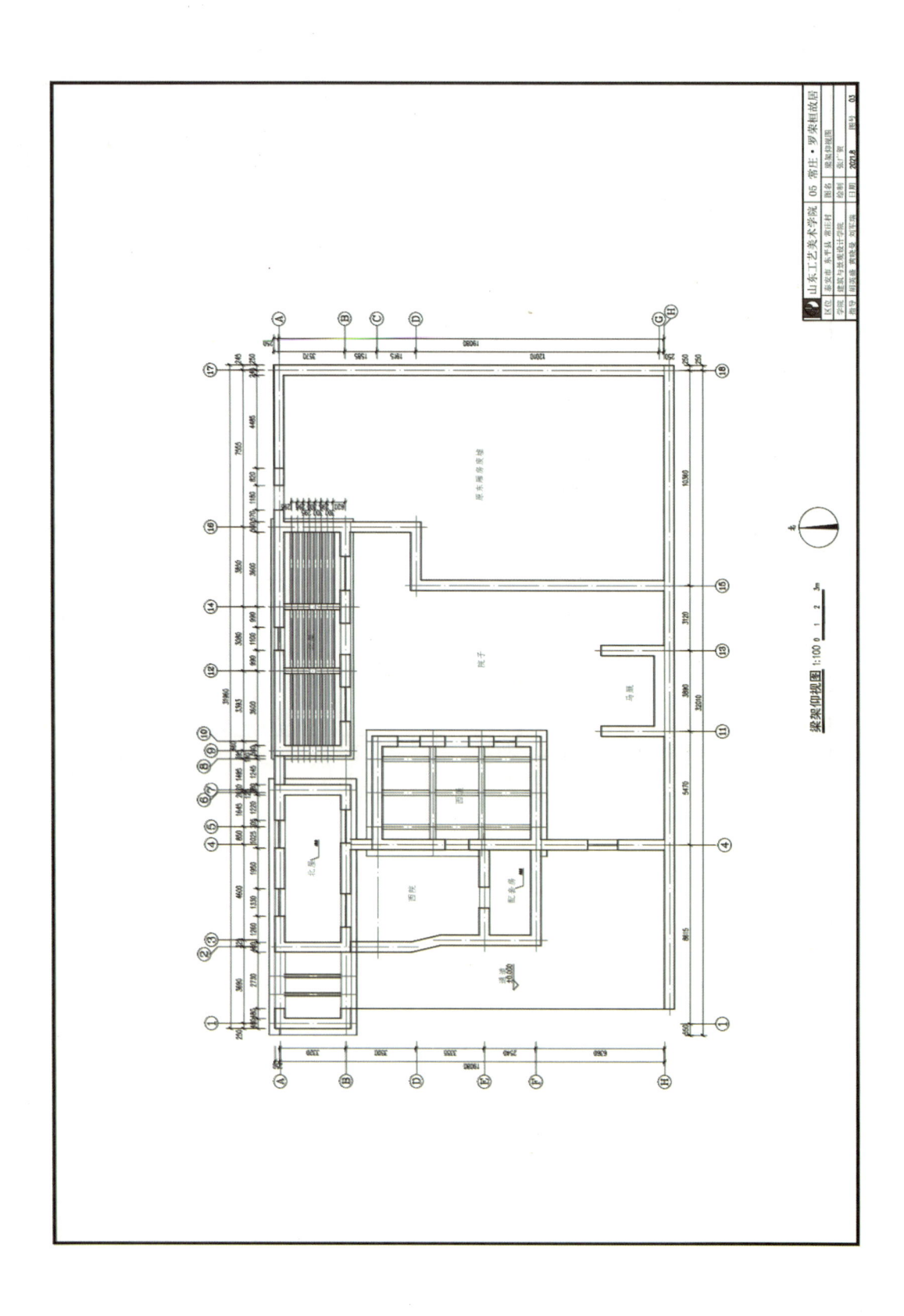

242 | 乡村聚落文化研究——泰山山脉石头村落

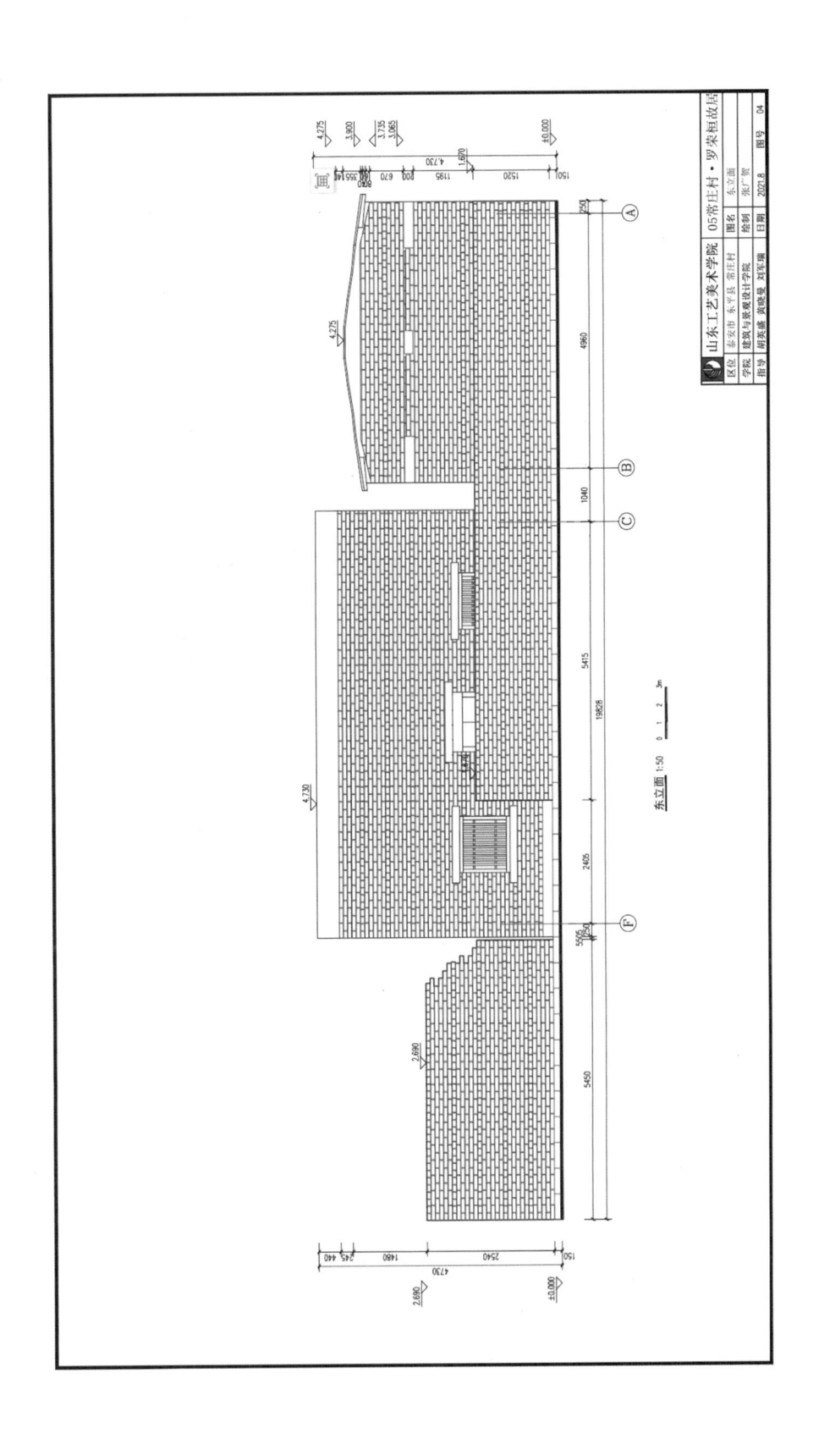

附录 3 测绘图——常庄村罗荣桓故居 | 243

东立面 1:50

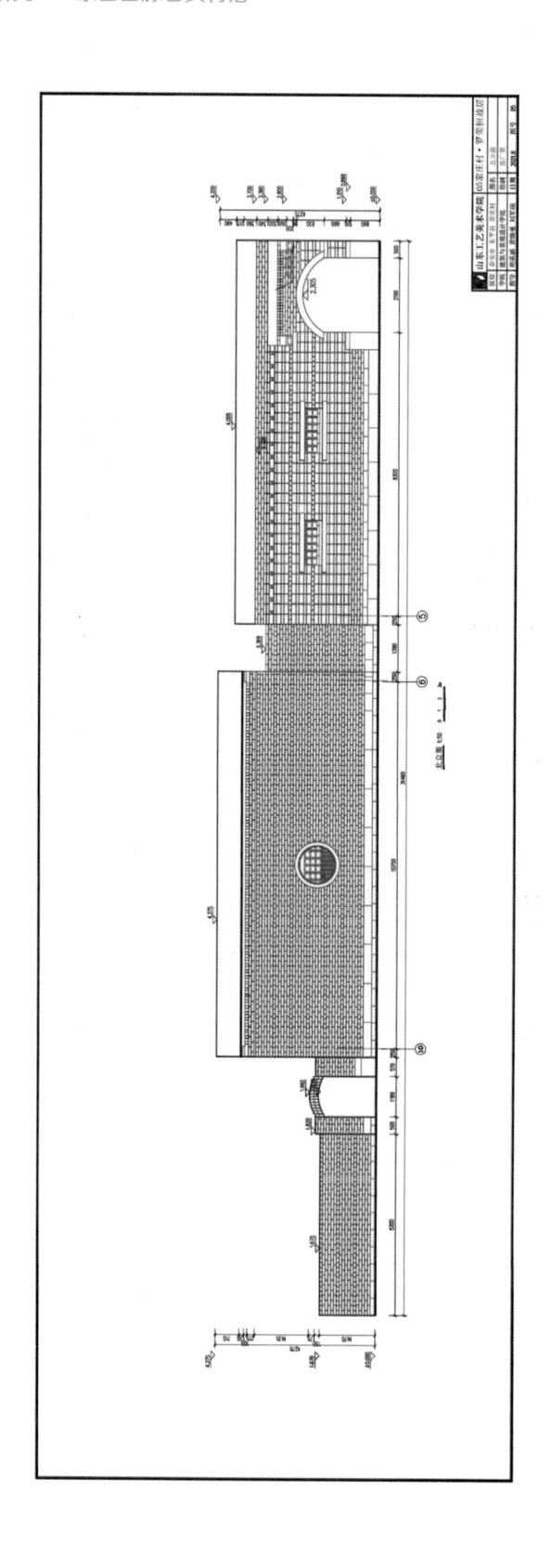

244 | 乡村聚落文化研究——泰山山脉石头村落

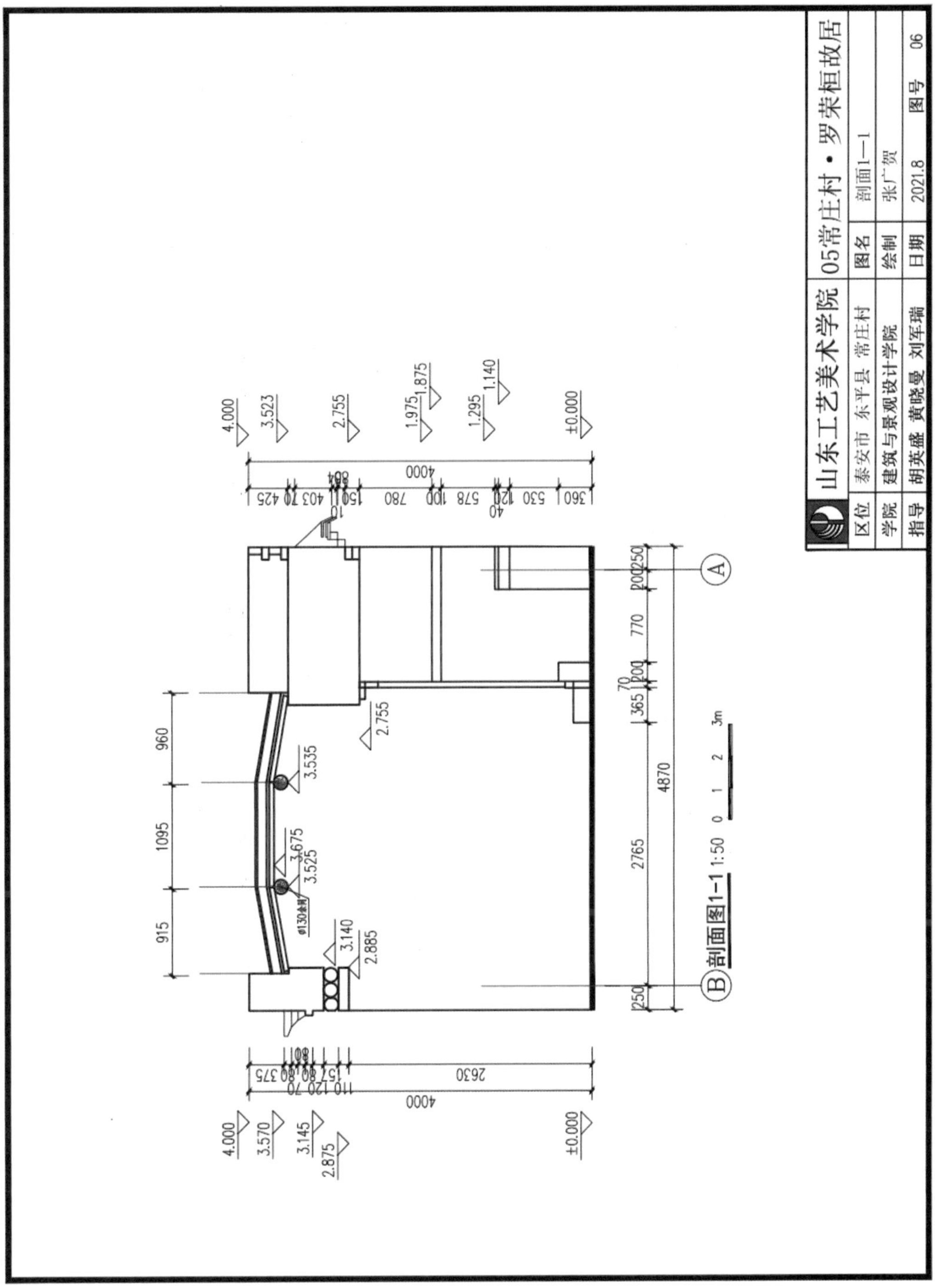
山东工艺美术学院
05常庄村·罗荣桓故居
区位 泰安市 东平县 常庄村
图名 剖面1—1
学院 建筑与景观设计学院
绘制 张广贺
指导 胡英盛 黄晓曼 刘军瑞
日期 2021.8
图号 06
剖面图1-1 1:50

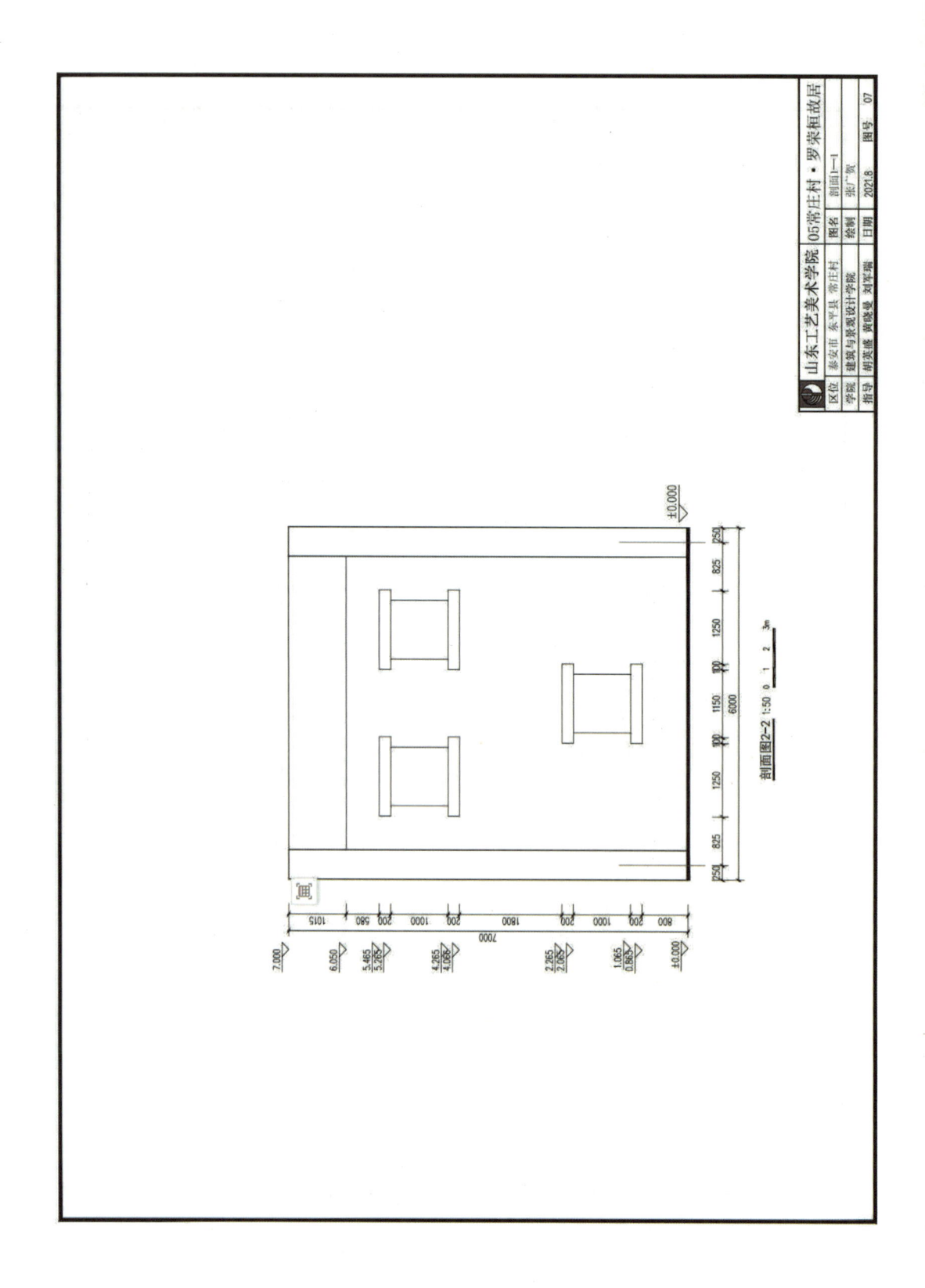

246 | 乡村聚落文化研究——泰山山脉石头村落

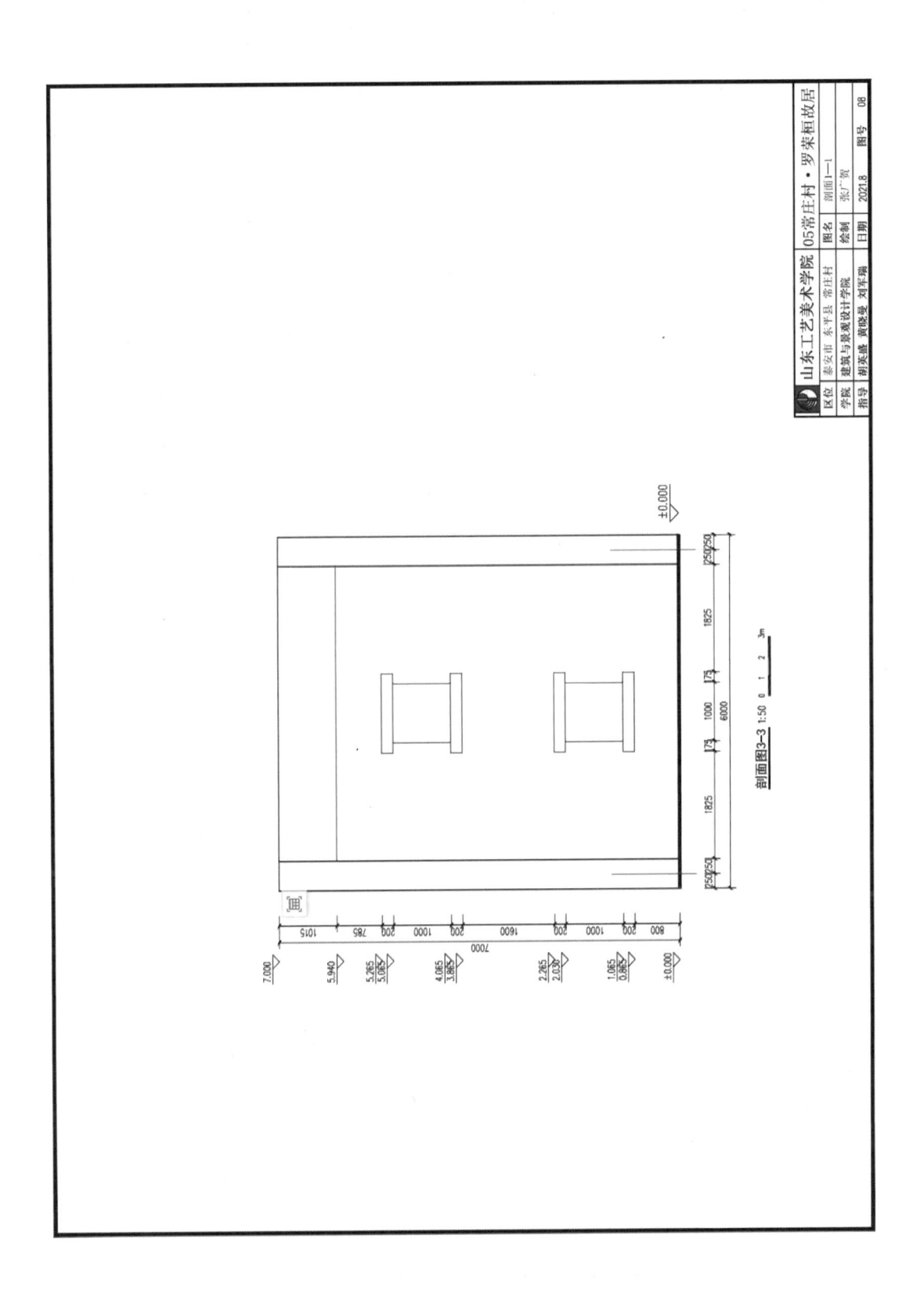

附录 3 测绘图——常庄村罗荣桓故居 | 247

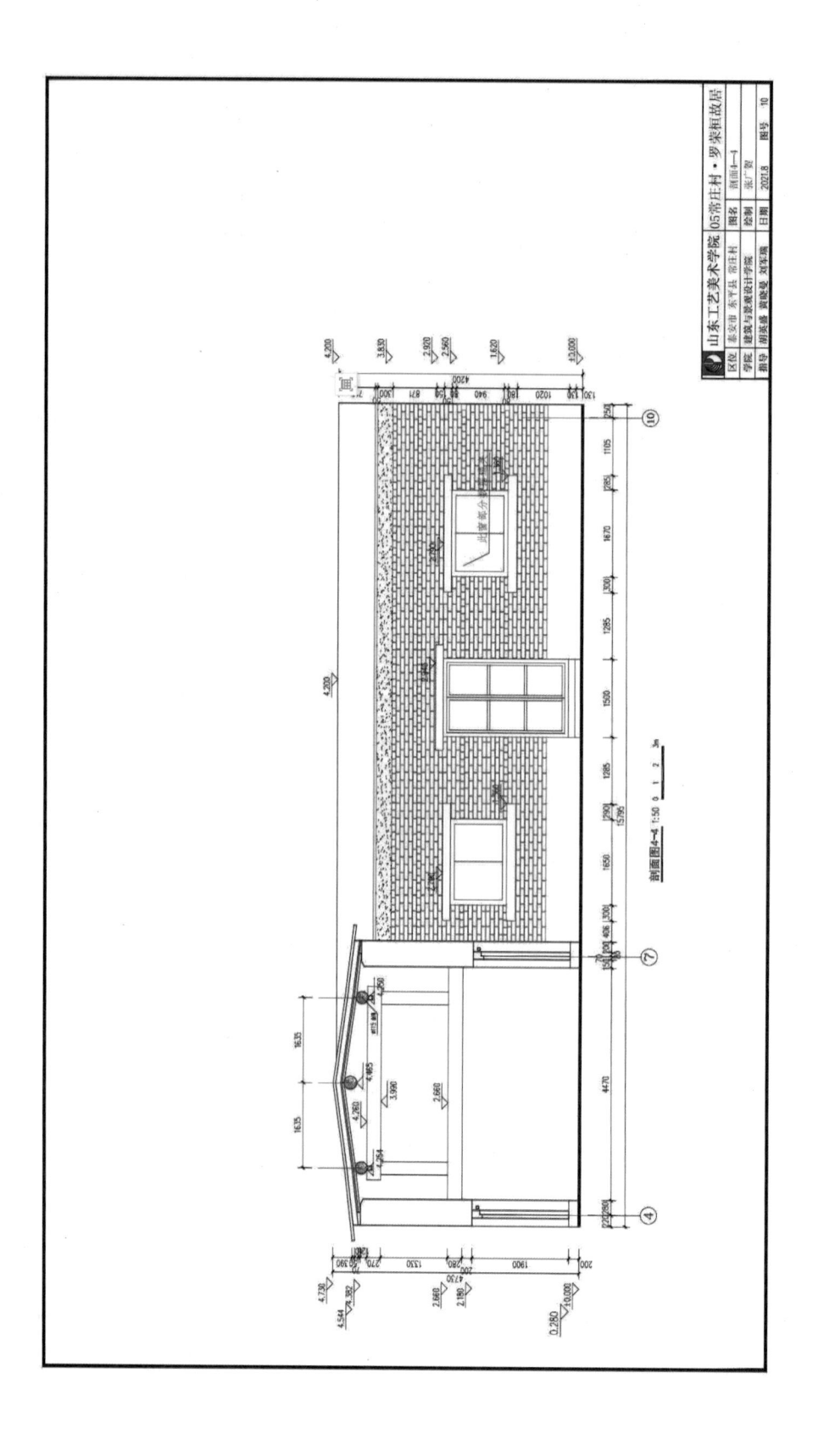

248 | 乡村聚落文化研究——泰山山脉石头村落

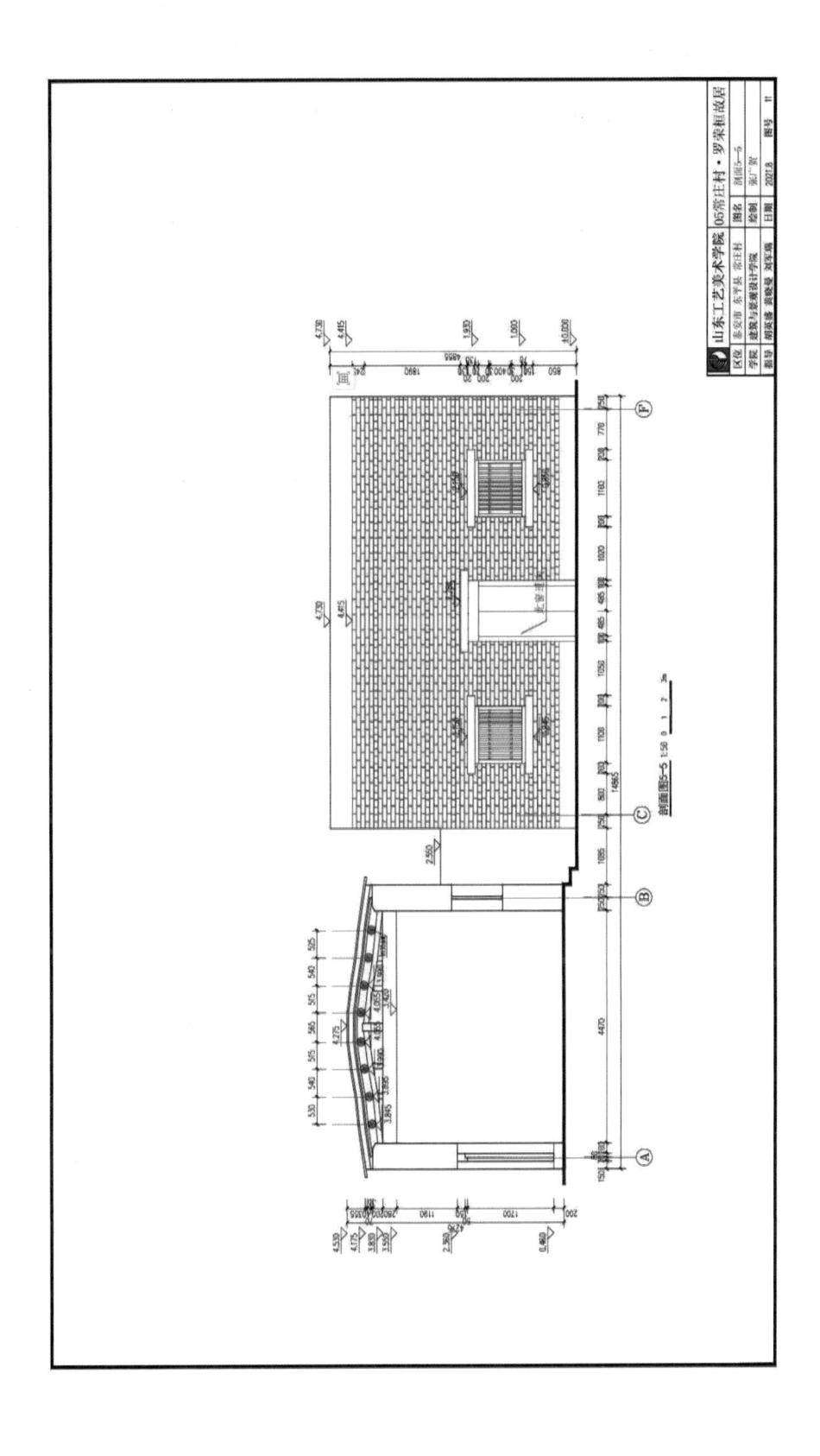

附录 3 测绘图——常庄村罗荣桓故居 | 249

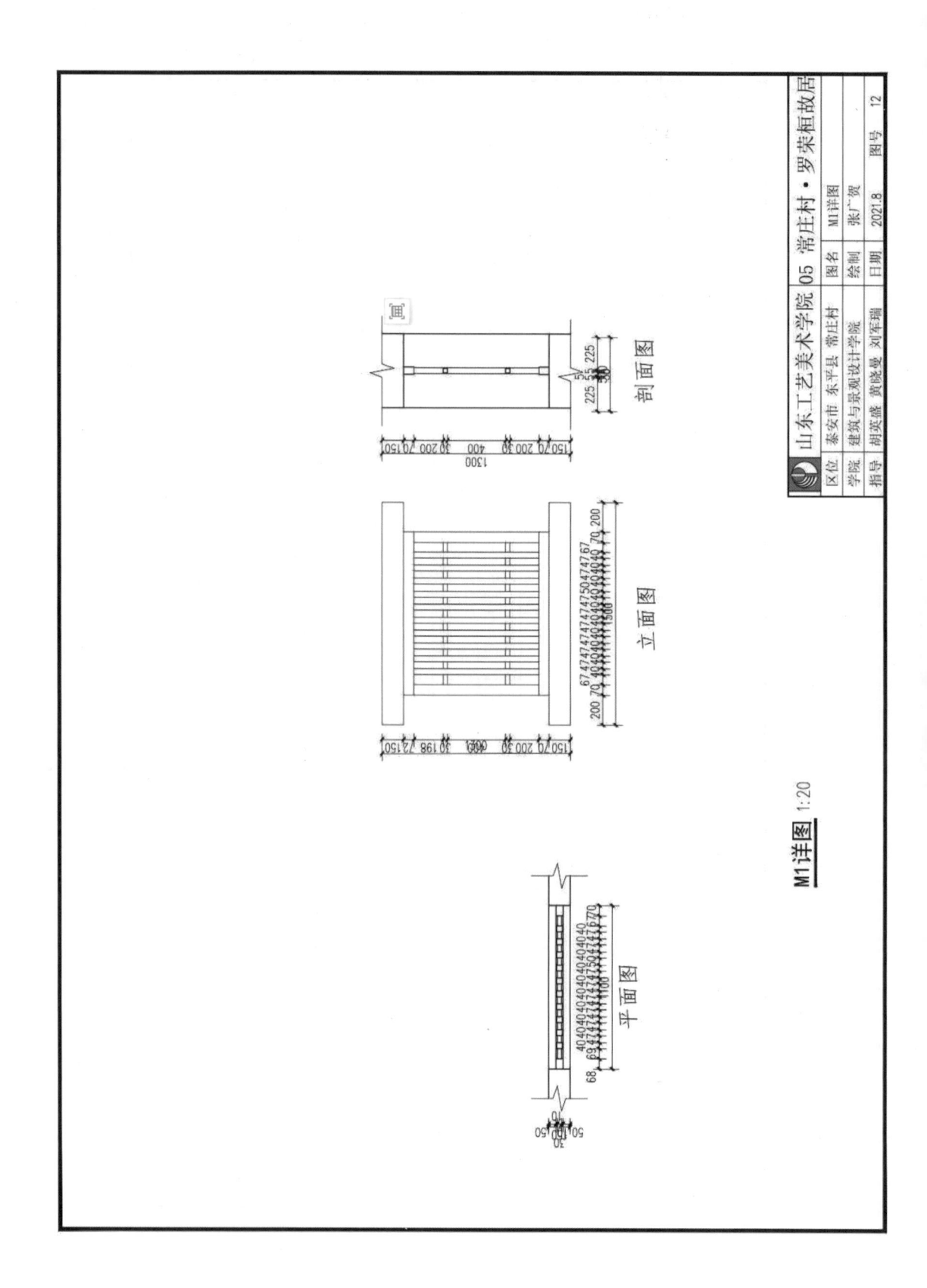

250 | 乡村聚落文化研究——泰山山脉石头村落